国家出版基金项目
NATIONAL PUBLICATION FOUNDATION

石鸥 主编

段发明 编著

百年中国教科书图文史

1840—1949

科学

SPM 南方传媒
全国优秀出版社
全国百佳图书出版单位
广东教育出版社
·广州·

图书在版编目（CIP）数据

百年中国教科书图文史：1840—1949. 科学 / 石鸥
主编；段发明编著. -- 广州：广东教育出版社，2024.
10. -- ISBN 978-7-5548-6443-2

Ⅰ. G423.3-092

中国国家版本馆CIP数据核字第20249BL430号

百年中国教科书图文史　1840—1949　科学

BAINIAN ZHONGGUO JIAOKESHU TUWENSHI　1840—1949　KEXUE

出 版 人：朱文清

丛书策划：李朝明　卞晓琰

项目负责人：林检妹　黄　倩

责任编辑：王　婷

责任校对：林晓珊

责任技编：杨启承

装帧设计：邓君豪

出版发行：广东教育出版社

　　　　　（广州市环市东路472号12—15楼　邮政编码：510075）

销售热线：020-87615809

网　　　址：http://www.gjs.cn

邮　　　箱：gjs-quality@nfcb.com.cn

发　　　行：广东新华发行集团股份有限公司

印　　　刷：广州市岭美文化科技有限公司

　　　　　（广州市荔湾区花地大道南海南工商贸易区A幢）

规　　　格：889 mm×1194 mm　1/16

印　　　张：12.5

字　　　数：250千

版　　　次：2024年10月第1版
　　　　　2024年10月第1次印刷

定　　　价：148.00元

如发现因印装质量问题影响阅读，请与本社联系调换（电话：020-87613102）

导　论

小课本，大启蒙，大学问，大政治。

需要构建中国特色的课本的学问——教科书学。

教科书学只能建立在多领域、多维度研究成果基础上，尤其是建立在教科书文本丰富、教科书发展史得到基本梳理、教科书理论研究成果突出、教科书使用研究取得明显进展等基础上。

很显然，教科书发展史的研究是重要维度。教科书发展史就是教师教什么、学生学什么的历史，就是教育教学内容的历史，就是一代又一代的先辈对后辈的期望的历史。这种历史的研究，要依赖过往人们的教育活动所保留下来的实物或遗存来进行。本套教科书图文史就是注重遗存的教科书实物的体现——聚焦于1840—1949年我国教科书文本实物。

一

19世纪中叶以来，中华大地风起云涌，巨大裂变在社会的各个领域发生。1862年京师同文馆的成立与大量洋务学堂的创办，标志着我国古代教育的开始退出和新式教育逐渐兴起。新式教育能否成功，很大程度上取决于能否提供适应时代的新式教科书。一代开眼看世界的知识分子行动起来，新式教科书如雨后春笋般涌现，新知识、新思想、新观念如开闸之水，轰然涌入古老的中国。中国传统的知识系统为西方以近代学科为分类标准构建起来的新知识系统所冲击，中华民族壮丽的启蒙大幕徐徐拉开，中国近现代教科书事业也走上了一条可圈可点之路。

教科书是时代的镜子。1840—1949年中国近现代教科书发展历程，折射出中国艰难曲折的变革之路、复兴之路。教科书的发展史，就是中华文明的进步史，是中国社会的变迁史，是中华民族的心灵史。

（一）西学教科书的引进时期

大约处于19世纪中至19世纪末这一时期。科举时代，没有近代意义的新式教育和新式学堂，只有启蒙教育和科举预备教育，学生初学"三百千千"，进而学"四书五经"，我们称之为"教材"，但不是现代意义上的教科书。现代意义的教科书是从19世纪后期开始，伴随着新式学堂而逐渐发展起来的。当时大量西学教科书被教会学校和洋务学堂引进，拉开了中国现代教科书发展的帷幕。这一过程表现出如下基本特征：

第一，现代教科书处于萌芽阶段。作为教科书，这些西式教材的基本要素不全，没有分年级编写，基本上还没有使用"教科书"一词，多用"读本""须知""入门""课本"等来命名。不仅"教科书"文本还未出现，即便现代意义的"科学"也没有找到恰当的名称，所以当时出现了不少类似于"格致""格物""火学""汽学""名学""计学"等教材。这些教材整体上处于前教科书阶段，或现代意义的教科书的萌芽阶段。

第二，教科书多从西学编译而来，且多出现在科学技术领域。这些西式教材主题多为洋务运动中最急迫需要的知识类型，如工兵、制造、天文、算学等，同时也适应了当时洋务学堂的教学需要。教材的编译和出版多与教会的印刷机构以及洋务运动的教育与出版机构相关，如墨海书馆、美华书局、京师同文馆、江南制造局翻译馆等。西式教材的编译者主要由中国学者和欧美传教士共同组成。

第三，教科书与一般科技类西学书籍没有明显界限，广泛流布于社会和学堂。19世纪中晚期的中国，从国外译介的西学著作和教材几乎是相同的，没有本质区别。它们既是开明知识分子了解西学的门径，也被充作教会学校和早期新式学堂的教学用书，甚至中国一些地方的书院也多以它们为教材。

（二）自编教科书的兴起与蓬勃发展时期

这一阶段起始于19世纪末南洋公学自编教科书，止于清朝终结。这是教科书的引进与自编自创结合、引进逐渐为自编自创所取代的阶段，是教科书涉及学科基本齐全的阶段，也是教科书要素日益完整的阶段。这一时期产生的教科书，我们一般称为"新式教科书"，以区别于前一阶段的以翻译为主的"西式"或"西学"教科书。有学者认为，"西学"与"新学"二词意义相仿，但新学在1894年后方见盛行。西学更重在引进之学[1]，新学则已经有国人自动、主动建设，用本国语言消化的味道了[2]。这很能够说明近代西式和新式教科书的微妙区别。这一时期的标志性事件是我国第一个近代学制的颁布，延续1300多年的科举制度的废除，以及第一套现代意义的教科书产生。这一时期教科书发展的主要特征是：

第一，学堂自编教科书不断涌现。伴随着科举制的取消，新式学堂迅猛出现，对新式教科书的需求激增，以南洋公学、上海澄衷蒙学堂、无锡三等公学堂等为代表的学堂自主编写的教科书影响大、使用范围广，逐渐打破了编译的西学教科书垄断的格局。

第二，我国最早的现代意义的教科书产生。适应1904年《奏定学堂章程》的正式实施，中国第

---

[1] 王尔敏. 中国近代思想史论[M]. 北京：社会科学文献出版社，2003：18.
[2] 孙青. 晚清之"两政"东渐及本土回应[M]. 上海：上海书店出版社，2009：12.

一套现代意义的教科书——《最新教科书》（商务印书馆1904年版）出版发行，紧接着由清学部编撰的第一套国定本教科书也开始陆续出版发行。这些教科书首先是以"教科书"命名，其次要素基本齐全，分册、分年级、分学科编写，有配套教授书发行，已经是很完整的现代意义的教科书了。[1]

第三，教科书编写主体发生变化。这一阶段的教科书作者大多是中国学人，以留日学生群体为主，部分教科书原型也来自日本教科书。以商务印书馆和文明书局等为代表的中国本土民间书坊开始加入教科书编写与出版队伍。

（三）教科书的兴盛与规范化时期

时间大致定位在中华民国成立到壬戌学制颁布及其相应的教科书编写出版使用[2]。中华民国的建立，把教科书推向了重要的发展阶段。清末到民国早期，各种思潮纷至沓来，形成了中国历史上教科书受各种新思潮、新主义影响，发展最开放、最活跃的时期之一。新教育思潮下多样化的教科书不断涌现，为民国共和思想的传播和民国教育的发展作出了重要贡献。这一阶段的主要特点有：

第一，清末旧教科书全部退出，民国新政体要求下的新教科书迅速登场。为适应1922年新学制需要，成套而完整的教科书逐渐实现对学校教学的全覆盖，零散的、单本单科的、小型出版机构的教科书逐渐被挤出学校、挤出市场，新教科书编写与出版机构以商务印书馆、中华书局以及后起的世界书局为突出代表。

第二，教科书编写主体再次发生变化。1922年新学制的出台，以适应该学制的教科书的编写出版，把留欧美学生推上了教育的前台。留欧美学生逐渐取代留日学生成为教科书的主要编撰队伍，大批崭露头角的学者参与到教科书的编写中。

第三，以白话文编写的教科书逐渐取代文言文教科书，横排教科书逐渐取代竖排教科书，教科书外在形式基本定型。从表面来看，白话文只是一种语言形式，它与教育内容的新旧无必然的关系。但白话文具有平民性和大众性，对国民文化的普及，对塑造国民全新的世界观、价值观都意义重大，可以说，白话文是传播新文化、新思想的有效载体。民初白话文的使用，使得现代教科书以摧枯拉朽之势普及。同理，没有海量的教科书，任胡适等知识分子如何呼号呐喊，白话文的普及都可能非常缓慢。

（四）多种政治制度并存下的教科书发展时期

这一阶段大致从1927年开始，一直持续到1949年。前期是教科书稳定、制度化并略显沉闷时期；中后期是教科书全面服务抗战、服务尖锐的阶级对抗的时期，是一个统整和分化并行的时期。

---

[1] 在我们看来，现代意义的教科书要符合如下基本条件：分册、分开级编写，按学科编写，有配套的教授书或教授法。

[2] 因为根据新学制编写的教科书全面投入使用总会滞后于新学制实施几年，所以此阶段约到1927年前后。

抗日战争的爆发致使中国政治格局发生新的变化，由土地革命战争时期中国共产党领导的革命根据地和国民党统治区域，到解放战争时期逐渐分割成解放区、国统区、沦陷区的不同政治气候，形成了不同政治语境下的教科书新格局。

第一，国民党的党化教育、三民主义教育在教科书中强势出现。国统区教科书的编写与出版逐渐往国定本集中，教科书逐渐进入相对平稳甚至沉闷的发展时期，日益规范化、标准化，但也少了开放的生气，少了创新的锐气，教科书发展的兴盛时期结束了。

第二，中国共产党领导的抗日根据地及解放区的教科书呈现出服务抗战、服务党的宣传的鲜明特征。它们为共产党的事业发展和壮大作出了重要贡献，为新中国教科书建设铺垫了基石。

第三，抗战时期，沦陷区教科书的奴化教育色彩浓厚，尤以伪满洲国的教科书为甚。

总体而言，抗战期间的地缘政治导致教科书分化发展，教科书的社会动员与政治宣传功能发挥到极致。

二

尼采说过：重要的不是怀念过去，而是认识到它潜在的力量。而要认识教科书的潜在力量，恰恰又需要认清楚教科书的过去或过去的教科书。这是我们编撰这套教科书图文史的初衷之一。

首先，早期教科书对于我国现代科学具有重要的启迪、导引甚至定型价值。著名学者托马斯·库恩（Thomas kuhn）认为"任何一门科学中第一个范式兴起的附带现象，就是对于教科书的依赖"[1]。中国一些学科的早期发展与定型，几乎都离不开早期教科书。比如，有研究认为张相文《初等地理教科书》和《中等本国地理教科书》的出版，标志着中国民族的新地理学的产生[2][3]。台湾学者王汎森认为，在近代中国建立新知的过程中，新教科书的编撰具有关键的作用，很多学科的第一代或前几代教科书，定义了我们后来对许多事物的看法，史学就是其中的一个[4]。傅斯年在20世纪30年代写了《闲谈历史教科书》一文，称编历史教科书"大体上等于修史"，可见其对教科书的"充分看重"[5]。

其次，早期教科书是传播新思想、新伦理的最适切的工具，是新教育得以成功的最重要的保障。在漫长的传统教育里，"三百千千""四书五经"等都是不可撼动的经典教材，但是当新学校创办、新课程实施以后，这种不分科、不分年级，不顾教与学，只重灌输的旧教材日益暴露出它的不适应性。旧教材是可以"修之于己"，但不易"传之于人"的文本。旧学堂先生大多是凭经验和

[1] 托马斯·库恩. 科学革命的结构[M]. 金吾伦，胡新和，译. 北京：北京大学出版社，2003：85.

[2] 杨吾扬. 地理学思想史纲要[M]. 开封：河南大学地理系，1984：98.

[3] 林崇德，姜璐，王德胜. 中国成人教育百科全书：地理·环境[M]. 海南：南海出版公司，1994：192.

[4] 王汎森. 执拗的低音：一些历史思考方式的反思[M]. 北京：生活·读书·新知三联书店，2014：33.

[5] 傅斯年. 傅斯年集[M]. 广州：花城出版社，2010：401.

理解来教的，学童大多是凭禀赋和努力来学的，大多的结局是"人人能读经而能经学者无几，人人能识字而能小学者无几，人人能作文而能词章学者无几"[1]。所以，在西学知识大量涌入中国、新式教科书逐渐进入新学堂的时代，理论上旧教材就已经失去了作为新学堂教材继续存在的基础。尤其是废科举、兴学堂之际，旧教材被取代已经是大势所趋。传统旧教材不敌按照现代教育学理论构建的、关注教也关注学的新教科书。当时的士人事实上已经意识到旧教材与新教科书之间的巨大差距，甚至认为，即便教旧内容，也应该用新形式。许之衡1905年就指出，经学乃孔子之教科书，今人能够完理解者极少，这因为旧教材与今天的新教科书不同，"使易以今日教科书之体例，则六经可读，而国学永不废"[2]。这实际上等于已经承认旧教材不如新教科书效果好。张之洞更是明确表示，中学之"存"不能不靠西学之"讲"。[3]可见，现代意义的教科书闪亮登场完全是时代所需，是应运而生，而且一出现，就以摧枯拉朽之势取代了旧教材，新式教科书地位得以确立。到《最新教科书》出现时，教材的性质发生了巨大的变化，在文本意义上真正实现了教与学的统一，以"教科书"命名的现代新式教科书全面登场，完成了由纯粹的教本、读本向教学结合文本的转型。

再次，早期教科书为我国的现代化进程培养与输送了大批新式人才。到第二次鸦片战争之后，洋务派及当时的先进知识分子基本上已经认识到中国落后于西方，主要是人才的培养落后，是科学技术落后。因此，中国要改变落后挨打的局面，就必须发展新式教育，大力培养人才。而新式教育的成功，依赖于新式教科书。19世纪末20世纪初，中国历史的进程到了一个极具转折意义的时刻，新式学堂如雨后春笋般涌现，一批最不能遗忘的教科书诞生了，演绎了一幕思想大启蒙、科学大传播的历史教育剧，它们为启民智、新民德，培养大批现代社会的呐喊者和建设者，作出了重要的知识贡献和人才储备。

章开沅先生曾经为戊戌变法的失败找原因："百日维新是生逢其时而不得其人。"[4]这是非常有道理的。不过，戊戌变法的失败也许还与新教育即开而未开，新教科书即出而未出，即将找到但还没有大规模实践传播改革思想的媒介或工具有关。在这一意义上，确实是"不得其人"。即便在士大夫精英中，有新思想、新知识者也寥寥无几，更不要说普通民众了。这个时候，任变法者颁布的维新诏令雪花般飞舞，也只能看作主观愿望，一厢情愿。社会还没有准备好，心态、舆论、思想、观念都还没有准备好迎接这场变法。所以，不管是谁，都无法完成这场不能完成的变法，它失败得如此迅速也就在情理之中了。谭嗣同曾经自责性急而导致事情不成。其实，性急也就意味着时候还不到，之所以时候不到，是因为新思想之星火还未成燎原之势，人才还没有储备到基本够用。

几年后情况变了。维新变法以后十余年，几乎是新思想、新观念如火如荼的燎原时期，其中新教育、新式教科书教材起了重要作用，它把新思想、新观念传播到千家万户，由此推动了近代中国

[1] 罗志田. 裂变中的传承：20世纪前期的中国文化与学术[M]. 北京：中华书局，2003：143.

[2] 许之衡. 读国粹学报感言[J]. 国粹学报，1905（6）：4.

[3] 罗志田. 裂变中的传承：20世纪前期的中国文化与学术[M]. 北京：中华书局，2003：143.

[4] 章开沅. 改革也需要策略[J]. 开放时代，1998（3）：12-13.

启蒙高潮的形成。严格地说，辛亥革命的成功一定程度上与当时的变革舆论的传播和革命思想的宣传有密切关系。当时初步的民主自由的思想、宪政共和的观念随着海量新式教科书铺天盖地而来。以《最新教科书》为例，1904年一经出版便势不可挡，在那毫无现代化营销渠道的时候，"未及数月，行销10余万册"[1]。1907年有传教士惊叹，商务印书馆"所编印的优良教科书，散布全国"[2]。民智为之而开，民德为之而新，武昌的枪炮声尚未完全平息，许多地方已经插上了革命的旗帜。读书声辅佐枪炮声，革命的成功乃成必然。没有教科书的普及，就不会有民众思想与观点的前期储备，就不会有辛亥革命的一呼百应。某种意义上，教科书的出现比康有为等人深邃的著作，对普通民众的影响更大。

最后，早期教科书是中国课程与教学论的重要研究领域，它对今天的教科书建设仍具有难得的参考价值。早期教科书的内容结构与形式呈现，选文的经典性与时代性、稳定性与变迁性，作业设计与活动安排等，都是今天课程教学论需要研究的，都是教科书编写值得参考的。课程教学历史不是一个个文本，可离了文本，历史难以企及。今天看来，几乎教科书的所有要素、结构与类型，都发生并完成在19世纪后期至20世纪20年代，以后只是在这些基础上的漫长提质过程。我们完全可以从今天的教科书中看到百年前教科书的样子。遗憾的是，总体上我们对这一时期的教科书研究还不够，这是一个学术开拓空间非常广阔的研究领域。教科书是一个跨学科、综合性的资料库和研究域，种类繁多的教科书，对政治、经济、文化、教育有全方位的反映和描述，是研究该时期社会思潮、观念认识、语言形态、乡风民俗、价值观、人生观等领域的鲜活而宝贵的历史材料。大部分学科可以从中获取本学科需要的早期研究史料及发展素材。这是一个没有断裂的、连续的而又变化的学科发展史的活资料库。难怪不同学科的科学史专家对现代科学引入、发展与定型的研究几乎都要盯着早期教科书。[3]

三

几乎没有教科书可以溢出教科书史的范畴，也几乎没有一个教科书文本能够挣脱教科书史的发展谱系而天然地、孤立地获得价值。教科书一定是继承的，也是创新的；一定是独立的文本，也是系列文本。站在教科书的历史延长线上，摆在我们面前可资借鉴的精神遗产既广阔又复杂。系统梳

[1] 王建军. 中国近代教科书发展研究[M]. 广州：广东教育出版社，1996：111.

[2] 林治平. 近代中国与基督教论文集[C]. 台北：宇宙光出版社，1981：219.

[3] 比如郭双林著《西潮激荡下的晚清地理学》（北京大学出版社2000年版）、邹振环《晚清西方地理学在中国：以1815至1911年西方地理学译著的传播与影响为中心》（上海古籍出版社2000年版）、杨丽娟《地质学在中国的传播与发展：以地质学教科书为中心（1853—1937）》（浙江古籍出版社2022年版）、张仲民等《近代中国的知识生产与文化政治：以教科书为中心》（复旦大学出版社2014年版）等，甚至本杰明·艾尔曼《中国近代科学的文化史》（上海古籍出版社2009年版）等，都把早期教科书与早期科学的发展紧密关联起来。

理其实很难，厘清它们的背景与意义更难。本套书涉及的教科书覆盖1840—1949年晚清民国中小学主要学科。而在清中晚期，学堂课程并未定型，很多学科边界也不明晰，教科书本身也未定型，诸如格致教科书、博物教科书、蒙学课本、蒙学读本等均属于这种情况，均有综合类教材的色彩。一些教科书按今天的课程命名不好归类，一些教科书更是随着课程的选取而昙花一现，这都给我们今天的梳理带来了困难。所以，有些早期教科书也许出现在不同分卷上，比如格致教科书，有可能出现在物理卷，也可能出现在化学卷、生物卷。同理，也有些早期教科书因为分类不明晰，所以各卷都可能忽视、遗漏了它。也有些教科书实在不好命名，比如早期的修身、后来的公民一段时期也出现过"党义""三民主义"等等，都和今日之课程名称不能完全对应。

教科书发展史的梳理需要依赖过去师生用过的文本，这是历史上的课堂教学活动仅存下来的几种遗存之一。本套书的一个特点就是看重教科书实物，这遵循了我们的研究原则：不见课本不动笔，不见课本慎动笔。我们很难想象离开教科书实物的教科书脉络的梳理。无文本，不研究，慎研究。就好像中国的小说史、诗歌史、电影史研究，甚至任何文本研究，离开文本，一切都是浮云。特别是教科书，它和其他任何文本不一样，因为其他文本都有独一无二的名称，独一无二的作家，一提起某某人的某某书，大家就有明确的指向性，绝不会混淆犯晕，研究者和读者可以在同一文本上展开对话。比如曹雪芹的《红楼梦》，茅盾的《子夜》。唯有教科书是名称高度雷同的文本，我们说"历史"，说"数学"，几十年上百年一直这么说，成百上千的、完全不一样的文本都是这个名称，因此让研究者和读者很难迅速在同一文本上展开对话的命名，如果不展示文本的实物图像，很容易让人云里雾里一时半会进不了主题。如何让读者明白我们是在讨论这本《历史》，而不是那本《历史》？

由此，本套书特别关注图文结合，简称"图文史"。适时展示教科书实物照片，让读者能够比较清晰地知道我们在讨论哪一种教科书。而且，以图证史、以图佐文也是我们的重要追求（沿袭了《新中国中小学教科书图文史》的风格）。南宋史学家郑樵曾在《通志·图谱略》中谈到图文结合的价值是"左图右史""索象于图，索理于书"。足见图像对学理呈现的重要性。确实，有时图像比文字包含更多的东西。英国著名史学家彼得·伯克（Peter Burke）在《作为证据的图像：十七世纪欧洲》（*Images as Evidence in Seventeenth-Century Europe*）一文中提出，图像是相当重要的历史证据，要把图像视为"遗迹"或"记录"，纳入史料范围来处理。他著有《图像证史》（北京大学出版社2008年版）一书，专门研究怎么让图像说话。在他看来，现在的学界已经出现了一个"图像学转向"（Pictorial Turn）。

本套书以时间为经，以学科为纬，以文领图，以图辅文，由语文（国语、语文）、数学（含珠算）、外语（英语、日语、法语）、科学、物理（含格致等）、化学、生物、德育（修身、公民、政治）、历史、地理（含地文学、地质学等）、音乐、体育、美术共13册组成。这套书与《新中国中小学教科书图文史》（广东教育出版社2015年版）衔接贯通，比较系统地呈现出一个多世纪以来中国近现代中小学教科书的发展历史，也算了却我们一个心愿。

这套书的编写非常艰难。一是作者的组织不易。从事教育史、学科史研究的学者相对较多，即便是学科课程史也有不少研究者，但长期研究教材史（像内蒙古师范大学的代钦教授之于数学教材史、上海师范大学的胡知凡教授之于美术教材史）的学者还是相当少的，长期研究教材史而又有暇能够参与本套书编写的人更少，能够集中一段精力主动参与本项目的研究者更是少之又少。二是虽然我们最后组织了一个小集体，但这些作者多是高校的忙人，有的还是大学的校级领导，尽管他们已经尽力了，但让他们完全静下心来如期而高质量地完成任务还是很难。三是项目进行期间遭遇三年新冠疫情，而要较好地完成这套书，需要翻阅大量教科书文本实物，疫情使得我们几乎没有办法走进首都师范大学教科书博物馆，更不要说将书中文本与实物一一对应，而有些文本的照片及其清晰度又几乎是必不可少的。这一切因素都直接影响了本套书的进展，也影响了书中一些照片的品质，加之受限于作者和主编的水平导致各卷质量多少有些不均衡，难免遗憾。还有方方面面不必一一言说的困难。说实在的，我这个主编有时候很有挫败感，也很难受。不仅我难受，有些作者也被我逼得很难受，逼得他们害怕收到我的微信，逼得他们害怕回复我的要求。对不起这些作者！感谢之余，希望得到他们的谅解。

主编难，作者难，责任编辑也很难。

难为广东教育出版社的卞晓琰、林检妹、黄倩及其团队成员了。他们要面对作者，面对主编，面对多级领导，面对一而再再而三进行的审读与检查，面对有时候模糊不清的照片和让人提不起神的文字。他们要一一解决，一一突破。他们做到了，只是多耗了一杯又一杯的猫屎咖啡，多熬了一个又一个的漫漫长夜。面对他们的执着与认真，我们还能松懈、还敢松懈吗？我们的水平不易提高，态度还是可以端正的。感谢他们！

感谢广东教育出版社社领导多年来的支持与看重。曾经有学界朋友对我说：你们的成果要是在北京的国家级出版社出版就好了！我笑笑。我以前说过：我看重认真做我们的书的人和出版社。今天我还是这么说，我依然把郑重对待一个学者的学术成果作为选择出版社最重要的标准，这就是我们选择广东教育出版社的原因。感谢他们！感谢广东教育出版社几任社领导及其具体操持者对我们作品的看重！

感谢时任教育部教材局局长、现在是我的同事的田慧生教授长期对我们的关心！感谢首都师范大学孟繁华教授对我们研究成果的支持！感谢首都师范大学教育学部、教育学院及首都师范大学教科书博物馆提供的各种帮助与便利！感谢我的同事和我们可爱的博士、硕士团队！感谢给我们直接、间接引用了其研究成果或给我们以启发的所有专家学者！感谢在心，感激在心，感恩在心。

2024年7月20日于北京学堂书斋

（石鸥，首都师范大学教育学部教授、博士生导师）

目　录

前　言

中国古代的科学教育源远流长，但若从严格意义的西方科学角度来看，近代的科学教育最早在教会学校产生，然后开始在中国生根发芽，到"癸卯学制"颁布后，科学教育成为学制规定的教育内容。现代意义的小学科学教科书应运而生，经历了翻译到编译，再到自编、创编的发展过程，课程名称也经历了"格致""理科""自然""常识"的发展变化。因此，清末民国小学科学教科书本身就是一部近代教育史的缩影，不仅记载了科学教育内容与形式的发展变化，也记录了中华民族永不停歇地追求科学进步的脚步。对清末民国小学科学教科书的研究，既是对科学教育溯源，也是为当前科学教育发展方向提供镜鉴。总之，本书以清末民国的小学科学教科书作为研究对象，试图用图文并茂的方式描绘一张全景图，主要基于以下理由：

首先，当前科学教科书研究滞后。本文之所以将清末民国小学科学教科书作为研究对象，是因为当前我们对清末民国小学科学教科书的研究尚未进行系统、全面地论述。相关前期研究显示，近十年有关我国近代教科书的研究表现出成果丰富、学科集中的特点：第一，多数研究主要集中在语文、数学、英语、历史等学科上；第二，中学教科书的研究成果较集中；第三，系统地论述清末民国教科书的文章并不多；第四，讨论小学科学教科书的研究较少、篇幅较短、论述不全、系统性不够、参考价值不大。因此，本书的研究不仅可以丰富教科书的研究成果，而且有利于改善小学科学教科书研究滞后的现状。

其次，本研究具有较高的理论与实践价值。研究清末民国的小学科学教科书，了解其形成、发展和变化的历程，关注科学教育发展本身，不只是为了鉴古知今，而且也是为教科书研究做出应有的学术贡献。本书通过对每一时期小学科学教科书的发展变化做详尽、系统的研究，分析每一时期科学教科书的特点，目的之一是为教科书史研究提供史实证据，为教科书学提供观点论据。当然，本书更重要的目的是厘清清末民国小学科学教科书在内容编排、形式设计、体例结构上的特点，挖掘科学教科书的科学教育价值，为当前的小学科学教科书编写实践提供指导和借鉴。

最后，本研究有利于促进科学启蒙教育。21世纪，中国的科学技术突飞猛进，但是国民的科学素质却未与科学发展相匹配，反科学的事件在生活中时有发生，非理性的谣言在网络上令人惶恐。因此，随着社会进步，人们越来越认识到我们的生活离不开科学，应当高度重视科学教育。当前，如何提高公民，特别是学生的科学素养，已经成为教育界最重要的课题之一。研究者发现，科学教育需从娃娃抓起，不仅要让学生掌握科学的知识、方法和技能，更应培养学生科学的思维。一句话，科学教育需要更加重视科学启蒙教育。如何开展科学启蒙教育，不仅需要理论的探索，还需要历史的借鉴。因此，本书研究清末民国小学科学教科书，就是想从它们如何向学生传递科学知识、如何培养科学精神等方面入手，为现今的科学启蒙教育提供建设性的方案。

总之，回溯19世纪至20世纪之交的中国传统科学教育和西方科学教育碰撞、交融的历史，追溯中国科学教育与教科书诞生的源头，厘清清末民国时期小学科学教科书的发展脉络，对于理解今天的科学启蒙意义重大。

第一章

我国传统的科学教育

现代意义的科学教科书诞生于19世纪至20世纪之交的中国传统科学教育和西方科学教育的碰撞、交融中。任何"今天"的新生物及其表现形式都是其历史发展的必然结果。因此,认识现代科学教科书,就有必要了解这段中西方科学教育交融、互鉴的历史。

第一节
我国古代的传统科学教育

一、传统的科学教育

要想呈现我国科学教科书的立体图景，既要从几千年中国传统科学教育的嬗变中破解在中国科学教育中的"李约瑟之谜"[1]，又要从西方科学教育传入的过程中，廓清中国的科学教育转型是如何学习和借鉴西学之长技，以培养中国的科技人才。在科学教科书已经普及的今天，回溯中西方科学教育相遇与碰撞的历史，追溯中国科学教育与教科书诞生的源头，对当前厘清清末民国时期小学科学教科书的发展脉络可谓意义重大。

中国古代的科学教育源远流长。早在西周，国家已经有比较完整的官学体制，学校的教育内容以"六艺"为主，即礼、乐、射、御、书、数。前四者为大艺，是大学课程，后两者为小艺，是小学课程。"数"并非今天的数学，凡是表述自然之理与人事现象的技巧和技术，都称为"数"。[2]把数学作为一种技艺来传授是中国古代非常独特的数学教育观念。数学教育的内容是"九数"，都可运用于社会生产生活中，有的属于常用数学模型。在官学中学习的有关"数"的知识很多都可用以解决社会生产、生活中的相关问题。由此，具有实用性的科学教育开始萌芽。为满足社会发展和生产生活的需要，古代官学逐渐发展专业化的科学教育，开设了各种科学的专科教育。如有明确记载的南朝宋在公元443年开设的"医学"；公元607年，隋炀帝设立的中央大学"国子寺"（后改为国子监），设立了"算学"；唐宋时期继续开设数学专科学校，同时朝廷也设立了学习天文历法的专科学校。算学、医学、天文学是中国古代的三种专科学校教育，它们的出现远早于科学学科的分化，对中国古代科学文化的发展具有十分独特的意义。[3]

从中国古代教育史来看，儒学教育无论是在官学或私学都占据着主导地位，科学教育始终处在弱势地位。但单一的儒学教育无法解决历朝历代的国计民生问题，因此需要培养一些能治国理政、解决农业生产、生活问题的科技人才，适当发展一些"形而下"的科学教育（技术教育）。然而，

---

[1] "李约瑟之谜"：英国学者李约瑟在《中国科学技术史》中提出，"尽管中国古代对人类科技发展做出了很多重要贡献，但为什么科学和工业革命没有在近代中国产生？"这就是著名的李约瑟之谜。

[2] 曲铁华，李娟. 中国近代科学教育史[M]. 北京：人民教育出版社，2010：31.

[3] 孙宏安. 中国近现代科学教育史[M]. 沈阳：辽宁教育出版社，2006：145.

科学教育在社会中的弱势地位以及专科学校教育在官学中的边缘性，决定了古代科学教育需要以多种教育形式存在，从而弥补官学教育的不足。因此，我国古代科学教育在历史的长河中逐渐发展出官学性质的专科制学校、艺徒式的科技教育、祖传手艺式的家传等形式，共同构成古代科学教育的发展全貌。

二、传统科学教育的特点

我国古代的科学教育发展与世界其他国家不同，但也有与东方社会发展及东方文化相一致的方面[1]，主要特点表现在以下三个方面。

第一，科学教育与人文教育紧密相关。在中国古人的认识中，不存在与"人"这个主体无关的自然界，换言之，知识的对象一定与人事有关。所以，古人的认识对象，也一定指向人本身。《易·贲卦·彖传》中说："刚柔交错，天文也；文明以止，人文也；观乎天文，以察时变；观乎人文，以化成天下。"人文即人事，既是天文的对应物，更是人文应道法的对象，所以要道法自然；然而对自然的认识又要"天人合一"，即以人事为认识的出发点和归宿。所以，古代的天象观测也有卦象之功能，即以天象预测来示警人事之祸福。如此，本是纯粹的科学观测活动，在中国古人那里就变成了指向人事的活动。因此，天象观测并非纯粹和单一的科学活动，而是一种对天象缺乏完整或深刻认识的人事活动或政治活动。由此可以看出，科学知识具有伦理化的特点。如《论语》中的"松柏后凋""北斗拱极"等，表现为中国古人"观物比德"的类比思维，将人事和政治联系起来的伦理论述。天文、地理、农学、算学、医学等都有经世济用之功，成为科学教育的重要内容。其他一些技术与发明因不能比附人事，而被列为"奇技淫巧"，不能登学校的大雅之堂，只能在乡间流传和传承。

第二，科学教育的目的是经世致用。受统治者尊崇的儒家学说提倡知识的"外王之术"和"有用之学"，致力于通过经世致用，实现治国平天下的目的。受儒学价值观的影响，我国古代的科学教育明显具有经世致用的价值特性。如数学教科书《算经十书》，其内容全部与人们的生产实践密切关联，按照人们日常生活中遇到的农业、商业、建筑、交通、运输等方面的问题分类编写。[2]一些看似不实用的科学知识，如天文知识也与实践相联系，在《史记·天官书》中把五大行星的运动，彗星、流星的运动与人类的社会生活，特别是当时的"军国大事"联系起来，用比附的方式实现经世致用的目的。天文学为统治者提供精确的历法，为百姓提供准确的农事时间，是天文学最大的实用性表现，这种实用性方向直接决定了天文学教育的内容和发展方向。[3]这种经世致用的科学

[1] 曲铁华，李娟. 中国近代科学教育史[M]. 北京：人民教育出版社，2010：65.

[2] 同[1]68.

[3] 同[1]68.

教育目的，虽经时移世易，但一直存续，并对近现代的学校科学教育发挥着重要的影响。

第三，作为"官学"的科学教育。古代学校中的科学教育基本被官府垄断，即所谓的"学在官府"。因经世致用的目的，算学、天文学、农学、医学成为我国古代最为发达的四门学科，它们也是官学中最重要的一部分内容。我国古代社会中政府进行科学教育的基本形式有三种，分别是学校科技教育、官职科技教育、社会科技教育，如：科技专科学校属于官学；"畴人之学""宦学"中的科技教育，长期设于官府；艺徒制首先见于官营作坊；劝课农桑更是朝廷实施社会教化的重要内容。[1]除了早期在"经学"进行科学启蒙，讲述一些卜筮礼仪、天文历算、气候、医学、农学、手工业制造等之外，官学是科技教育的主要形式。在历朝历代，医学、算学、天文学都是国家因科技业务需要设"学"开展的专科教育，且都有较长的"官学"设立史，虽然培养的人才极少，但它们至少培养了一部分满足国家需要的科技人才。

---

[1] 梅汝莉，李生荣. 中国科技教育史[M]. 长沙：湖南教育出版社，1992：2.

第二节
我国近代科学教育的发展

传教士带来的西方科学文化，对中国的传统文化和知识体系产生了巨大的冲击。特别是在鸦片战争后，"船坚炮利"的西方科技，不仅打开了清帝国的大门，也打碎了其沉浸于"世界中心"的帝国美梦。中国的先进知识分子开始睁眼看世界，向西方学习先进的科学技术。

一、中国近代科学教育的嬗变

（一）传教士来华：中国近代科学教育的酝酿

明末清初，传教士大批来华，在传播基督教义的同时，也带来了自然科学和西方的地理风俗等。这些西学知识传入中国后，对中国人的儒家思维及观念产生了强烈的冲击，引起了部分士大夫学习西学的兴趣。传教士早期传播西学的方式主要是编写或翻译西学书籍。例如，1582年意大利传教士利玛窦来到中国后，就陆续编译了《乾坤体义》《万国舆图》《几何原本》《浑盖通宪图说》《测量法义》等，推介了大量的西方科学知识与体系。《几何原本》等书不仅带给中国许多先进的科学知识和哲学思想，而且翻译中所使用的术语，如点、线、面、平面、曲线、曲面、直角、钝角、锐角、垂线、平行线、对角线、三角形、四边形、多边形、圆、圆心、外切、几何、星期等也是我国近代的科学术语并沿用至今。总之，带着西学而来的利玛窦掀起了晚明士大夫学习西学的风气。

中国学术研究传统重视烦琐的考证研究方式，强调研究经典和对经典加以解释的经、传、注疏等经解模式，在一定程度上禁锢了知识分子科学探索和创新的能力，阻碍了科学在中国的发展。所以，明末清初的科学虽然在中国开始萌芽，在士大夫中得到传播，但其范围和程度非常有限。

（二）教会学校：有组织的科学教育的滥觞

鸦片战争后，按《南京条约》的要求，基督教可以自由传教。大批传教士来华传播基督教义后发现，兴办教会学校才是最有效率的传教方式。自此，教会学校如雨后春笋般在中国大地上发展起来。教会学校虽然以传播教义为己任，但也把西方的科学知识介绍给受教者，以培养掌握科学知识的本土传教士。例如，近代中国第一所教会学校马礼逊学堂，除中文（"四书""五经"）、英文、历史课程之外，还设置了数学、物理、化学、地理、生理等科学课程。[1]教会学校在中国的进一步发展使得科学教育的课程和内容也逐渐丰富，教学方式也更加灵活。如山东登州文会馆分备斋（相当于小学）和正斋（相当于中学），备斋三年设有心算、笔算数学上、笔算数学中、笔算数学下、地理志略、重学等科学课程。正斋六年的科学课程有：天道溯源，代数备旨；形学备旨，图锥曲线，万国通鉴；八线备旨，测绘学，格物，省身执掌；量地法，航海法，格物声、光、电，地石学；代形合参，物理测算，化学，动植物学；微积分，化学辨质，天文揭要。[2]教会学校与传教士为了教授这些课程，不仅自编、自译科学教科书，甚至还联合成立了教科书编写的专门机构——教科书委员会来组织编译大量的科学教科书。这些教科书供教会学校使用的同时，也向社会传播，为中国人提供了更广泛和有效的科学启蒙。

（三）洋务学堂：中国科学教育的专科学校

第二次鸦片战争后，清政府兴起了洋务运动。为了培养新式的洋务人才，必须兴办新式教育、建洋务学堂。洋务运动期间，洋务派官僚创办了外国语学堂、军事学堂、科技学堂三类洋务学堂，其中较著名的有天津水师学堂、福州船政学堂等。这些洋务学堂为了培养各种科技人才，开设了比教会学校更多的专业化科技类课程，把西方的自然科学逐渐全方位地进行介绍。其主要的科学课程包括算学、代数学、几何、化学、医学生理、天文、物理、航海、地理、绘图、机械图说、轮机等。这些洋务学堂虽为专科学校，但从科学教育的课程内容来看，学校教授的只能算是各学科的初级的、最基础的知识；学校虽具有高等教育的性质，实际上还"承担小学程度的教育"[3]。

二、中国近代科学教育的特点

我国近代科学教育主要源于传教士的传播，也受到西方"坚船利炮"的影响，因而具备了以下特点。

首先，深受经世致用的传统影响，科学教育具有实用性。中国近代科学发轫于传教士带来的西学。其中，尤以实用技术传播最广，如用西方的观测方法、资料和工具来观测天象；将西方的计算方法应用于生产生活实践，设立实验室，解剖观察。这些实用技术是国人在继承经世致用精神的基础上，选择的实用性科学知识，使知识分子开阔了视野、解放了思想。洋务运动期间，洋务派是急

[1] 孙宏安. 中国近现代科学教育史[M]. 沈阳：辽宁教育出版社，2006：244.

[2] 同[1]251.

[3] 曲铁华，李娟. 中国近代科学教育史[M]. 北京：人民教育出版社，2010：91.

功近利的"实用主义"者，他们发展科学技术是以学习列强的坚船利炮为目标。李鸿章说："西洋军火，日新月异，不惜工费，而精利独绝，故能横行于数万里之外，中国若不认真取法，终无由以自强。"[1]洋务派认为"中国文物制度，事事远出西人之上，独火器万不能及"，"中国欲自强，则莫如习外国利器，欲学外国利器，则莫如觅制器之器，与制器之人"。[2]这种科学教育之"制器论"与洋务学堂培养军事、造船、器械、铁路等方面的实用技术人才的目的相吻合。

其次，设有科学课程，科学教育受到重视，但培养目标单一，培养人数有限。早期的教会学校以提供初等教育为主，一般都设有比较独立但程度较浅的科学课程，主要目的是培养传教士。由于教会学校数量有限、民众对教会学校的抵触以及科举制的影响，到教会学校学习的人数很少，所以培养出来的人才非常有限。鸦片战争以后的洋务派及洋务教育急功近利，以培养急需的专科人才为目的，并没有兴趣兴办普通教育，所以在洋务学校受教育的人数也很少。显然，洋务官僚对提高整个民族的科学文化水平的重要性和紧迫性缺乏认识。

再次，教育对象不明确，无确定的学制，没有统一的科学课程设置。由于没有统一和明确的学制，所以无论是教会学校或洋务学堂，对入学年龄并没有明确的要求，对课程的设置也各自为政，相互之间课程差异非常大。以山东登州文会馆与上海中西书院的数学课程为例，文会馆的数学课程包括心算、笔算数学、代数备旨、代形合参、微积分，而中西书院有数学启蒙、代数学、勾股法则、平三角、弧三角、微分、积分等。两者学习起点都很高，但课程设置差异很大，而且科学课程设置只分类，不分层，没有考虑学生的年龄特征，不利于学生学习。例如，文会馆科学课程，从备斋到正斋，只有笔算数学在备斋三年中分成上、中、下课程，其他如地理志略、测绘学、格物、航海法、地石学、化学、物理测算、动植物学等课程皆是一年学完，并无按年级分层、分段学习的要求，所以对学生来说课程难度总体上增加了。

最后，科学课程的名称不稳定，以学科分类为主，缺少综合性科学课程。教会学校和洋务学堂的科学课程都不统一的原因之一就是课程名称不稳定，仅数学类课程名称就多达十种，物理类课程有重学、物理测量、格物等名称。课程名称不一致、不稳定，又没有统一的课程设置，造成了各学校间课程内容、学时不同，要求也不一样。此外，作为科学启蒙的科学课程按学科分类，分为地理、物理、化学、动植物、卫生、天文等，忽略了初等科学教育的综合性、启蒙性特点，导致科学课程及内容的繁、杂、乱。

---

[1] 郭永芳. 近代中国对西方科学传入后的反响[J]. 科学、技术与辩证法，1987（3）：57-64.

[2] 同[1].

第三节
我国近代科学教育中的"科学"

古人云："名不正，则言不顺。"传教士要在中国传播西方科学，让中国人接受和理解科学，就必然要使用中国学术话语之"名"。于是，西方的科学话语不得不与中国的学术传统和话语在碰撞中相对接，在对抗中相妥协，利用中国经学典籍中"名正"之术语，使科学在中国传播更加"言顺"。在我国近代科学传播及科学教育中，科学的译名和使用并不统一，这一定程度上也反映了人们对科学理解的差异。

一、近代科学之译名与理解

（一）"格致"和"理科"

"格致"最早见于《礼记·大学》中的八条目"格物，致知，诚意，正心，修身，齐家，治国，平天下"，它是儒家修身治国的政治伦理论述。"格物致知"是儒家知识分子政治抱负的起点，也是他们实现抱负的手段。"致知在格物，物格而后知至"，即"格物致知"，意在"穷究事理，获得真知"。程颐首先赋予它认识论的意义："格犹穷也，物犹理也，若日穷其理云尔，穷理然后足以致知，不穷则不能致也。"（《河南程氏粹言》卷一）朱熹进一步发展了这一思想，把格物致知解释为接触事物，穷竭其理而推及吾心固有的知识，"所谓致知在格物者，言欲致吾之知，在即物而穷其理也"（《大学章句·补传》）。其所说之理并不是物质之变化、自然之规律，而是修身养性之理、治国平天下之理，并无现代科学之要义。

万历年间，传教士利玛窦来到中国传播西学，为了顺从中国士大夫的思维习惯和价值取向，他采用经学的重要命题"格物致知"来定义他带来的自然科学。西方"格致"之学经他用经学体系包裹起来后，不难博得士大夫的青睐，况且他所引进的又是中国文化最缺乏的"有用之学"。[1]徐光启也用经学语言对外来文化进行包裹，称之为"格物穷理"之学。意大利传教士艾儒略所撰《西学凡》一书中，之所以把Philosophia译为"理科"，很可能是取自徐光启的格物穷理之学，六科的名

---

[1] 李双璧. 从"格致"到"科学"：中国近代科技观的演变轨迹[J]. 贵州社会科学，1995（5）：102-107.

称都用一个汉字，从格物穷理中取出一个"理"字来，可谓恰到好处。[1]随着西方科学技术的广泛传播，清末人们已注意到，在引进的西方"格致"学中，不仅有技艺，也包括其学理。洋务派领袖奕䜣曾指出："洋人制造机器、火器等件，以及行船行军，无一不自天文算学中来。"并针对时人"或谓制造乃工匠之事，儒者不屑为之"的说法，指出当时提倡西方格致之学的目的，在于明事物之"理"，故清末人言"格致"时，有改称为"理科""理学"者。[2]所以，清末就有了将"自然科学"译为"理科"的课本。

从洋务运动开始到清朝末年，人们一直在使用"格致"一词。"格致"作为一门学科，不仅作为官方语言出现在朝廷公文中，也作为清廷创办的全国最高学府——京师大学堂的重要课程：大学分八科，即经学、政治、文学、医、格致、农、工、商，其中格致科里共分五门科目：算学、星学、物理学、植物学、地质学。"格致"一词俨然已是自然科学的中国译名。以"格致"命名的书院、类书、丛书、刊物、学会，更是林林总总，不一而足。[3]

《当代汉语词典》中指出"格致"是"格物致知"的略语，穷究事物的原理法则而总结为理性知识。[4]之后学者们将其作为对清朝末年物理、化学等自然科学的统称。张岱年也指出，在中国传统文化中，原来并无"科学"这一概念，表征"科学"这一概念的词是"格致"。"格致"一词最初是指一种道德修养的方法。[5]胡适在《格致与科学》一文中说科学初到中国的时候，没有相当的译名，当时的学者就译作"格致"，格致是"格物致知"的缩写。

（二）博物与博物学

中国自古有"博物"一词，不是指具体的学科门类，而是指古代的"通识"或者是广博的知识。狭义的"博物"观念，出自孔子《论语·阳货》："多识于鸟兽草木之名。"其意是指通过学诗可以"多识于鸟兽草木之名"[6]。后人简称"多识"之学，借以指代有关动植物的基本知识。[7]现存最大的集成式类书《古今图书集成》设立了《博物汇编》的名目，使"博物"概念有所扩大，不仅有属于"多识之学"的禽虫典、草木典，还包括了艺术典和神异典。[8]但中国传统书目中没有分出"博物"专类，更没有"博物学"的概念。在中国传统文化中，"博物"是一个与"博学""通

[1] 樊洪业. 从"格致"到"科学"[J]. 自然辩证法通讯, 1988（3）：39-50.

[2] 朱发建. 清末国人科学观的演化：从"格致"到"科学"的词义考辨[J]. 湖南师范大学社会科学学报, 2003（4）：79-82.

[3] 李双璧. 从"格致"到"科学"：中国近代科技观的演变轨迹[J]. 贵州社会科学, 1995（5）：102-107.

[4] 李国炎, 等. 当代汉语词典[M]. 上海：上海辞书出版社, 2001：331-332.

[5] 张岱年. 中国文史百科：上[M]. 杭州：浙江人民出版社, 1998：678-679.

[6] 杨伯峻. 论语译注[M]. 北京：中华书局, 2012：258.

[7] 于翠玲. 从"博物"观念到"博物"学科[J]. 华中科技大学学报（社会科学版）, 2006（3）：107-112.

[8] 于翠玲. 传统媒介与典籍文化[M]. 北京：中国传媒大学出版社, 2006：92.

识"相近的教育理念，而不是一种知识类别，更不存在"博物学"这门学科。[1]1855年，由英国人合信编辑的《博物新编》，由上海墨海书馆出版，涉及天文、气象、物理、化学、光学、电学、生物等方面的知识。[2]此书在西方学科分类意义上确立"博物"作为自然科学的总称。此处"博物"一词泛指自然科学，与natural history无必然关系。但中国近代自西方引进西方科学，也引进了学科"博物学"。日本人最早把natural history译成"博物学"。1897年康有为的《日本书目志》中载有以"博物学"为题的日本著作七种，并特别加注，说博物学有开发民智的效果。蔡元培的《学堂教科论》（1901年）一文中认为博物学包括全体学（包括生理学）、动物学、植物学、矿物学（包括地质学）。杜亚泉《博物学初步讲义》（1917年）称"博物学者，即合动植矿物而研究之学问也"，又称"博物学所研究者，以动植矿为范围，但通常以人身之生理卫生，与动植矿并重"，把博物学定义成动物学、植物学、矿物学以及人体生理学的总称。[3]在20世纪30年代后，由于对西方科学分类认识的深化，博物学下属学科不断分化和专业化，博物学逐渐在科学学科分类中消逝了，在初级科学教育中也被"自然"所取代。

二、"科学"与科学的异同

以上所述"科学"的译名"格致""理科""博物"，在清末民初时期都被用作综合性的科学启蒙课程或教科书的名称。对科学课程与教科书的命名，也是一种文化教育观的体现。"格致""理科""博物"所代表的"科学"是器物之学，推崇注重器物知识和经验方法的学习，以社会实际需要为教育目的。

古代各种知识浑然一体，统一在哲学中。直到近代，西方相继出现了多种相互独立的学科，形成了现代的科学。《社会科学大词典》把现代科学定义为关于自然、社会和思维知识的体系，是在社会实践中产生和发展的，是实践经验的总结，是精神文明的重要内容。马克思主义哲学提出了科学分类的正确原则，又将科学分为社会科学、自然科学和思维科学。[4]19世纪末，康有为从日文中引入"科学"一词，严复也将science译为"科学"。在教育领域，一般将科学理解为包括社会科学、自然科学在内的理论学科。在本书中论及的科学不仅代表学科名称，而且关注深层的科学文化知识以及科学启蒙教育。

最开始的时候，国人将"科学"理解为"格致"，这和现代科学之间既有联系又有区别。"格致"注重通过对事物的探究而获得相关的知识，重点在获得实用的技术。[5]"格致"是技术之学，

[1] 吴国盛. 自然史还是博物学? [J]. 读书，2016（1）：89-95.

[2] 熊月之. 西学东渐与晚清社会[M]. 上海：上海人民出版社，1995：157.

[3] 同[1].

[4] 彭克宏. 社会科学大词典[M]. 北京：中国国际广播出版社，1989：86.

[5] "格致"与"格物"不相同，"格物"指对事物的探究过程，"格致"的内涵比"格物"更广。

是关于"实学"的技术学科，注重对具体事物的认识，它只是科学中的一部分，可以理解为狭义的科学。而科学作为一门学科，其内涵更广，除技术之外还包含原理、理论知识。与"格致"不同的是科学更注重"学"。随着国人对科学理解越来越深刻，"格致"的概念也越来越接近科学。1904年颁发的《奏定高等小学堂章程》规定的"格致"科目就非常接近作为"学科"的科学："一年级讲授植物、动物、矿物及自然物之形象；二年级讲授寻常物理、化学之形象；三年级讲授原质及化合物，简易器具之构造作用；四年级讲授植物、动物之互相关系及对人生之关系，人身生理卫生之大要。"[1]所以，在清末，"格致"就一直作为科学的代名词。康有为、严复引入"科学"一词后，从1897年至1912年，"科学"与"格致"同时并用。[2]1912年后，"格致"一词逐渐被淘汰，而大范围使用"科学"一词。在小学科学教育中，为使科学更加生活化和常识化，突破学科限制，广泛采用了科学研究之对象"自然"一词。"科学"和"自然"的广泛使用，代表国人对科学的理解更加全面和成熟，科学文化正在全面影响社会。由此可知，从格致到科学（或称"自然"），其变化不仅在于文字和名称，更表明科学文化观念与科学教育理念正在变迁和发展。

[1] 吴履平，课程教材研究所. 20世纪中国中小学课程标准·教学大纲汇编：自然、社会、常识、卫生卷[M]. 北京：人民教育出版社，2001：3-4.
[2] 朱发建. 清末国人科学观的演化：从"格致"到"科学"的词义考辨[J]. 湖南师范大学社会科学学报，2003（4）：79-82.

本章小结

　　中国古代的科学教育源远流长，在西周时期就有了比较完整的官学体制，但科学教育在社会中的弱势地位和专科学校教育在官学中的边缘性，决定了古代科学教育需要以多种教育形式弥补官学教育的不足。因此，我国古代科学教育在历史的长河中逐渐发展出官学性质的专科制学校、艺徒式的科技教育、祖传手艺式的家传等形式，共同组成古代科学教育的发展全貌，即知识伦理化、注重经世致用、学在官府。

　　第一次鸦片战争后，"船坚炮利"的西方科技，以及此后传教士带来的西方科学文化，对中国的传统文化和知识体系产生了巨大的冲击，为中国人开启了学习西方科技的大门。传教士通过教会学校设置课程，传播西方科学知识，培养掌握科学知识的本土传教士。教会不仅自编自译科学教科书，甚至还联合成立了教科书编写的专门机构——教科书委员会。这个机构编译了大量的科学教科书，供教会学校使用的同时，也向社会传播科学知识，一定程度上为中国人进行了科学启蒙。

　　第二次鸦片战争后，清政府兴起了洋务运动，办新式教育、建洋务学堂。这些洋务学堂为了培养各种科技人才，开设了比教会学校更多的专业化科技类课程，把西方自然科学最基础的学科知识全方位地推介进来。

　　我国近代科学教育起源于传教士的传播，受到西方坚船利炮的冲击，具备四大特点：第一，深受经世致用思想的影响，科学教育具有实用性；第二，重视科学教育，设有科学课程，但培养目标单一、人数有限；第三，教育对象不明确，无确定的学制，没有设置统一的科学课程；第四，科学课程的名称不稳定，以学科分类为主，缺少综合性科学课程。

　　在我国近代科学传播及科学教育中，"科学"一词的译名并不统一，这在一定程度上也反映了人们对"科学"理解之差异。在清末民初时期，"科学"的译名有"格致""理科""博物"等，都被用作综合性的科学启蒙课程或教科书的名称。这些不同的名称也是一种文化教育观的体现。"格致""理科""博物"所代表的"科学"是器物之学，注重器物知识和经验方法的学习，以社会实际需要为教育目的。

第二章

清末的小学"格致"教科书（1840—1911）

　　《礼记·大学》言："致知在格物，物格而后知至。""所谓致知在格物者，言欲致吾之知，在即物而穷其理也。"《大学》中认为格物致知的目的，是使人能达到诚意、正心、修身、齐家、治国的境界，从而追求儒家的最高理想——平天下。清末在引进"科学"时，认为儒家传统的认识论与其意通，于是就用"格致"代替"科学"一词。清末引进的小学科学课程也取名为"格致"。

第一节
西方科学教科书的引进（1840—1896）

鸦片战争后，传教士从西方蜂拥而至，涌入中国的沿海口岸、内地商埠、城市与乡村，传经布道，宣传基督教义。传教士热衷于办教育，认为教育能在社会、道德、国民性方面产生巨大的变化。正如传教士狄考文所说："教会学校的目的，我认为是要对学生进行智力的、道德的与宗教的教育，不仅使他们皈依上帝，而且使他们在信仰上帝后能够成为上帝手中捍卫和促进真理事业的有效力量。"[1]第二次鸦片战争后，西方传教士凭借不平等条约的保护，纷纷来华传教、办医院、兴学校，因此，教会学校如雨后春笋般迅速兴起。教会学校除了直接灌输基督教义外，也通过其他学科课程进行渗透。科学被传教士当作"基督教的婢女"，用来塑造中国人的基督教人格。

为了教授科学课，教会学校引进或编撰出版了一些西方的科学启蒙书籍，供教会学校教学使用。这些西方的科学启蒙书籍，并不完全是西方学校的教材，只是编译者认为适用于中国的教会学校，于是自译或者由西方传教士和中国学者通力合作，承担教材的编译工作，出版了早期的西学科学启蒙教材。

在我国小学科学课程的发展史上，其名称经历了格致——博物——理科——自然——常识——自然常识——自然——科学的变化。小学正式开设科学课程是在1903年，当时称为格致课。1898年7月，康有为向光绪皇帝上奏《请开学校折》，建议仿德、日学制，通令全国各省、府、县、乡开办学校。1903年全国各官立小学堂，规定开设格致课，这便是我国最早的科学课。[2]依课程要求在清末各时段编写的小学科学教科书名称也发生了变化，如《格致》《博物》《理科》等，它们作为综合性、常识性的科学教科书为清末小学堂的儿童提供了人生的第一次科学启蒙。

---

[1] 陈学恂. 中国近代教育史教学参考资料：下[M]. 北京：人民教育出版社，1987：3.

[2] 蔡海军. 我国小学科学课程发展的过程及特点[J]. 湖南师范大学教育科学学报，2003（5）：70-73.

一、教会学校的科学启蒙译著

早在1607年，徐光启和西方传教士利玛窦共同翻译了《几何原本》。他在《刻几何原本序》中把西学分为两大类，即"大者修身事天，小者格物穷理"。1612年，徐光启翻译传教士熊三拔所撰《泰西水法》，并作《泰西水法序》，明确提出"格物穷理之学"。徐光启进一步发展了朱熹的格物致知思想，把科学从中国传统的学术学问中分离出来，而归属于"格物穷理之学"。自此，一些与西方科技有关的译作或著作，包括西方传教士所撰写的一些科学启蒙著作，都被冠以"格致"之名。

教会学校使用的教材，主要是由教会出版机构出版的西学著作。换句话说，19世纪中晚期的中国，西学著作和西学教材几乎是同一的，而且大部分是从教会学校及其他出版机构引入的。19世纪中期，教会学校在我国发展比较快，致使最初由传教士自编的科学教材不能满足教会学校对教材的大量需求。为了教学的需要，当时比较著名的教会出版机构出版了一些教会学校用的教材。如墨海书馆（1843年创办）出版的《博物新编》（1855年），美华书馆（1860年创办）出版的《格物质学》（1898年），广学会（1887年创办）出版的《格物探原》（1876年）等。

（一）《博物新编》

《博物新编》是英国人合信用中文编著的一本书。该书于咸丰五年（1855年）在江苏上海墨海书馆出版，是第一本用中文介绍近代科学的常识性书。全书共3集，介绍了物理、化学、天文、生物、地理等自然科学知识，囊括许多当时最新的科学发现和成果，在当时风靡一时，对近代中国科普事业的发展起到一定作用。例如，《博物新编》（第2集）用当时西方先进的天文知识，如天文略论、地球论、昼夜论、行星论、日离地远近论、日体圆转论等，使国人重新审视天体。

《博物新编》的出版，对中国近代早期的一批科学家与知识分子产生过很大的影响。清末思想家王韬曾讲此书"词简意尽，明白晓畅，讲格致之学者，必当由此入门，奉为圭臬"[1]。后来闻名近代科学技术界的徐寿、华蘅芳，都曾研读过此书，"甚为欣羡，有惬襟怀"[2]。

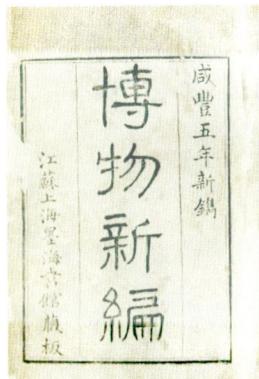

2-1-1

图2-1-1 《博物新编》，合信编著，江苏上海墨海书馆藏，1855年新镌

[1] 王韬. 瓮牖余谈[M]. 长沙：岳麓书社，1988：339-340.
[2] 傅兰雅. 江南制造总局翻译西书事略[M]//张静庐辑注. 中国近代出版史料初编. 北京：群联出版社，1953：10.

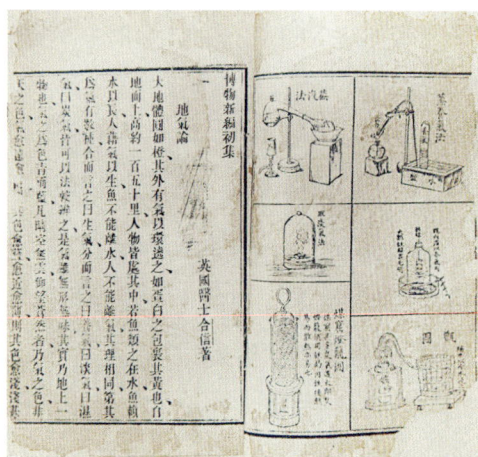

图2-1-2 《博物新编》课文

（二）《格物质学》

《格物质学》由潘慎文、谢洪赉合译，美华书馆1898年出版，是西方普及性读物，适合于学校的科学启蒙教育，经益智书会审定后被选用作教科书。《格物质学》是一部物理学的教科书，全书十一卷，其论述内容依次为功与力、吸力、机器本原、流体压力与气体压力、声学、光学、热学、磁气、电学等，后附习题及中西名目对照表。全书编排体例十分便于学习，每卷之首先列出节次，为该卷之纲领；然后分节阐述，若论述有不足之处，则加注释以补充，每卷之后还有习题与该卷提要，便于学习者演算、理解；还配有发展简史，使学习者了解所述内容的沿革和学派的师承关系，以加深对内容的理解。卷末附中西名目对照表，极便检阅之需。《格物质学》是当时西方人士所设立的书馆中教科书之善本。其版本有上海美华书馆刊本，首刻于光绪甲午年（1894年），又刻于光绪丁未年（1907年）。

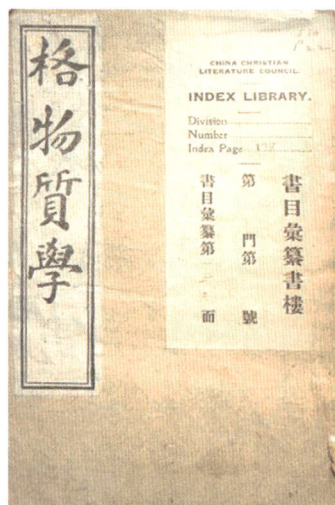

图2-1-3 《格物质学》，潘慎文、谢洪赉译，美华书馆，1898年

（三）《格物探原》

《格物探原》由英国人韦廉臣编写完成，连载于《教会新报》《万国公报》上。广学会成立后，韦廉臣又以单行本形式将其出版。据刘广定先生考证，《格物探原》的第一个单行本出版于光

绪二年（1876年），由上海美华书局出版，共三卷本。本书主要介绍了天文、地理、地质、生物、人体结构等多方面的知识。作为早期探究事物道理和本源的一部名著，内附有大量精美的图片，以文释图，趣味盎然。《格物探原》是一本基督教义与科学内容混杂的书，全书以宗教为体，科学为用。格物，即自然科学；探原，则将一切归之于上帝。在科学知识中掺杂神学内容，用自然科学来说明上帝的全知全能和基督教的优越性，几乎是传教士在引进西学时常用的手法。

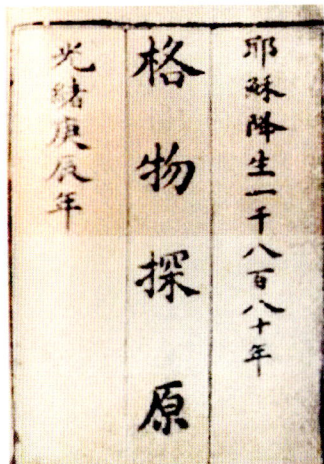

图2-1-4　《格物探原》，韦廉臣编，广学会，1880年

（四）《西学启蒙》

艾约瑟，英国传教士，汉学家、翻译家，基督教文化的宣教先驱，在华宣教历57年之久。他与麦都思、美魏茶、慕维廉等传教士一起创办了上海最早的现代出版社——墨海书馆。在墨海书馆，艾约瑟与其他传教士一起培养出一批学贯中西的学者，如王韬、李善兰等，并合作翻译、出版了许多介绍基督教信仰，西方政治、文化、历史、科学等方面的书籍，与王韬合译了《重学浅说》《光学图说》《格致新学提纲》《西国天学源流》和《中西通书》等书；同李善兰、伟烈亚力、韦廉臣合译了《谈天》《代数学》《代微积拾级》《圆锥曲线说》《奈瑞数理》《重学》《植物学》等书，均由墨海书馆出版。1880年，他被中国海关总税务司赫德聘为海关翻译，其间主持编译了《西学启蒙》丛书16种。清朝重臣李鸿章对这套西学入门丛书极为重视，特地为之作序，予以推荐。

《西学启蒙》是一套内容广泛的科学启蒙读物。这套书原由英国麦克米伦公司出版，当时一些英国的科学名家都曾作为此书的作者，书中内容深入浅出、简明扼要，对于国人来说是一部很合适的西方科学入门书。全套书内容包括《西学略述》《格致总学启蒙》《地志启蒙》《地理质学启蒙》《地学启蒙》《格致质学启蒙》《身理启蒙》《动物学启蒙》《化学启蒙》《植物学启蒙》《天文启蒙》《富国养民策》《辨学启蒙》《希腊志略》《罗马志略》《欧洲史略》，共计16种。[1]

[1] 石鸥，吴小鸥. 中国近现代教科书史：上[M]. 长沙：湖南教育出版社，2012：38.

这套书最早于1886年出版，当时称《格致启蒙》，又称《格致启蒙十六种》（或作《西学启蒙十六种》），是一套译自英国的科学入门书籍，适合初级学堂使用。[1]到1896年，经过少许修改后以《西学启蒙》之名在上海重版，有1896年广学会版，也有1898年上海集成印书局版等。该套书一度作为京师同文馆和其他官办学堂讲授科学的教科书。[2]

《格致总学启蒙》作为《西学启蒙》16种之一，除了海关总税务司署的刊本之外，还有光绪二十四年（1898年）上海图书集成印书局刊本和上海石印本等。《格致总学启蒙》分为上中下三卷，译自赫胥黎的《科学导论》，书中附有插图多幅，介绍了物体、物质、力、电气等内容。虽然其译文忠实于原著，但是其中有较多文辞欠通之处，译著的准确性不够。艾约瑟的汉语写作能力是制约此译文水平的主要因素。[3]

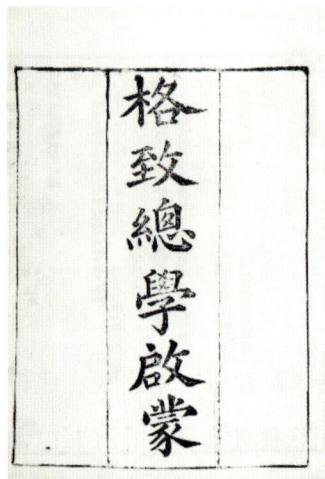

2-1-5

图2-1-5　《格致总学启蒙》，艾约瑟译，上海图书集成印书局，1898年

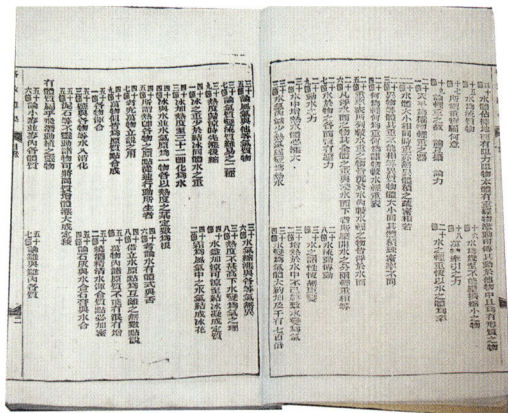

2-1-6

图2-1-6　《格致总学启蒙》目录

[1] 付雷. 晚清英国传教士艾约瑟带来的动植物学启蒙[N]. 中华读书报，2018-01-03（15）.

[2] 艾尔曼. 中国近代科学的文化史[M]. 王红霞，等，译，上海：上海古籍出版社，2009：131.

[3] 王扬宗. 赫胥黎《科学导论》的两个中译本：兼谈清末科学译著的准确性[J]. 中国科技史料，2000（3）：207-221.

艾约瑟的译著中，概述西学的代表作是《格致新学提纲》，该书是他与王韬合译的，刊载于1853年和1858年的《中西通书》，主要介绍了西方16世纪以来的天文算学发展史，是一本科学史的入门书。《格致新学提纲》对于西方科技史在中国的传播具有重要的意义，也影响了学者对欧洲天文学的认识。

《西学启蒙》和后文论述的《格致须知》，相较其他的科学启蒙译本，更加全面和系统地介绍了近代科学，不仅为当时教会学校提供了完整的科学启蒙教材，也为当时的中国人认识和理解近代科学，促进中国知识分子的知识结构与智力兴趣的巨大转变，使其成为新型知识分子奠定了基础。

二、"学校教科书委员会"与西学教科书

中国的教会学校很长一段时间各自为政，根据所需零散地编译教材，所编译教材数量有限且质量参差不齐。这种局面直到1877年5月，在华基督教传教士第一次大会上设立"学校教科书委员会"后才有所改善。

（一）"学校教科书委员会"

"学校教科书委员会"也称"益智书会"，是中国近代第一个编辑出版教科书的专门机构，统一编订教会学校教科书，一般认为"教科书"一词由此而来。成立后的委员会召集数次会议，确立了出版教科书的原则，决定编写初、高级两套中文教材，包括宗教、哲学、伦理、西洋历史、西洋地理、算学和自然科学等，提出教材的编辑方针是编而不是译，以浅显的文言撰写，所用名词力求统一，结合中国的风俗习惯，使中国人易于接受；提供重要事实与原则、问题与解答，可兼作学生用课本和教员教学用书；不仅供教会学校用，亦可供非教会学校用。[1] 益智书会出版和审定合乎学校用的书籍共98种，有些是新编的，有些是此前已经出版，经益智书会认定可供学校使用的。这些书籍从形式到内容，对晚清教育界影响都相当广泛。1902年，清政府颁行新的学制，各地学校竞相采用新式教科书，有相当一部分，尤其是自然科学课程，便直接采用益智书会的出版物。[2]

在益智书会所编的教科书中，最具规模和最有影响的当属傅兰雅编写的《格致须知》和《格物图说》两套丛书。《格致须知》作为学校科学启蒙的课本和教师用书，原计划编写80余种，可惜没有全部编成。《格物图说》则是教学挂图的配套读物，1890年之前共编译出版29种，内容包括天文地理图、人体图、百鸟图、百兽图、百鱼图、百虫图、光学图、电学图、化学图、矿石图、水学

[1] 顾明远. 教育大辞典[M]. 上海：上海教育出版社，1990：291.
[2] 尚智丛. 传教士与西学东渐[M]. 太原：山西教育出版社，2008：214.

图等。[1]

（二）傅兰雅与《格致须知》

　　傅兰雅于1839年出生在英格兰一穷苦牧师家庭，年少时就对中国充满了浓厚的兴趣，并常和同学们谈论自己心目中那无比神秘的中国。为此，他甚至被同学们称为"傅亲中"。稍长，曾在酒厂当学徒，后得政府助学金，就读于伦敦海伯雷师范学院，毕业后的傅兰雅受英国圣公会派遣，远渡重洋到香港圣保罗书院任教。1863年傅兰雅辞去圣保罗书院教职，至京师同文馆任英文教习。1865年南下上海任由寓沪外侨和中国士绅富商创办的英华书院校长，并主编《上海新报》。1867年，江南制造总局附设翻译馆，傅兰雅认为翻译馆极有希望帮助这个古老的民族走向强盛，使之跨入西方人引以为豪的向文明进军的轨道。1868年，傅兰雅进入江南制造总局翻译馆任翻译达28年。在此，他开始殚精竭虑地为翻译介绍科技知识而努力，并确立了其一世的声名。"各种书籍，傅先生所日译者十居六七"[2]，这是与他共事的徐寿对傅兰雅的评价。据傅兰雅1894年自编译著目录记载：截至1894年，除去约10种已刊的军事、兵工译著和30种以抄稿本流传的译著外，他已出和即出的译著已达55种。1895年至1896年他还翻译过一些新著。1896年以后又为制造局翻译过14种。粗略估计，傅兰雅为制造局翻译的著作有近120种。[3]1874年他又参与创办格致书院，1876年自费创刊科学杂志《格致汇编》，1877年被推举为学校教科书委员会干事，1879年被推举为该会的总编辑。

　　傅兰雅在中国期间，穷其精力致力于西学传播，正如他在1892年《格致汇编》上所申明的："半生心血……惟望中国多兴西法，推广格致，自强自富，寝昌寝炽，以成百世之盛。"[4]他在洋务运动时期将西方科技知识输入中国，其贡献之大，无论当时的来华西士抑或中国本地学人均无人能望其项背。

　　傅兰雅编写的《格致须知》是学校教科书委员会最具规模和最有影响力的丛书之一，是中国近代史上第一套系统的西学教科书，也是第一套由专设教科书机构分科设编的新式教科书，它开拓性地构建了教科书的学科知识体系。《格致须知》在系统介绍科学基础知识时，重点关注科学实验和方法，对当时还处在蒙昧状态的中国人来说，其科学理性启蒙价值巨大。这套教科书出版后在学校中盛行了近30年，可见其经典价值。

　　这套新式教科书，原计划编写10集，每集8种，共计80种，第1、2、3集是自然科学，第4、5、6集是工艺技术和社会科学，第7集是医学须知，第8、9集是国志须知和国史须知，第10集是教务须

[1] 熊月之. 西学东渐与晚清社会[M]. 上海：上海人民出版社，1994：486-492.

[2] 傅兰雅. 格致汇编：序[M]. 铅印本. 上海：上海格致书室，1876.

[3] 杨珂. 从传教士到文化使者：傅兰雅个案研究[D]. 武汉：华中师范大学，2004：18.

[4] 同[3]28.

知，至1890年已编出前3集，其他几集后来只出了一部分，没有完全编成。[1]

笔者所见《格致须知》第1集初版于1882—1887年，共8册，分别是《地志须知》（傅兰雅著，1882年新镌）、《地理须知》（傅兰雅著，1883年新镌）、《地学须知》（傅兰雅著，1883年新镌）、《化学须知》（傅兰雅辑，1886年新镌）、《气学须知》（傅兰雅著，1886年新镌）、《天文须知》（傅兰雅著，1887年新镌）、《算法须知》（傅兰雅识，1887年新镌）、《声学须知》（傅兰雅著，1887年新镌），其中《算法须知》为华蘅芳辑、傅兰雅识。[2]《格致须知》各册各章内容详见表2-1-1。

表2-1-1　《格致须知》第1集内容概览

名称	章节数	各章内容
《地志须知》	共六章	第一章略释地势名义，第二章论亚细亚洲各国，第三章论欧罗巴洲各国，第四章论阿非利加洲各国，第五章论亚美利加洲各国，第六章则论太平洋列岛也
《地理须知》	共六章	第一章略论地势，第二章略论空气，第三章略论雨雪，第四章略论水源，第五章略论潮浪，第六章地理总论
《地学须知》	共六章	第一章略论地质情形，第二章略论火化二石，第三章略论古迹石层，第四章略论中迹石层，第五章略论新迹石层，第六章为总论
《化学须知》	共六章	第一章略论四行形质，第二章略论原质五气，第三章略论非金类原质，第四章略论轻金类原质，第五章略论贱金类原质，第六章略论贵金类原质
《气学须知》	共六章	第一章略论空气静性，第二章略论抽气等篇，第三章略论空气静力，第四章略论显压力器，第五章略论空气动性，第六章略论测候诸器
《天文须知》	共六章	第一章总论地球，第二章总论太阳，第三章总论太阴，第四章总论行星，第五章总论彗星、恒星等，第六章略论天文诸器
《算法须知》	共四章	第一章记数之法、加法、减法、乘法、除法、公度数、公倍数，第二章命分法、约分法、通分法、分数加法、分数减法、分数乘法、分数除法，第三章记小数法、小数加法、小数减法、小数乘法、小数除法、诸乘方，第四章开方、比例法
《声学须知》	共六章	第一章略论传声回声，第二章略论成声成音，第三章略论弦音附音，第四章略论簧板等音，第五章略论官音簧音，第六章略论乐器音律

这套教科书环衬尚页装，各册封面形式一致。各册体例简要，依次为总说（或总引）、插图（《算法须知》除外）、章。各册总说（或总引）概要说明学科的基本性质、研究对象及基本内容。除《算法须知》外，各册"总说（或总引）"之后排列有丰富的黑白插图，且均为连续多页集中呈现。但这套书作为现代意义的教学用书，其基本要素还是不完整，如缺乏目录、课、注释、习题等，所以它虽然是典型的教材，但只能算是教科书的雏形。

《格致须知》这套书一般是从人们熟悉的身边事物开始，层层引入，一步一步上升到概念、原

[1] 屠寄. 译书公会叙[N]. 译书公会报：第1册. 1897（10）.

[2] 石鸥，吴小鸥. 中国近现代教科书史：上[M]. 长沙：湖南教育出版社，2012：34.

理。各书的知识内容之间出现交叉选择，但各有侧重，如关于空气，《气学须知》中选择了"空气静性、空气静力、空气动性"等内容，在《地理须知》第二章"略论空气"中，将"天时之所以冷热，气候之所以燥湿，风之所以动荡吹嘘，飓之所以狂旋猛掠。——略言其故"[1]。这套教科书在知识选择上对于初学者而言，程度还是略微偏难。《算法须知》第一章"记数之法"一开始在呈现数字时，就将进位——呈现，对于初学者是有难度的。

这套教科书在价值取向方面，突出了科学的实用性及发展性，同时，新名词不断出现并开始规范，大量出现"国家、人民"等新的名词术语，如《算法须知》中有"国家因此以富强"[2]，《地理须知》中有"由此可知地球各事，恒相运用动作，各尽其职，以备生长植物，蕃衍动物，养育人民，而类大造之奇功也"[3]等。在形式体例方面，体现为编排的一致性与简明性，黑白插图集中前置，教科书基本要素不全；在内容选择方面，凸显了知识的生活性和交叉性，程度略微偏难；在语言使用方面，表现出浅近性与变通性，且新名词不断出现并规范。[4]

《格致须知》作为中国近代第一套按照西方学术门类分科设编的西学教科书，开拓性地构建了科学的学科门类的知识体系，同时也构建了现代教科书的学科知识体系。后来，相关学科的知识不断经历重新归类与整合，但在学校教育领域，这套教科书正式开启了抛弃庞杂之博物学而转向分科化、体系化之近代科学，实为学堂学风的一大变革，具有文化上推陈出新的意义。

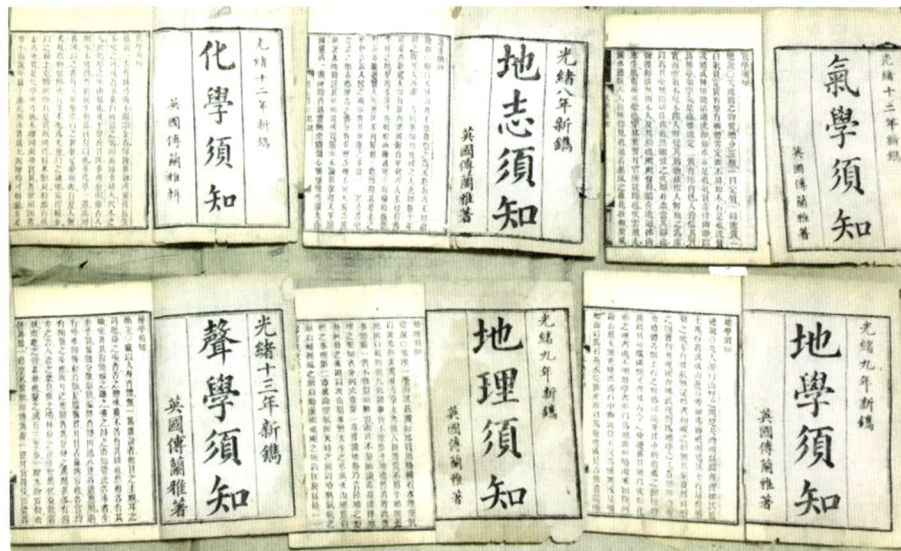

2-1-7

图2-1-7 《格致须知》丛书，傅兰雅著，益智书会，1882—1887年新镌

[1] 傅兰雅. 地理须知[M]. 上海：益智书会，1883：1.

[2] 华蘅芳辑，傅兰雅识. 算法须知[M]. 上海：江南制造局，1887：1.

[3] 同[1].

[4] 吴小鸥.《格致须知》与中国近代新式教科书[J]. 教育学报，2011（3）：112-118.

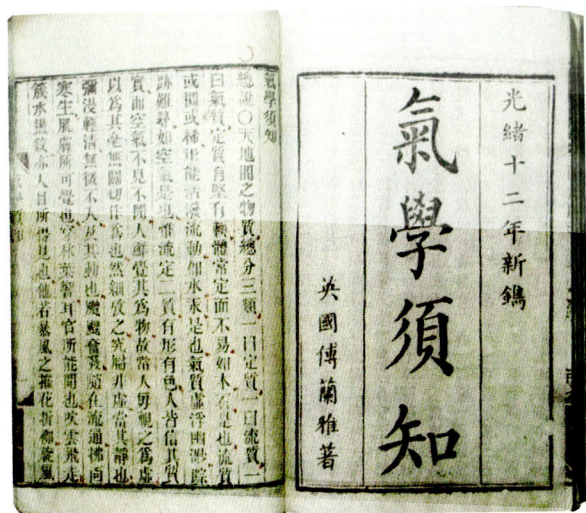

2-1-8

图2-1-8　《气学须知》，傅兰雅著，益智书会，1886年新镌

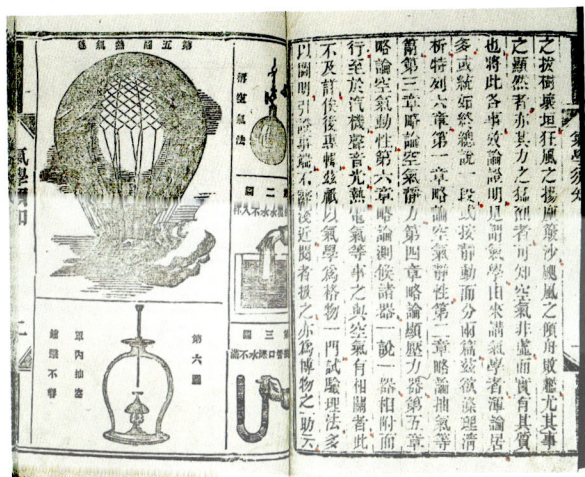

2-1-9

图2-1-9　《气学须知》课文

　　教科书是现代教育体系中的核心一环。益智书会出版的这些科学教科书、西学书籍，成为中国近代学堂所用的西学教科书体系的主干部分，不但为教会学校提供教材，开启了教会学校专业化、规范化的进程，而且为中国的新式学堂发展奠定了知识基础。此外，益智书会所编的教科书及其统一学术译名的工作，也对近代中国现代教育体系和学术规范的建立有着不可忽视的重要影响。

三、洋务派学堂及维新派译介科学教科书

　　19世纪60年代以后，清朝晚期少数新派人士办洋务、兴西学。洋务学堂为了应付西学课程的急需，当时的翻译机构——京师同文馆翻译处和江南制造总局翻译馆，在并没有经过严格的甄别和正规编制的情况下，临时组织、仓促翻译了一些西方教科书。[1]

[1] 吴小鸥. 浸润与激荡：清末民国教科书对社会变革之影响[J]. 湖南师范大学教育科学学报，2007，6（5）：21.

第一节　西方科学教科书的引进（1840—1896）

（一）京师同文馆翻译的西学著作

由京师同文馆翻译的科学教科书有《格物入门》（1868年），《格物测算》（1868年）等。

1.《格物入门》

《格物入门》由丁韪良编著，京师同文馆于同治戊辰年（1868年）刻印后，次年日本明亲馆翻刻此书。清光绪十五年（1889年）和清光绪二十五年（1899年）对该书进行两次修订，分别称《增订格物入门》和《重增格物入门》。《格物入门》是京师同文馆最早出版的自然科学著作，是一本全面介绍西方科学的汇编类教科书，分为水学、气学、火学、电学、力学、化学、算学，共7卷，被当时京师同文馆和其他新式学堂采用为教科书。该系列书实际上就是一套数理化混合读本。

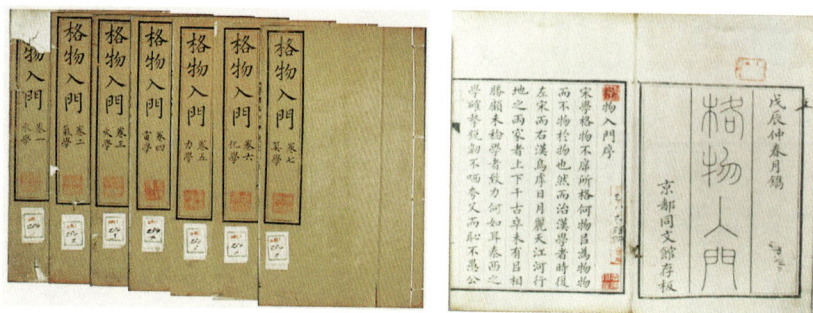

图2-1-10 《格物入门》七卷，丁韪良著，京师同文馆，1868年

图2-1-11 《增订格物入门卷一·力学》，丁韪良著，京师同文馆，1889年

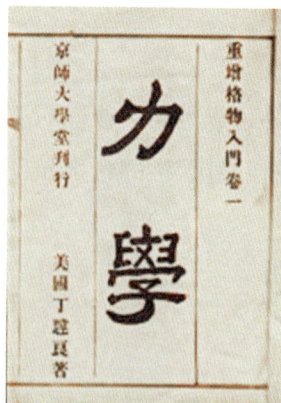

图2-1-12 《重增格物入门卷一·力学》，丁韪良著，京师大学堂刊行，1899年

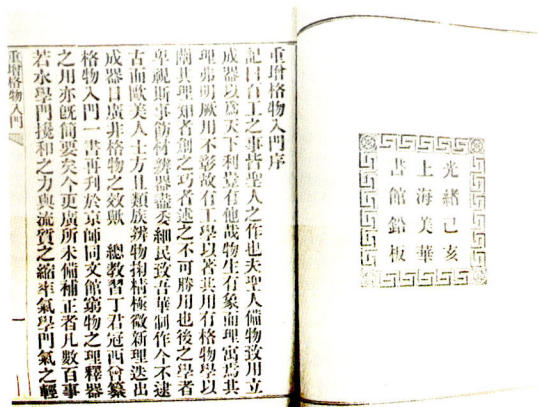

图2-1-13 《重增格物入门》序

2. 《格物测算》

《格物测算》也由丁韪良编著，京师同文馆1868年出版。《格物测算》的编写从头到尾都是用一问一答的形式，即先提出问题再回答问题。问答式的编排方法不会太单调，形式较活泼，特别适用于刚开始接受科学启蒙的中国学生。《格物测算》的一大特点是把西方自然科学知识理论的讲解与算术应用题的演练结合起来。丁韪良在书的自序中说明了这样编写的原因："盖格物与算学互为表里，独知算学而不及格物，则虚而无凭，习格物而不明算学则狭而不广，二者相辅而行方能钩深致远。"[1]所以，整本教科书很重视演算，通过演算来辅助讲解格物知识。书中每一章讲解到公理、公式后，都附有例题演算，且附有算术过程。为了巩固知识，在每一章的末尾再附演算题。

（二）江南制造总局翻译馆的译著

1865年，江南制造总局在上海成立。为了翻译急需的各种西方科学和技术著作，1868年江南制造总局翻译馆应运而生。江南制造总局翻译馆是19世纪中国最大的西书翻译出版机构，翻译出版的自然科学类译著有《声学》《光学》《格致小引》《化学鉴原》等。《格致小引》（1886年）和北京海关总税务司署出版的《格致总学启蒙》，是赫胥黎《科学导论》的两个译本。其中《格致小引》由英国人罗亨利与宝山（今属上海市）瞿昂来两人合译。全书包括三个部分：第一部分，自然界与科学，介绍科学认识和科学方法；第二部分，论无生命物质，是本书重点；第三部分，论述生物知识。徐维则编辑的《东西学书录》中对《格致小引》有如下简要介绍：

> 《格致小引》一卷，制造局本，上海石印本。英赫施赛著，……第一章论物与格物，第二章论有体质之物，第三章论生物。卷页虽少，然推论公理甚为明晰，讲水学、重学、气学者，先以此为纲要。[2]

[1] 王扬宗编校. 近代科学在中国的传播：上：文献与史料选编[M]. 济南：山东教育出版社，2009：205.

[2] 王扬宗. 赫胥黎《科学导论》的两个中译本：兼谈清末科学译著的准确性[J]. 中国科技史料，2000（3）：207-221.

《格致小引》全文内容较简洁，以致可用惜字如金形容，如："第一章 论物与格物"的"第二节 因果"全文只用23字说明因果关系：物为因，所知觉为果，如闻马车声，车为因，声为果，余可类推。

江南制造总局翻译馆、学校教科书委员会等完整、系统地引进西学教科书，其中《西学启蒙》《格致须知》正式开启了近代中国以西方学术门类分科设编的知识内容来认识世界的新时代。

教会学校与洋务学堂的发展，促进了科学教科书的大量引进。从零散用于满足教会学校需要，到系统普遍用于新式学堂，科学教科书得到了完善。但是，这些科学教科书还只是教科书的雏形，既没有分年级段，无法做到先易后难、循序渐进；也不重视教，没有教授法，不便于教师教授；更不重视学，没有课前导入、课后复习等。但这些译介的科学教科书以近代科学分科设学为基础，完全改变了中国传统教育的经史子集的分类方法，使国人的思维从传统经学定式中解脱出来，用西学视角打开了认识世界的新窗口。

但是，受朱熹格物致知思想的影响，清末国人继续沿用明末清初时对西方自然科学的称呼，把科学归属于"格物穷理之学"，用传统词语"格致"来翻译西方的"科学"，并把与西方科技有关的译作或著作，以及西方传教士所撰写的科学启蒙著作都命名为"格致"，也就是说，国人还是用中国经世致用的格物思维去审视西方的科学和技术，重视器物知识和经验方法的学习，而少有对科学的思维、方法、态度和兴趣的关注。但毋庸置疑，教会出版机构和西方传教士引进和出版的西学译著，仍能称之为科学启蒙教材，可以帮助学生积累关于自然的知识，激发学生对周围世界的兴趣，也有助于学生学习观察和探索世界，促进学生智力的发展和心理的成熟，为中国学生开启科学启蒙的人生之路，同时也为清末民国小学科学教科书开辟了一条从"格致"到"科学"的发展之路。

第二节
清末小学科学教科书的繁荣（1897—1911）

19世纪至20世纪之交，随着我国新式学堂的兴起，学堂急需各种启蒙教科书。在庞大的教科书市场面前，各家出版社编写与出版小学科学教科书的热情空前高涨，其中尤以南洋公学、文明书局、商务印书馆为盛。虽然也有官编的教科书，但所占的比重很小，质量和数量上都存在诸多问题。反而是各家民营出版社编写的小学科学教科书，虽然参差不齐、形式各异，但是较好地满足了各级各类学堂教学的需要。

一、学堂出版

清末维新运动后，大量新式学堂如雨后春笋冒了出来。"1901年至1903年间，全国各地涌现的官立、公立大中小学堂就达680所，私立学堂89所。"[1]1904年，清政府颁布了我国第一个正式施行的现代学制"癸卯学制"。新学制使新式学堂迅猛发展，新学堂对新教科书的需求也日益迫切。此时，以翻译为主的教科书显然不能满足教学的需要。因此，一些在学堂里教书且有创新思维的知识分子开始着手自编教科书，一方面满足本学堂的用书需求，另一方面又对教科书进行创新性编写，使之更适用于中国。

（一）南洋公学的《格致读本》

1897年秋，南洋公学效仿日本师范设附属小学之法，把普通教育（中小学教育）首次纳入公学的外院，相当于小学。南洋公学的外院是我国最早的公立普通新式小学教育的开始。《南洋公学章程》写道："师范院及中上两院学生本有翻译课程，另设译书院一所，选诸生之有学识而能文者，将图书院购藏东西各国新出之书课，令择要翻译，陆续刊行。"[2]南洋公学于1898年设立译书院，为外院专门编译了我国最早的新式小学教科书，其中最有代表性的小学科学教科书是《格致读本》。

[1] 石鸥，吴小鸥. 中国近现代教科书史：上[M]. 长沙：湖南教育出版社，2012：67.
[2] 朱有瓛. 中国近代学制史料：第1辑：下册[M]. 上海：华东师范大学出版社，1986：515.

《格致读本》由英国人莫尔显编著，朱树人翻译，南洋公学译书院译印，共4卷，第一版于光绪二十八年（1902年）六月出版。此书由张元济任译书院主事后主持编译，同时他还主持编译了由法国包尔培与英国保罗伯德台合著的《中等格致读本》（共8卷）。由于张元济开创了中国人编译小学教科书的先河，因此，他被誉为中国近现代教科书之父。

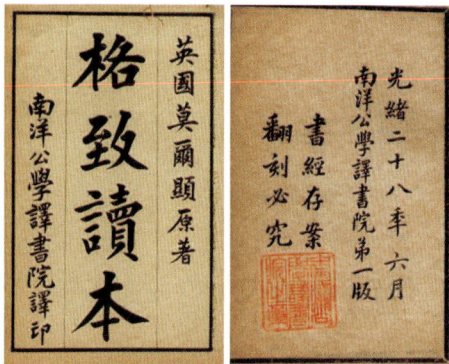

图2-2-1　　　　《格致读本》，莫尔显编著，南洋公学译书院译印，1902年

《格致读本》卷二，计40课，以英国童子佛勒唯连与妹妹娜赖的问答之辞或对话为主要内容，如"娜赖曰：水流而就下，自然之性也。唯连曰：水又能成滴如雨"，讲述在生活中与动物学、植物学、矿物等相关的基础知识，语言浅显、形式生动。《格致读本》分课进行编排，体现了教科书之教学特性。以目前所见教科书，可以认为《格致读本》应是我国最早以课文编排的小学科学课本之一。《格致读本》卷二课文包括：《孔体》《海绵与海绵之功用》《海绵》《水漏》《贫家所用水漏》《融化》《有融化性之质》《小粉》《小粉》《小粉制食之法》《融化性与不融化性》《澡脂》《谷类》《谷类》《黏力》《炼石灰》《麦米》《镕性》《玉蜀黍》《金类》《金类》《铁矿》《铁》《牛》《浇铁》《牛乳及干酪乳饼》《熟铁》《马》《钢》《兔》《红铜》《家畜之兔》《铅》《猴》《锡》《山中猿猴》《锌》《鼢鼠》《银》《金》。

上海时中书局排印本的《格致读本》卷三，"全书列课六十，附图七十九，第一课至第二十二课则论水雪空、淡炭养各气，二十三至四十七则论动物，四十八至六十则论植物，其佛勒唯连问答一仍南洋公学所译卷一、卷二体例"[1]。

南洋公学在光绪二十八年（1902年）六月也为中学编译了《中等格致读本》，由法国包尔培著，徐兆熊译，"论中等教科之用，编为四卷，每卷分为上、下，列课若干，凡动植、矿物、化学、生理各类皆逐类言之，颇为明析（晰），插图若干幅，附以练习问题，皆足为发明各理之用"[2]。

（二）其他学堂的小学科学教科书

除了南洋公学外，当时比较有影响的学校还有无锡三等公学堂、上海三等公学、上海澄衷学堂等，因为缺乏适用的教科书，这些学校开始自行编写并出版教科书。无锡三等公学堂编译的小学科

[1] 熊月之. 晚清新学书目提要[M]. 上海：上海书店出版社，2007：296.

[2] 同[1]297.

学教科书就有文明书局1902年出版的《中国理科教科书》及1905年出版的《蒙学理科教科书》等。

《中国理科教科书》翻译自日本，共2卷，吴汝纶等编著，适用于小学理科的学习。此书根据本国国情进行了改编，对日本的高等小学理科教科书进行了改造，删除了原书中较难的教学内容，根据本国儿童的认知特点选取内容，并按照时令和地域的差别编排，在素材上将本国的动植物和物产作为学习对象。其内容主要由"生命科学"和"地球与宇宙"两部分组成，重点是学习本国动植物和物产，但课文内容逻辑性不强，缺乏抽象推理和演绎思维的过程。

《蒙学理科教科书》分为上、下两编，光绪二十八年（1902年）六月开始编著。此书以卷、篇、章的形式进行排列，在其约旨中指出："书译日本高等小学校理科教科书，删其深奥之理，暨彼国之物产，而存其日用浅显，与吾国之儿童合者，缺者辑而补之，为二卷，以当吾国寻常小学校理科教科书之用。是书分类，欲儿童智识之联络，兴味之增长。故以时序方位为统系，幼年习此，有累智识之进步，故今无论为句为豆（逗），一概断之，便儿童也。"[1]如上编目录，卷一第一篇第一章《春之植物》中讲述了桃、白菜、油菜、韮（韭）和豌豆，第二章《春之林树》中讲述了林树之害虫、松，第三章为《夏之水滨》。卷二第一篇第一章为《春之林树》；第二篇第四章为《自然物之利用》；第三篇第一章为《冬之山野》，讲述了热水及空气、岩石之崩坏、岩石矿物，第二章总说。整体上此书插图丰富、内容翔实，一定程度上满足了小学校的理科教学需要。

2-2-2

图2-2-2 《蒙学理科教科书》，文明书局，1902年

1898年，上海三等公学编译了一套供学堂使用的教科书，统称为《读书乐》。此书以白话文编写，由浅入深，让儿童读来只觉其乐，不觉其苦，适应儿童的学习特点。其中的《格致》一书，仅有课文，没有任何解释，无标点，无作业，无思考题，被认为是我国近代首部用语体文编写的教科书的读本，中国第一部白话文小学科学教科书。[2]1901年，上海澄衷学堂为了满足教学需要，也编写了《小学格致读本》。

---

[1] 无锡三等公学堂.蒙学理科教科书[M].上海：文明书局，1902.

[2] 王建军.中国近代教科书发展研究[M].广州：广东教育出版社，1996：98.

二、书坊出版

随着1902年《钦定学堂章程》的颁布和1903年《奏定学堂章程》的正式实施，新式学堂发展迅猛，对新式教科书的需求急剧增加，清末新式教科书的编写由此开始了从译著到自编的繁荣时期。这一时期一些民间出版机构纷纷编纂新式教科书，以满足新式学校的需要，其中尤以文明书局和商务印书馆的教科书影响最大。它们为我国新式教科书的发展做出了重要贡献。

（一）文明书局出版的小学科学教科书

文明书局是由俞复、廉泉、丁宝书等于1902年在上海创办的，是一家民营出版机构。因其出版了大量的新式教科书，在清末出版界和教育界都具有较高的声誉。从1902年开始，文明书局出版了"高等小学教科书"系列，"普通教科书"系列，1903年开始出版"蒙学科学全书"系列，1904年开始出版"最新教科书"系列。1910年以"国民教育社"之名出版了高等小学用"新体教科书"系列。

1.《蒙学格致教科书》

《蒙学科学全书》是1902—1908年文明书局依照"壬寅－癸卯学制"发行的一套专适用于初等小学堂的教学课本，是中国人自编的第一套系统地体现分科设学的新式教科书，它也是近代第一套完整的以科学命名的小学科学教科书。

《蒙学科学全书》其囊括范围较大，包括文法、经训、修身、中国历史、外国历史、中国地理、外国地理、心算、笔算、珠算、植物、动物、格致、生理、卫生、天文、地文、地质、体操、游戏、唱歌等24种，非今天所理解之科学。系列中的《蒙学格致教科书》由金匮、钱承驹于光绪二十九年（1903年）著，全一册，共85页。该书标明为"初等小学堂学生用书"，全书分为8章，每章约6课，共计46课。第一章总论，包括《释格致》《物体之构造》《物体三类》《物体公性》《物体独特性》等内容，第一课《释格致》指出："就天然之现象，以窥其真迹，曰观察。从器械作用之现象，以得其佐证，曰实验。合观察实验，以为物理之研究，曰格致。"[1]在简介"物体"概念之后，分别讲解重学、声学、光学、热学、磁学、电学和气象学等内容，将基本物理现象初步教授给学生。[2]《蒙学格致教科书》是物理学科的启蒙教材，介绍了显微镜、折光器、定滑轮、温度计、熔点表、发电器、电气灯、晴雨表、蒸汽机械、人造磁石、玻璃杆生电引物图、发电机等器物的原理和相关知识，内容浅显通俗，难度适中，学生易于接受。本书的最大特色在于图文并茂，深入浅出。课后共附精美插图32幅，表格30个，比起枯燥的文字，更能引起学生的兴趣，给人耳目一新之余，也为学生打开了一个认识世界的新窗口。[3]

---

[1] 金匮，钱承驹. 蒙学格致教科书[M]. 上海：文明书局，1903.

[2] 毕苑. 从蒙学教科书到最新教科书：中国近代教科书的诞生[J]. 山西师大学报（社会科学版），2006（2）：94-98.

[3] 杜娟. 从文明书局《科学全书》看晚清教科书的近代化[D]. 西安：陕西师范大学，2007：19.

图2-2-3　《蒙学格致教科书》，金匮、钱承驹著，上海文明书局出版，1903年

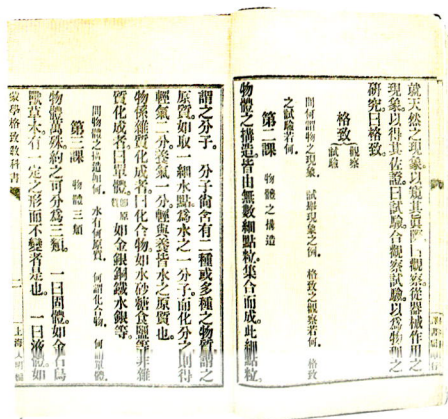

图2-2-4　《蒙学格致教科书》课文

2.《高等小学理科教科书》

文明书局出版的《高等小学理科教科书》，由日本的棚桥源太郎、樋口勘次郎著，长洲王季烈译编，共四卷，学部审定，光绪二十九年（1903年）十二月初版。在凡例中作者明确指出了本书的编写目的和教材涉及的内容：

本书为高等小学校学生所用之理科教科书，其编纂之法，悉遵小学校令施行规则第一章第一节第七条之旨意。本书目的，因势利导，期在使学生适合社会之情状，故于天然生活，与人类开化二端，皆务令周知，以养成其强盛之感情。本书教材，务涉自然科学之全体，而专于人生生活上，与以必须之智识，故如农工水产林业，及育儿卫生家事等，选择尤精。本书教材之排列，必先举由野林泽中一切动植物矿物，皆学生所日土而合于时者，藉理化学简易法则之助，令识其共存体之性质，因若何而得生成，乃推而论及树林山海地球等远隔之共存体，又此等共存体，是否在动植物体一时发现，抑彼此日常互有联络而然，与各种器械公共之法则，皆综赅提论，俾自洞然于统合生成之故，而于理化学法则之归纳与应用，庶易悟会，旁及人类之利用万物以得生，期于人类开化，亦有所裨也。本书目的，既如前言，故向来通行本，但就自然物外界之形状，比较异同，分类立系，殊非本书所重，然既得之智识，要非以此法不能联络一贯，故编章之末，亦所不废，特多方综析，不拘拘于形体一端而已。[1]

[1] 王季烈. 高等小学理科教科书：卷1[M]. 上海：文明书局，1909：凡例.

卷一共分为3篇，第一篇分四章讲述《春之田野》《春之树林》《夏之水边》《夏之田野》。第二篇分两章讲述《秋之田野》《秋之山野》。第三篇共三章，分别为《房屋　居屋中之动物》《害人体之动物》《春之山野》。卷二、卷三、卷四都分为前篇和后篇。卷二分为4章，分别为《春之田野》《夏之林沼》《秋之田沼》《冬之山野》，共计36课。卷三分为6章，分别为《重力》《热》《光》《动植物生理》《电气　磁气》《树林》，共计36课。卷四分别介绍山岳、大洋、大海等。课文均用浅近的文言文，有简单的标点符号，配以图画。课文多使用插图，尤其值得指出的是1902年文明书局出版的《高等小学理科教科书》中出现了彩色插图，且印刷精美，色泽鲜艳。

图2-2-5　《高等小学理科教科书》（卷一），王季烈译编，文明书局出版，1902年

3. 《高等小学博物教科书》和《初等小学博物教科书》

1903年，文明书局还陆续出版"高等小学教科书"系列之《高等小学博物教科书》（张肇熊译补）、《初等小学博物教科书》（侯鸿鉴译辑，王季烈校改）。

图2-2-6　《高等小学博物教科书》，张肇熊译补，文明书局，1903年

图2-2-7　《初等小学博物教科书》，侯鸿鉴译辑，王季烈校改，文明书局，1903年

《初等小学博物教科书》由侯鸿鉴译辑，王季烈校改，1903年出版，"是编为日本中学第一年级之教科书，故专采动植矿物之最简单而为目前所常见者言之，吾爱其简浅易明恰合吾国高等小学之用，爱译之附以图说，藉供内地教育之资料名以初等博物教科书者，只为博物之初基云耳"[1]。此书译自日著，取材虽说常见，但很多却非中国儿童身边熟悉之物，所以，此书缺少了中国的气息，并不完全贴近儿童的生活。但此书的编排结构，已初显单元编排意识，全书分章（单元），章后有结论，即总结（详见表2-2-1）。由此可见，清末小学科学教科书的编排又向前迈向了一步。

表 2-2-1 《初等小学博物教科书》课文目录

章节	课文
第一章 《花 虫 鸟》	第一课 《海棠》，第二课 《芸苔》，第三课 《豌豆》，第四课 《桑》，第五课 《赤松》，第六课 《小麦》，第七课 《马铃薯》，第八课 《罂粟》，第九课 《蒲公英》，第十课 《蝶》，第十一课 《蜜蜂》，第十二课 《燕》，第十三课 《结论》
第二章 《果实 种子 昆虫 鸟兽》	第一课 《黄豆》，第二课 《大麻》，第三课 《稻》，第四课 《柿》，第五课 《栗》，第六课 《蚜虫》，第七课 《红娘》，第八课 《蛟蜻蛉》，第九课 《鲤》，第十课 《鸡》，第十一课 《啄木鸟》，第十二课 《犬》，第十三课 《鼠》，第十四课 《结论》
第三章 《地球》	第一课 《石英》，第二课 《长石》，第三课 《云母》，第四课 《方解石》，第五课 《花岗岩》，第六课 《石灰石》，第七课 《岩石及矿物》，第八课 《气候》，第九课 《结论》

4. 其他小学科学教科书

文明书局还出版了"普通教科书"系列之《普通博物学教科书》（华文祺编辑，1907年）、《普通理化问答》（1906年初版）、《普通植物学教科书》（钱承驹编辑，1910年）等，《新撰博物教科书》（[日]堀正太郎、滕出经信合编，华文祺译，1902年），《中国理科教科书》（无锡三等学堂编译，1902年）。1904年开始出版有"最新教科书"系列中的《最新初等动物学教科书》（[日]矢岛喜源次著，华文祺译补，1907年）、《最新初等植物学教科书》（[日]矢岛喜源次著，华文祺译补，1907年）等。"初等教科书"系列中有《初等博物教科书》（侯鸿鉴译著，1904年）、《初等植物教科书》（范绍洛译补）等。1910年以"国民教育社"之名出版的高等小学用"新体教科书"系列中所见有《新体普通化学教科书》（[日]龟高德平著，华中祺、华文祺译补，1908年）、《新体高等小学中外地理》（国民教育社编，1910年）等。

（二）商务印书馆出版的小学科学教科书

光绪二十九年（1903年）清政府颁布并实施《奏定学堂章程》，这是中国实施的第一个近代学制，标志着中国现代教育的开始。新学制的颁布和1905年科举制度的废止，导致新式学校如雨后春笋般涌现，急需大量新式教科书。商务印书馆审时度势，决定以出版新式教科书为中心业务，全面

---

[1] 侯鸿鉴. 初等小学博物教科书[M]. 上海：文明书局，1903：目录.

启动了教科书编写业务，编写和出版了大量教科书。[1]其中最著名的是新学制颁布后全国最早、最完整的教科书"最新教科书"系列。

1. 《最新格致教科书》

《最新格致教科书》是"最新教科书"系列中的一种，由杜亚泉编辑，商务印书馆1906年出版，共3册，分别为初等小学堂第三、第四、第五年用，每册共40课，是根据清朝政府1904年颁布的《奏定学堂章程》编纂，是清末最早的小学科学自编教科书之一。在第一册出现了英文"Lessons in Natural History for Primary School. COMMERCIAL PRESS."这是该书书名和出版社的英文。封底还同时简单介绍了第二册和第三册的主要内容，第二册主要讲重要的动物、植物、矿物的形象，与第一册程度相同而范围更广，其材料与第一册互相联络照应，第三册主要讲人身体和生理卫生之大略，并讲述了重要的理化现象。后又见编有《订正最新格致教科书》3册。

2-2-8

图2-2-8　《最新格致教科书》（初等小学第三年用），杜亚泉编辑，上海商务印书馆印行，1906年

《最新格致教科书》（初等小学第三年用）由杜亚泉编辑，共40课。其编辑大意中写道："是册所举动植矿物皆日常所习见，且其教授事项皆取其易于观察者。"[2]从这册的课文目次也足见其内容选材与儿童现实生活的密切联系。如，与植物有关的课：《松》《梅》《白菜》《桑》《蚕豆》《麦》《南瓜》《稻》等；与动物有关的课：《犬》《鸡》《牛》《鸭》《鲤》《蚕》《蝶》《蜘蛛》等；与人体有关的课：《身》《手》《足》《口》《眼》等。"很明显，教科书只有非常粗浅的单元思想（如猫和鼠、水与火等接连排列），还谈不上单元设计意识（一直到民国以后，教科书才逐步形成并稳定了单元设计的模式），植物、动物、矿物等类别没有认真区别处理，如第六课《鸡》、第九课《鸭》、第三十二课《鹰》等，作为科学教科书，这尤为显得遗憾。"[3]虽然此书还谈不上具有明确的单元设计意识，但已粗浅地对课文分门别类，也是难能可贵的。在编排上，该书注重内容间的内在衔接，从具体事物出发，由浅到深，层层引入，课文配有插图和列表，与文字交融，增强了教材的易读性。

---

[1] 石鸥，吴小鸥.中国近现代教科书史：上[M].长沙：湖南教育出版社，2012：144.

[2] 杜亚泉.最新格致教科书：初等小学第三年用[M].上海：商务印书馆，1906：编辑大意.

[3] 石鸥.百年中国教科书论[M].长沙：湖南师范大学出版社，2013：151.

此书在编排上考虑了儿童的学习特性，在编辑大意中提出："是册虽逐物叙述形象，然随时随物或用比较或用总括，使学生于观察之余得其会通，故各课多列表式以助记忆而增智慧。"[1]王海英曾对此编写特点作过详细分析：

> 以此为原则，该教材在编排上，注重内容之间的内在衔接，从具体事物出发，由浅及深，层层引入，通过比较或总结，一步一步上升到概念、原理。如，第一课《松》，得出"根、茎、叶"概念；第二课《梅》，得出花"瓣、萼、蕊"概念；第三课《人体》，体现"头、身、肢"概念；第四课《犬》，与人对比在"手、足、尾"形态上的差别；在此基础上，得出"植物——松梅之类"与"动物——人犬之类"的概念。第八课《白菜》，对比白菜与梅在枝、花色和花瓣等形态上的差别，然后得出"草本——白菜"与"木本——松梅"的概念。凡此种种，直到全书最后一课列表对全书内容进行了"总结"。全书四十课，除最后的总结课外，每课均配有插图和列表，与文字交融，一课一页。这样的编排方式增强了教材的易读性，使概念及概念之间的联系一览了然，堪称低年级科学教科书的范本。[2]

2. 《最新理科教科书》

《最新理科教科书》共4册，谢洪赉编纂，杜亚泉、张元济校订，光绪三十年（1904年）十二月初版，1904年12月至1911年4月，商务印书馆出版该书高达21版。本套书供高等小学堂教学用书，每册40课。因每一学年除假期外，合得40个星期，每星期教学1课，所以每册供1年用。

图2-2-9　《最新理科教科书》（高等小学用，第四册），谢洪赉编纂，商务印书馆，1904年

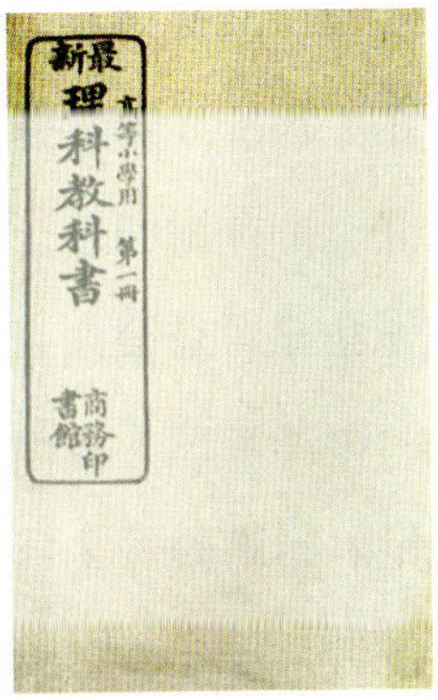

图2-2-10　《最新理科教科书》（高等小学用，第一册），谢洪赉编纂，商务印书馆，1910年

---

[1] 杜亚泉.最新格致教科书：初等小学第三年用[M].上海：商务印书馆，1906：编辑大意.

[2] 王海英.致知在格物：清末民初科学启蒙教科书[N].中华读书报，2012-08-15.

本套书为自编，取理科为名，应是根据以往编译的日本教科书的称谓，较之格致教科书，编者显然有意识地在脱离经学束缚，使用西方科学体系和术语，在编辑大意中也可找到以"理科"为名的蛛丝马迹："本书编辑大旨，乃取自然科学全体之要理，撮取大纲，诱掖儿童，与以人生必须之知识，祛其习俗相传之谬说。第一二册，以动植矿物、地文为主，第三四册，以物理、化学、生理卫生为主，读此，则一切小学博物理化教科书，均已包孕无遗，足为中学之基础。"[1]如第四册目次，第一课到第四十课的内容依次为《流水　静水》《物之浮沉》《滤净　溶解》《吸收　弥散　渗透》《空气》《风雨表》《抽气筒　水龙》《音》《回音　音之性质》《光》《镜　反光》《折光》《物体之色　虹》《凸镜》《光学诸器》《光与音之比较》《太阳》《日月食　潮汐》《电流功用一》《电流功用二》《有机物》《食物一》《食物二》《酒　醋　酱》《发酵　腐败　物质之循环》《防腐　消毒》《食物之消化》《身体之结构　骨肉》《脑系》《目》《耳》《鼻　舌　肤》《卫生一》《卫生二》《卫生三》《人与自然界之关系》《势力保存》《物质不减》《进化论大意》《挽近科学之进步》。

毕苑曾评价这套书科目门类丰富，过渡自然，难易合理，知识贯通。"课文开篇以开于早春的'梅'带学生进入植物世界，穿插介绍'菜''蝴蝶'和'豌豆'，然后小结'花与虫及风之关系'，巧妙地把自然常识熔为一炉。在介绍一些粗浅的动植物知识后，以《动植物之异同》一课联络这两大门类，说明世界万物生态循环的紧密关系。介绍光学原理时，以眼球构造相比喻，兼说明照相机、显微镜和望远镜的功用。如此种种，引人入胜。"[2]再以第二册第一课《种子　芽》为例，"春日渐暖，草木萌动，此正种子发芽之候也。试取豌豆之种子视之，见其外里厚皮，是日种皮，剥去种皮，见其肉有二片，如叶而厚。中抱细茎二片者，曰子叶，细茎胚轴，胚轴之上端曰幼芽，下端曰幼根，统全体而名之曰胚。"对种子的介绍婉转道来，顺序清楚，一目了然。

总之，本套书取材广泛，内容丰富，由浅至深，语言简洁清晰，融合了各学科知识，与本国实际相结合，具有一定的科学性。书中含有彩色的插图，图文并茂，引人入胜，吸引读者。由此可知本套教科书在内容和形式上都初步具有科学教科书的形态。

3.《格致教科书》

《格致教科书》由总理学务大臣审定，商务印书馆编译、发行，光绪二十八年（1902年）十月初版，光绪三十三年（1907年）十二月已出到第11版。全书只一册，书中未标明此书的使用对象。《格致教科书》内容有八章：第一章《总论》，第二章《论三种物质》，第三章《热学》，第四章《光学》，第五章《声学》，第六章《电学》，第七章《磁学》，第八章《重率与密率》。八章内容基本属于物理学科的范畴，讲述物理学的基础知识，而基本不涉及器物知识，例如第六章《电学》包括十五节，分别是《摩电》《引力推力》《传电阻电》《传电料之发电》《取电之法》《电

[1] 谢洪赉. 最新理科教科书：高等小学用：第1册[M]. 上海：商务印书馆，1910：编辑大意.
[2] 毕苑. 清末商务版教科书开启"教科书时代"[J]. 传承，2010（16）：50-52.

之能力》《感电》《电向尖心》《雷电》《云中之电》《电机》《电流》《电池》《电流之效》《电之功用》。此书使用章节体编排，但编者还是有明显的单元意识，一方面在每章之后编写提纲，以总结每章之概略，另一方面每章分成很多小节，使每节一课。此书缺点在于内容过于强调物理学的基本理论知识，又缺少图解，对儿童来说难度较大。

2-2-11

图2-2-11 《格致教科书》，总理学务大臣审定，上海商务印书馆印行，1902年

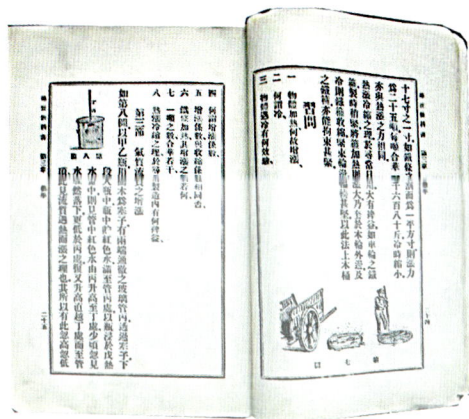

2-2-12

图2-2-12 《格致教科书》课文

4.《简易格致课本》

《简易格致课本》由杜亚泉编纂，光绪三十二年（1906年）四月初版，商务印书馆发行。此书是为"不能循小学堂阶级，受完全教育者而设"，即专门为家贫不能正常上学，中途曾经辍学的简易学堂、半日学堂、夜学堂学童学习使用。《简易格致课本》只设有40课，拟定80课时教完，限两课时教一课，"授以理科中紧要之条理门径，及寻常日用中关于理科必须之知识"[1]。本书内容虽然少，但是提纲挈领，教科书的体例粗具。因为要求简易，所以编写"不以过于深邃之解说，使人艰于寻究，亦不以敷（肤）浅之言，举其现象而不说其原理，要在逐次说明，由显及微，由单及复，不背于教授之公理"[2]。课本内容涉及物理、化学、动植物、矿物，以至天象、地质、生理等，均撮其要略，"使人读毕此书，能于普通之现象，无所荧惑，而又得以窥见理科之大体"[3]。

---

[1] 杜亚泉. 简易格致课本[M]. 上海：商务印书馆，1906：编辑大意.

[2] 同[1].

[3] 同[1].

40课依类别编排，每课又分知识要点，例如第一课《水》分"沸、汽、冰、海水"；第二课《火》分"燃烧、熄灭、可燃物、助燃物"。《简易格致课本》因读者对象的原因，省去了许多内容，也简化了许多教科书属性，没有课后的复习、练习、问题等课文辅助系统。

2-2-13

图2-2-13　《简易格致课本》，杜亚泉编纂，商务印书馆，1906年

5. 其他小学科学教科书

自1903年新学制颁布到辛亥革命之前，商务印书馆出版的教科书系列科目众多，覆盖新学制要求开设的所有科目，并且还组织编写、编译和出版了不少的新式小学科学教科书。如1903年出版的《矿物学教科书》，1905年出版的《普通博物问答》，1907年的《格致课本》（商务印书馆编），1909年出版的《博物示教》（杜就田编译，中学堂用）等。

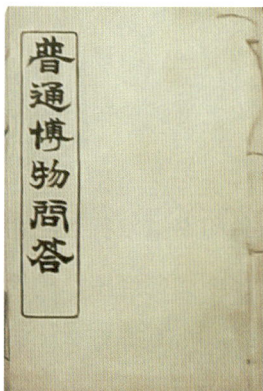

2-2-14

图2-2-14　《普通博物问答》，商务印书馆，1905年

2-2-15

图2-2-15　《格致课本》（初等小学用，第一册），商务印书馆，1907年

2-2-16

图2-2-16　《博物示教》，杜就田编译，商务印书馆，1909年

初等小学堂用书有《格致教科书》2册（总理学务大臣审定，1902年10月初版，1907年12月11版）、《格致教科书教授法》2册。高等小学堂用书有《博物学大意》（杜就田编纂）、《博物示教》。[1]《英文格致读本》于宣统三年（1911年）二月初版，中华民国二年（1913年）二月再版。这套书由美国的祁天锡编纂，邝富灼校订，共分5册。这套书以观察自然现象、探索自然奥秘、普及科学常识为目的。这套书除了用于教学外，还可以作为学生的课外补充读物。

2-2-17

图2-2-17　《英文格致读本》（卷一），祁天锡编纂，商务印书馆，1911年

1906年，杜就田编写了《博物学大意》，该书是一本从小学过渡到中学或作为成人补习用的通用科学课本，"本书之程度，为师范学校及中学校初年级所用，如中学生徒，有不经高等小学而选入者，或于高等小学理科未能熟习者，先授以此书，再授以中学理科，自无扞格之虑，他如各种简易科补习料及讲习会，为成年之人普及理科知识者，亦极合用"[2]。此书特别重视培养学生的研究兴味，"本书就自然界中常见之物，揭明其形性及系统关系，欲令学者读之，引起研究万物之兴味，习练观察万物之真识，书虽简短，而说理真确，足为理解之基础"[3]。本书的材料排列依时节分配，以便于实践。所举材料，皆为常见或易得者，教师要预先备具实物，作为讲授的印证，又便于野外实践，以增广学生的见闻。

[1] 石鸥，吴小鸥. 简明中国教科书史[M]. 北京：知识产权出版社，2015：32-33.
[2] 杜就田. 博物学大意[M]. 上海：商务印书馆，1906：编辑大意.
[3] 同[2].

图2-2-18 《博物学大意》，杜就田编辑，上海商务印书馆印行，1906年

（三）其他书坊出版的小学科学教科书

新学制颁布后，如雨后春笋般涌现的新学堂迫切需要新式的教科书。各家书坊看到商机后，纷纷投入大量人力物力到教科书的编撰中，通过翻译、编译、自编等方式，出版了种类繁多的小学科学教科书。据统计，除文明书局和商务印书馆外，清末其他书坊出版的小学科学教科书多达十几种。

1. 新学会社的《理化博物教科书》

新学会社的《理化博物教科书》，亦称《初等理化博物教科书》，为小学校用书。该书分别介绍了物理学、化学、植物学、动物学、矿物学和生理学的知识，内容程度相当于现今初中的知识水平，全书共一册。

2. 广智书局的《新理科书》

广智书局的《新理科书》是中国近代最早的理科课本之一，由学部审定，内带精美彩色插图及大量教学用插图等，是非常少见的清末权威版本教科书。

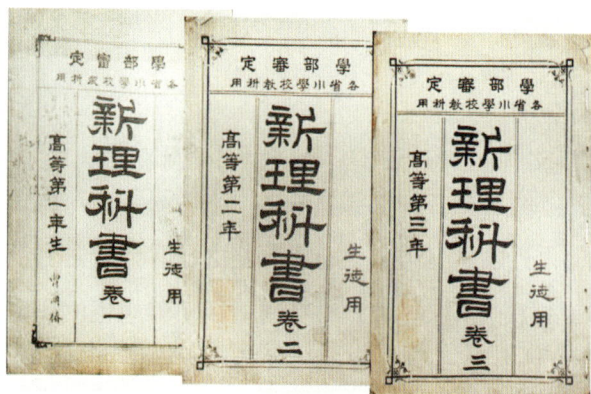

图2-2-19 《新理科书》（卷一、卷二、卷三），宗龙、刘昌明编辑，广智书局，1905年

3. 宫北东华石印局的《初等小学堂格致教科书》

《初等小学堂格致教科书》由宫北东华石印局于1905年出版，高步瀛、陈宝泉合编，回振德、徐毓曾绘图，直隶学务处鉴定。该书第一编目共分为5章，共20课，第一到第四章分别讲了学堂用物、衣服原料、饮食原料、房屋原料，第五章为概况，内容是动物、植物、矿物总图。该教科书封面简单，书名文字竖排，左边为"编书课员高步瀛、陈宝泉合编"，中间为书名，右边为"直隶学务处鉴定"。全书文字为楷体，没有标点符号，以整幅的图片为主，并在插图上显示关键的文字，

图文交融，这种排版使得课文与插图真正融合在一起。单数页页眉显示为章节数，偶数页页眉显示为课时数，目前所见只有1册，共46页。

2-2-20

图2-2-20　《初等小学堂格致教科书》，高步瀛、陈宝泉合编，宫北东华石印局，1905年

4. 中国图书公司的《高等小学格致课本》

中国图书公司于宣统三年（1911年）发行的《高等小学格致课本》，由吴传绂、吴家煦编辑，印制质量较高，课文内容文质兼美，图文并茂，内容较全面，如《高等小学格致课本》第二册课文包括植物、动物、地质部分内容，目录如下：《种子　芽》《种子萌发之要素》《植物体各部之官能》《果实及种子之散布》《植物之人工繁殖》《卵》《蛙》《蛇》《蜘蛛》《蜗牛》《茶　烟草　罂子粟》《甘蔗》《蓝　草绵　大麻　楮》《森林》《隐花植物一　羊齿类》《隐花植物二　薛苔类》《隐花植物三　菌藻类》《植物分类表》《寄生于人体之动物》《海中之下等动物一　沙噀》《海中之下等动物二　珊瑚》《海中之下等动物三　海绵》《动物分类表》《生活力之根原》《地球原始》《地形及地动》《地震　火山　温泉》《岩石》《土壤》《宝石》《煤　煤油》《金　银》《铜　铁》《矿物分类表》《自然物》。

2-2-21

图2-2-21　《高等小学格致课本》（第二册），吴传绂、吴家煦编辑，中国图书公司，1911年

三、学部官编

晚清新式教科书的编撰出版是在国外教科书的影响下，最先由民间出版机构开始的。19世纪末至20世纪初，卷入自编教科书潮流的不仅有各地各级学堂，如南洋公学、京师大学堂、上海澄衷蒙

学堂、无锡三等学堂，还有商务印书馆、文澜书局、文明书局等民间出版机构，个人编辑者更是难以数计。[1]民间教科书编写的百家争鸣，满足了形式各异的各级、各类学堂教学的需求，但由于编写者的思想素质与知识结构参差不齐，对新学的取舍标准不一，加上学术水平、流派的歧异，造成同一学科出现各种版本的教科书，可谓五花八门。[2]面对汹涌的教科书大潮，完全放任自流是不可能的，晚清政府有两种选择：一是自己编撰国定教科书，彻底取代民间教科书；二是确立教科书审定制，政府对各种民间教科书进行严格审查。[3]

为避免教科书混乱，提高教科书的编写质量，1905年12月清政府正式设立清政府最高教育管理机构——学部。学部下辖编译图书局，主持全国教科书编辑工作，编写"统一国之用"的各种教材。编译图书局定有章程九条，以指导教科书编撰。编译图书局成立的当月，即1906年6月，学部启动了编写国定本教科书的工作。几个月后，具有中国现代意义的第一套部编或国定教科书陆续面世，其中就有中学堂用的《博物学动物篇》，但未见小学堂使用的小学科学教科书。这是我国中央最高管理机构编撰统一的国定教科书的开端。根据《奏定学堂章程》，其博物课程为"其植物当讲形体构成，生理分类功用；其动物当讲形体构造，生理习性特质，分类功用；其人身生理学当讲身体内外之部位，知觉运动之机关及卫生之重要事宜；其矿物学当讲重要矿物之形象、性质、功用、现出法、鉴识法之要略"。《博物学动物篇》作为官编本，按章程要求编写，主要介绍动物的形体构造、生理习性特质、分类功用。

除此之外，一些地方官书局和官报局也编纂和翻印了一些科学教科书。目前所见，有直隶总督袁世凯于1902年成立的直隶学校司编辑出版的蒙学课本《植物学》和两江学务处审定、南洋官书局出版的《初等博物教科书》。《植物学》课本分课设计，共13课：第一课《总论》，第二课《花》，第三课《果实》，第四课《种子之萌芽》，第五课《芽》，第六课《根》，第七课《根之功用》，第八课《茎》，第九课《叶》，第十课《稻》，第十一课《菌》，第十二课《羊齿类及藓苔类》，第十三课《森林》。南洋官书局版的《初等博物教科书》，未见目录，也无课文，以字为单位分方格编排，标注音、义，每字配图，类似当时的字典。

图2-2-22　《植物学》，编译处编纂，北洋官报局印，1902年

[1] 关晓红. 晚清学部研究[M]. 广州：广东教育出版社，2009：376.

[2] 石鸥，吴小鸥. 简明中国教科书史[M]. 北京：知识产权出版社，2015：35.

[3] 石鸥. 对清末教科书审定制的历史考察[J]. 中国出版史研究，2017（4）：99-113.

图2-2-23　《初等博物教科书》，南洋官书局出版，约1905年

学部编纂的教科书，在每册最后都附有《学部允准翻印初等小学教科书教授书章程》，准许各地对其进行翻印，足见学部要在全国推行统编本教科书的决心。

四、特色教科书

清末的小学科学教科书尽管有翻译、编译、自编等不同编撰形式，但多数都有参考的范本——国外教科书，所以不同版本间的内容有相似之处。但是编者为了使教科书适用本乡本土，创新后也编出了一些独具特色的小学科学教科书。

（一）白话教科书《绘图蒙学格致实在易》

彪蒙书室创办于1903年，书室规模并不大，却在中国最早大量编印出版了小学白话教科书，如《绘图中国白话史》《绘图外国白话史》《绘图蒙学识字实在易》《中国地理实在易》《外国地理实在易》《杭州乡土历史教科书》等。

彪蒙书室于1903年开始出版"绘图蒙学实在易"系列白话教材，其中出版有《绘图蒙学格致实在易》1册，1905年5月初版。该科学教科书是旧式的蒙学课本的翻版或延伸，教材中的插图是根据中国传统小说中采用的"语—图"互文现象来诠释教材内容，通过图像的叙事性和表现性展现课文内容，十分生动，如第十六课《钻燧取火》的故事。该书中亦有《新气宜人》《瓶悬不落》《雨为蒸气》等课文，与学生的日常生活紧密联系，具有综合实用性。

《绘图蒙学格致实在易》中的《多思伤脑》《炭气伤脑》《新气宜人》等课文，不仅贴近儿童的日常生活，而且能帮助学生在实践中活学活用。《密云不雨》一课中还涉及了人工降雨的知识，《蒸花露水》一文中介绍了如何获得花露水。此书在编排上采用循序渐进、由已知到未知的方式，教材内容具有由浅入深、由近及远、图文并茂的特点，有利于培养学生学习科学的兴趣，使其主动研究，发现问题。这种编写意识极具前瞻性，为后面的小学科学教科书的编纂提供了示范。此外，彪蒙书室影响广泛的用白话编写的教科书还有"初等小学教科书"系列。

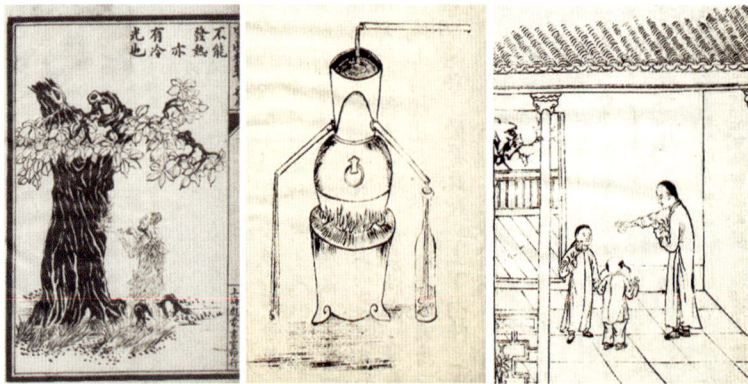

2-2-24

图2-2-24 《绘图蒙学格致实在易》中的课文《钻燧取火》《蒸花露水》和《瓶悬不落》，彪蒙书室，1905年

（二）乡土教科书《广州乡土格致教科书》

乡土教科书，一般是以学校所在地自然、地理、历史、政治、经济、文化、民族、民俗等为内容编写的补充教材。多由学校或者地方教育行政部门或个人编写。[1]

《奏定初等小学堂章程》中明确规定格致课"其要义在使动物、植物、矿物等类之大略形象、质性，并各物与人之关系，以备有益日用生计之用。惟幼龄儿童，宜由近而远，当先以乡土格致。先就教室中器具、学校用品，及庭园中动物、植物、矿物（金、石、煤炭等物为矿物），渐次及于附近山林、川泽之动物、植物、矿物，为之解说其生活变化作用，以动其博识多闻之慕念"[2]。新学制颁行后，初等小学着手开发乡土格致教育，自此，乡土教育、乡土小学科学教科书也应运而生。

目前发现的民间乡土小学科学教科书有：《广东乡土格致教科书》（共4册，广州文兴学社印）；《广州乡土格致教科书》（共2册，林骏编辑，司徒枢校阅，1909年1月初版，广州萃文报会社印）及《参考书》（1册）；1909年首版的《广东乡土格致教科书》（共4册，岑锡祥编，广州萃文报会社印）；《广东乡土格致教科书》[共4册，国学保存会编印、黄晦闻（黄节）编著，1908年]。

其中黄晦闻编著的《广东乡土格致教科书》共4册，每册18课，供一学期用。"本书专备广东省初等小学第一二年格致教科之用，谨遵奏定学堂章程初等小学第一二年格致学科讲乡土之动物植物矿物。凡关于日用必需者，使知其作用及名称为编辑宗旨。"[3]"第五学期照章程应讲重要之动植物矿物之形象情况也。"[4]为了使学生便于记忆，教科书"每课以五十字为率，无使过多"[5]。

受史料局限，肯定还有不少的乡土教科书没有被发现、关注和统计，只能在本书以后的改版中再加以完善。

[1] 石鸥，吴小鸥.中国近现代教科书史：上[M].长沙：湖南教育出版社，2012：297.

[2] 璩鑫圭，唐良炎.中国近代教育史资料汇编：学制演变[M].上海：上海教育出版社，2007：305.

[3] 黄晦闻.广东乡土格致教科书：第1册[M].上海：国学保存会，1908：编辑大意.

[4] 同[3].

[5] 同[3].

本章小结

　　清朝末年社会动荡不安，但因改革需要，清政府对科学教育越来越重视，科学教科书得到迅猛发展。新学制颁行后，新式学堂迅猛发展，政府开放并鼓励教科书的编写出版。数年间，教科书出版市场异军突起，民营机构出版的教科书在数量和质量上占据绝对优势。其中文明书局、商务印书馆等民间出版机构为我国新式教科书的发展做出了重要贡献，使小学科学教科书发展迅速，并逐步从以翻译为主走向编译、自编教科书的道路。

一、从翻译走向编译和自编

　　清末民国的小学科学教科书在编写方式上经历了从翻译西方的科学著作到编译和自主编写科学教科书的过程。晚清早期出版的科学教科书多为翻译教材，大多译自西方国家和日本，并以读本形式存在，比如南洋公学出版的《格致读本》翻译自英国莫尔显的著作，王季烈译编的《高等小学理科教科书》则是日本棚桥源太郎和樋口勘次郎的原著。但由于当时小学科学教育刚刚起步，科学教科书非常缺乏，且国外可供翻译的教材数量有限。因此，到清朝后期，各个出版社和编写者们不再翻译国外的著作，开始对翻译过来的教材进行重新编排，并结合本国的实际和编译者的思考，重新对教材内容进行选择和删改。其中新学会社编译的《理化博物教科书》和文明学社出版的《博物教科书》就是编译教科书的代表。它们既参照国外的著作，同时又参考借鉴其他相关的书籍，并开始关注教材内容的适切性，这是科学教科书编写的一大进步。

　　从20世纪初期开始，科学教科书的编排日益进步，并根据本国实际情况进行编写，开始走向自编之路。我国自编的第一套系统的新式教科书是文明书局出版的"蒙学科学全书"系列，其中的《蒙学格致教科书》是我国最早出版发行的自编小学科学教科书之一。它打破了传统教科书的编写手法，首次展现了教科书的近代编写体例，为现代教科书编撰出版提供了示例，影响了科学教科书的编写。中华民国成立后，商务印书馆出版的第一套教科书《共和国教科书新理科》注重传授科学知识和普及科学自然观，课本内容与时令、时节顺序相配合，充分体现当时社会、经济和文化的特点，它的出版表明我国自编教科书开始走向成熟。

比较译著本、改编本、自编本后可以发现，我国自主编制的科学教科书，无论在内容、形式、语言文字方面，还是在装帧、体例、教授指导上都向前迈进了一大步，小学科学教科书的编写日益成型，我国科学教育逐渐成熟。

二、内容过度重视科学知识

在教材内容选取上，清末的小学科学教科书多为记忆型的知识，侧重学习实用性的科学常识，主要为社会发展服务。以《格致须知》为代表的早期科学启蒙教科书，其教材内容主要为科学基础知识，学术性倾向十分明显，没有考虑学生的身心发展规律，极少与学生的实际生活相联系，教材中选择的科学内容对于初学者而言难度较大，远远超过学生的认知接受能力。到清朝末期，各个书局开始出版发行自编的科学教科书，其教材内容仍注重科学知识的传授，且有一定的难度，比如文明书局的《蒙学格致教科书》，内容多为物理知识，含有少量化学知识，相当于现今的初中物理教科书。教材中含有大量的专业术语，如第一册第四章光学中提到的发光体、受光体、回光、折光、光色、光器等，这些概念看似相似，含义却相差甚远，学生难以理解。理科教材虽然有所改进，选取与儿童现实生活密切相关的内容，教材内容初步具有科学教科书的形态，但是由于整册教科书涉及的内容十分广泛，大部分知识难度选取过深，不易使儿童理解和喜欢，难以吸引儿童打开认识科学世界的大门。

三、教科书的语言以文言文为主，少见白话文

清朝末年，按照西方著作翻译出版的早期科学教科书均采用文言文编写，语言晦涩难懂，主要表现在其翻译用词没有统一的标准，对一些科学术语和概念的把握不到位，教材内容更像是高等科学教育的入门教材。由于采用晦涩难懂的文言文编写教材内容，导致早期的科学教科书内容不通俗、不易明白。但也有例外，如彪蒙书室1905年出版的白话教材《绘图蒙学格致实在易》，其语言十分精简，通俗易懂，言简意赅，是这一时期白话文教材的代表作。

四、内容编排逐渐重视儿童的适应性，并紧跟西方科学教育成果

清朝末年出版的小学科学教科书，不仅更加注重语言的浅显易懂和日常化，"还注重根据儿童认知的发展规律，研究、设计课与课之间的结构及各课内容的呈现方式，图文并茂，列表总结，体现出一定的科学性和教育性"[1]。值得指出的是，这一时期的小学科学教科书开始出现彩色插图，

---

[1] 王海英. 致知在格物：清末民初科学启蒙教科书[N]. 中华读书报，2012-08-15（14）.

出版的白话教科书、乡土教科书更是别具一格。其编排仿照西方的教科书，内容选取由浅入深，提倡观察实验，注重图文并茂，以提高学生学习科学的兴趣。

近代科技的发展对科学教科书内容的编排也产生了影响，既要求科学教科书充分反映西方近代的自然科学成果，又通过设置观察及实验等内容，逐步培养学生科学研究的思维和方法。当然，反映了科技新成果的清末小学科学教科书，也促进了西方先进科学知识在中国的推广和普及，为整个中华民族的科学启蒙做出了重要贡献。

五、教科书的插图设计逐渐成型

清朝末年，早期翻译的西学科学启蒙教科书的封面和内容鲜少见到图画，比如南洋公学出版的《格致读本》，课文设计十分单调，更像是读物。后来新式学堂和各大书坊出版的小学科学教科书，如文明书局出版的《蒙学格致教科书》和《蒙学理科教科书》，开始出现图画，但多为黑白插图。据说，直到1903年出版的《高等小学理科教科书》才首次出现彩色插图，该书彩图印刷精美，色泽鲜艳，单独占一面。同一时期各家出版社出版的科学教科书纷纷效仿，用彩色插图、图文并茂的方式吸引学生。如谢洪赉编纂的商务印书馆1904年初版的《最新理科教科书》附有多幅彩色插图，采用铜版纸印刷，色泽鲜艳，多绘制春夏秋冬常见的动植物，植物多以果木、花草为主，紧紧抓住植物的特点，并配上解说的文字，描绘清楚而详细。又如宫北东华石印局出版、直隶学务处鉴定的《初等小学堂格致教科书》，该书以整幅的图片为主，并在插图上显示关键的文字，同一篇课文的文字和插图编排在同一展开页上，图文相互配合。总之，清末自编的小学科学教科书编写已非常重视插图设计，低年级课本图多字少的编排设计也已基本成型。

六、教科书的教授法提示略显简单

清末的小学科学教科书很少配有教师用书，直到1904年第一个现代学制"癸卯学制"正式颁布和实施，科学教科书才开始配有教授法和教师用书。1907年商务印书馆出版的《最新高等小学理科教科书教授法》，供高等小学堂教员教授理科时使用，与相应的理科教科书相辅相成，两本书课时数也都相同。该书开篇凡例里提到"吾国理科教授，尚在幼稚时代，任教员者，或苦无所遵循，故特辑是编，以备教员临课预备之需，如授课之前，不加研究，登堂之后，始执卷奉行，则背教授之本意，失学生之信用，殊属非宜"[1]。凡例中同时也提到，该书的体裁和每课教授法主要分为以下七项，即"一、揭明课中之要旨，以定教授时必宜注意之处；二、标明教授各课时宜备之材料；三、详列教授之次序，为授新课正面工夫；四、就教科书之正文，设为问语，以便试验学生之果是

[1] 谢洪赉.最新高等小学理科教科书教授法：第1册[M].上海：商务印书馆，1908：凡例.

本章小结

否通晓；五、另就题理，设为习问，发挥课外之余意，以瀹（疏通、挖深）启学生之心思；六、搜采关于本题之紧要事实，因教科书之正文，详其所略，补其所缺，以便教员参观之下，择宜向学生说明，省其博涉之劳；七、录关于本题可资启迪之故事，或记教授时际，简易可行之实验，皆所以唤起学生之兴味，而有裨教授之精神者也"[1]。大意是教师在备课时，要涉及教授要旨、准备之材料、教授次序、问、习问、备考、故事这七项。这时的教授法初步具备教学指导性，提示教师如何进行教学，但讲述得不够详细，略显简单。

---

[1] 谢洪赉. 最新高等小学理科教科书教授法：第1册[M]. 上海：商务印书馆，1908：凡例.

第三章

民国时期的小学科学教科书（1912—1937）

辛亥革命后，中华民国政府进行了一系列比较彻底的教育改革，全新的教育宗旨、学制系统、课程标准陆续公布，从而引起了民国时期教科书变革的热潮，适应新政体新学制、力图博采世界最新主义，期以养成共和国民之人格的教科书不断推出。新文化运动之后，中国教育又出现了全新的局面。以新学制和新课程标准作为指挥棒，再次掀起了教科书的变革热潮。自此，教科书编制进入了发展的黄金期。

第一节
民国初期小学科学教科书的多样化（1912—1927）

民国初期，随着新学制和课程纲要的颁布，教科书蓬勃发展，开始进入一个新的历史阶段。各个书局积极编纂出版了大量的科学教科书，主要以商务印书馆、中华书局、世界书局三大书局为代表。此阶段，小学科学课在小学课程中的名称多为"理科"，与"癸卯学制"中"格致"课的内容基本一致。中华民国成立后，国民政府开始注重强化国民的意识形态，教科书成为其维护政权统治的工具。这一时期教科书日益模式化，课程标准不断修订完善，为适应教育革新的需要，各书局迅速推出了各式各样的教科书，但教科书市场主要被商务印书馆、中华书局、世界书局三大书局所占领。

一、学制与课程标准

（一）"壬子癸丑学制"和新学制

1912—1913年间，民国政府制定并公布了"壬子癸丑学制"，将普通教育分为3段4级，其中初等教育7年，初级小学4年，男女同校，为义务教育；高级小学3年，男女分校；改学堂为学校，确定了妇女受教育的权利和男女同校制度。1922年11月1日，中华民国北洋政府颁布了由全国教育会联合会提出的《学制系统改革案》，史称新学制，又称"壬戌学制"。新学制将小学的修业年限缩短为6年，其中初级小学4年（可单设），高级小学2年。

（二）小学自然课程标准的颁行

新学制公布后，全国教育会联合会组织了"新学制课程标准起草委员会"，拟定中小学各科课程标准，着手进行课程改革。1923年6月确定并颁布了《新学制课程标准纲要》，规定自然课程的目的：一是启发对于自然物和自然现象的基本知识，使其明了自然与人生有美术的、经济的、社会的、卫生的各种关系；二是有欣赏自然、研究自然和爱好田野生活的兴趣；三是有利用自然和种植、畜养的知能。课程纲要对小学自然科设置做出新规定。与旧制相比，新课程纲要的一个重要变化，即改理科为自然，初级小学增加了社会、自然等常识课。1923年颁布的《新学制课程纲要总说明》中对小学课程的设置做概括说明时，规定小学设国语、算术、卫生、公民、历史、地理（前四年卫生、公民、历史、地理合并为社会科）、自然园艺（前四年园艺合并到自然科中）、工用艺术、形象艺术、音乐和体育十一目，其中"地理之一部分属自然科""园艺附入自然科，兼属艺术科"。自然科的复杂性，增加了自然科教科书的编写难度。当然，把"理科"改为"自然"，也意味着对小学科学的认识更加生活化和常识化，突破了以学科设限的局限。田正平认为，此次课程改革本着尊重儿童的心理和生活经验的精神，在变更了名称的同时，把所有关于自然学科基本常识的内容全部纳入自然科中，反映了人们对有关问题认识的深化。[1]1923年颁行的《小学自然（包括自然园艺）课程标准纲要》规定自然科包括自然和园艺，内容包括动物、植物、矿物及自然现象，园艺的内容为普通简易的田间作业。

新学制颁行后，经过学校实践后发现其存在很多问题，由此又促成了新一轮的教育改革，重新颁布新的课程标准。1929年，中华民国教育部颁行《小学课程暂行标准》之《小学自然》，把个人卫生部分并入自然科，内容包括自然现象、生活需要、卫生知能三个部分；把课程目标规定为启发进求理解自然的基本知识，并养成对于科学的研究态度和试验精神；增进利用自然以解决物质和精神生活的问题；培养欣赏自然，爱护自然的兴趣和理想。1932年颁布的《小学课程标准》之《自然》是对1929年的暂行课程标准的修订，对"作业类别"与"各学年作业要项"中的内容进行了调整，并删去卫生部分，作为独立的课程。1936年，再次颁行《修正课程标准》，其中的小学常识科课程标准首次出现针对小学低年级即初小阶段设立的常识科，内容涵盖社会和自然的常识，要求学生掌握作为社会人需要的社会、人文、自然等常识性知识。课程标准提出教材内容应该按照从家庭、学校、乡土、民族国家、世界人类等的逻辑顺序编排。

二、三大书局的小学科学教科书

1912年，中华民国成立，开启了一个新的历史阶段。民国甫建，千头万绪，然教育为根基，当先改革。故民国政府于1912年11月就颁布了《小学校教则及课程表》。"教则"中概述了"理科要旨，在使儿童略知天然物及自然现象，领悟其中相互关系及对于人生之关系，兼使练习观察，养成爱自然之心。理科宜授习见之植物、动物、矿物及自然现象，使知重要之名称、形状、效用、发育及其相互关系，与对于人生之关系；进授物理化学上之重要现象、元素与化合物之性质，简易器械之构造作用，人身生理卫生之大要。理科务授以适切于农工、水产、家计等事项，在教授动植物时，尤宜使知该物制造品之制法及其效用。教授理科务须实地观察，或示以标本模型图画等，并施

---

[1] 田正平. 中国小学常识教学史[M]. 济南：山东教育出版社，1996：150.

简易实验"[1]。教则把理科之内容和教授方法已基本厘定。按此教则，中华书局、商务印书馆等出版机构，在革故鼎新的重大历史转折时期，重新编写了一系列为中华民国服务的教科书。从此，开启了教科书编写的黄金时代，促成了教科书出版市场的繁荣，为现代教科书发展和教育发展奠定了基础。

（一）商务印书馆出版的科学教科书

清末以来，商务印书馆作为教科书出版市场的领头羊，为现代教科书的发展奠定了基础。1912年后，商务印书馆依据民国政府对教科书的规定以及时势变化，出版了一系列小学科学教科书。如根据"壬子癸丑学制"出版的《共和国教科书新理科》；受实用主义教育思潮的影响，出版了《实用理科教科书》和《普通教科书·新理科》；根据新文化运动和白话教科书的盛行，出版了《新法理科教科书》和《新法自然研究》；根据"壬戌学制"和课程纲要，出版了《新学制常识教科书》《新学制自然科教科书》《新撰常识教科书》和《新撰自然科教科书》。

1. 《共和国教科书新理科》

中华民国成立后，新政府规定各科教科书，要合乎共和民国宗旨，商务印书馆率先组织编写冠以"共和国教科书"的系列教科书。"共和国教科书"系列是中华民国成立后商务印书馆出版的第一套教科书，为适应新时代教育改革的需要，加之民国初期学制的变更，《共和国教科书新理科》分为甲、乙、丙三种，有春季始业用、秋季始业用和春秋季始业通用书。因为清末时学生为春季始业，民初新学制更改为秋季始业，令新生秋季入学，为了不影响已经春季入学的学生，因此遵照原制出版了三种教材。

《共和国教科书新理科》每种各6册，高等小学用，分3学年用完，每学年用3册，第一、三、五册第一学期用，第二、四、六册第二、第三学期用。1912年开始陆续出版，由樊炳清、杜亚泉、杜就田和凌昌焕编纂，每册编纂者不定。每册课数不一，根据每课内容难易程度安排相应的授课时数，一般为1~2课时，并配有教师用书。在装帧上，采用环筒页装，简介精简，封面设计突出醒目；书中附有大量插图，还有彩色插图；在结构上各阶段用书略有不同，大致结构依次为封面、编辑大意（仅第一册）或教科书广告（除第一册外的各册）、目次、课文、版权页、封底。此外，每册都配有教授法。其中秋季始业用书的封面、扉页、版权页和封底页为红色印刷，课文中出现大量插图，编排上逻辑清晰，出现了思维导图。每隔一定课时安排有复习课，封底有用英文介绍的版本信息。

如编者所言，《共和国教科书新理科》满足了以下条件："一、为对于人生之关系较为重要者。二、为在科学上可以为模范者。三、当注重于生态一方面，必其生活之理法，易于明显者。

[1] 顾明远. 中国教育大系：20世纪中国教育[M]. 武汉：湖北教育出版社，2015：78.

四、为易于采得实物者。"[1]《共和国教科书新理科》秋季始业第一册第一课是《春之庭园》，介绍儿童身边熟悉的环境地形，接着讲述《桃花》《油菜》《蝶》《豌豆》《秧田》《毒草》《叶》《柿》《池沼》《池沼中之植物》《池沼中之动物》《鲤》《蛙》《樱桃》《油菜及豌豆之果实》《黄瓜》《稻》《稻之害虫》《燕》等，选取学生熟悉的事物，既简单又系统地传播科学知识，同时向学生普及科学的自然观，引起学生的兴趣。再如秋季始业第三册第一课为《池沼》，简要介绍了池沼中的水和动植物，统领全篇，之后课文内容依次为《莲及菱》《慈姑及荸荠》《蚊及蝇》《田螺及河蚌》《龟及鳖》《鸭及鹅》，然后是复习课。第八课开始为《山林》《松蕈》《羊齿及藓苔》《木材》《木炭》，然后为复习课。第十三课开始为《啄木鸟》《鸢及枭》《兔》《鼹鼠及猬》《象》《猴》，最后为复习课。教材所涉及的皆为常见的动植物，形象生动地向学生普及了自然科学知识。

3-1-1

图3-1-1　《共和国教科书新理科》（高等小学校，春季始业，第一册），杜亚泉、杜就田等编纂，商务印书馆发行，1916年

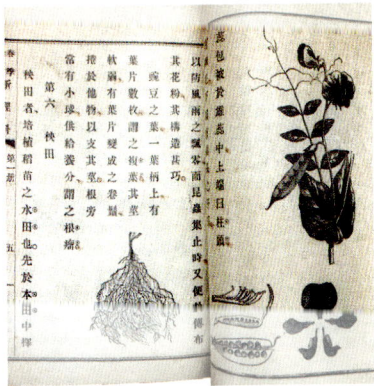

3-1-2

图3-1-2　《共和国教科书新理科》（高等小学校，春季始业，第一册）课文

《共和国教科书新理科》是民国成立后商务印书馆出版的第一套小学科学教科书，它注重传授科学知识和普及科学的自然观，课本内容与时令、时节的顺序相配合，充分体现当时的社会、经济、文化特点，是自编教科书的代表之一。

2. 《实用理科教科书》

为适应实用主义教育思潮推出的《实用理科教科书》套书，共6册，1915年初版，北京教育图

---

[1] 杜亚泉，杜就田.共和国教科书新理科：高等小学校：春季始业：第一册[M].上海：商务印书馆，1916：编辑大意.

书社编纂，供高等小学校理科教学用。此书前四册以动、植、矿物及自然现象为主，第五、第六册以理化及生理卫生为主。"教材之配置，依时节之顺序，使教授时可以探集实物（动植物），及得实验上之便利（摩擦电气等）。惟以春季为始业时期，凡于立春节之前后，一二周内开学者皆适用也。教授时数，标注于目次之下，依据现制，每周教授理科二（两）小时，每年除假日及复习外，约得四十周，共八十小时。本书于春夏二季授四十余小时，秋冬二季授三十余小时，以合现制教授时数。各教员为教授上之便宜，酌量增减，亦无不可。"[1]此书另编有教师用书。

　　《实用理科教科书》第一册的课文包括《庭园》《梅》《鸡》《犬》《猫》《芸苔油菜》《蝶》《豌豆及蚕豆》《蜜蜂》《春之田原》《牛及羊》《小麦》《桑》《蚕》《秧田》《蛙》《燕》《黄瓜》《桃李之果实》《蜘蛛及蜈蚣》《蛇》《蚯蚓》《蜀黍及玉蜀黍》《夏之气候》等。与《共和国教科书新理科》第一册的选文标准区别并不大，选取的都是儿童生活中熟悉的事物，既简单又系统地传播科学知识；编排方式也可见沿用的痕迹，都安排了复习内容，写明了课时。该套书顺应实用主义及自学辅导主义编纂要求，突出实用性，用于解决实际生活问题。如第一册第四课对犬的介绍：犬为兽类，有四足，前足五趾，后足四趾，趾端有爪如钩。其齿锐利，宜于肉食。体生细毛，犹鸡之有羽也。犬体狭长，灵捷善走，奔驰虽久勿疲也。其鼻善嗅，能识别人物而追逐之。

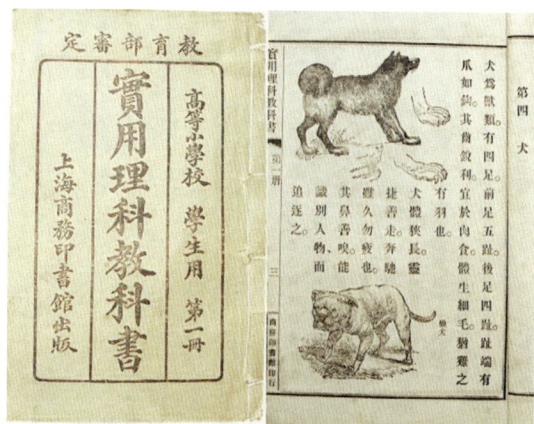

3-1-3

图3-1-3　《实用理科教科书》（高等小学校，第一册），北京教育图书社编纂，上海商务印书馆出版，1915年

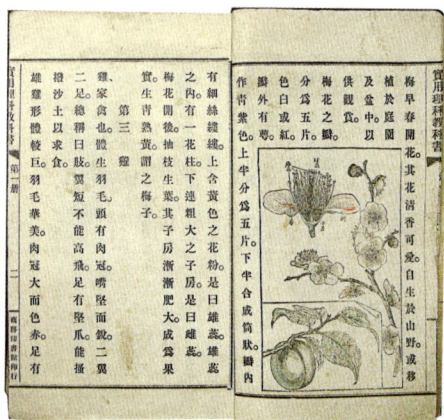

3-1-4

图3-1-4　《实用理科教科书》（高等小学校，第一册）课文

---

[1] 北京教育图书社. 实用理科教科书：高等小学校：第1册[M]. 上海：商务印书馆，1915：编辑大意.

3.《普通教科书·新理科》

《普通教科书·新理科》春季始业用书，1915年初版，杜亚泉、杜就田编纂，高等小学用，共编有6册，每学年用2册，授70余课时，每学期教授2课时，每课教授时数皆标注在目次之下。《普通教科书·新理科》之所以从春季开始编排教材，是因为根据当时颁行的法令，学校中必须有暂用春季始业的教科书。

《普通教科书·新理科》遵照最新章程编辑，与国民学校的实用教材衔接，是当时高等小学校最新、最优良的教科书。该套书在素材选择上，注意选取与生活实际相关的内容和形象简单的典型事物。在教材编排上，该套书根据时节顺序和事物的先后关系排列，相关课文内容配有形象的插图。在教学方法上，其编辑大意指出："教授理科，不在记忆其文字，而在洞澈（彻）其事理。教授时宜先指示实物，按教授法之次序讲演。名词之指点，要项之提揭，随时示文字图画于黑板。讲演毕，然后授以教科书之文字。分数时教授者，即可分数段讲演。全课毕后，揭教科之要点，令学生笔记，以助其记忆。数课之后，必别定时间以复习之，兹于目次上表明。"[1]如此书的第一册共有21课，分别讲述了《春之庭园》《桃花》《油菜》《蝶》《豌豆》《秧田》《毒草》《叶》《柿》《池沼》《池沼中之植物》《池沼中之动物》《鲤》《蛙》《樱桃》《油菜及豌豆之果实》《豌豆之发芽》《黄瓜》《稻》《稻之害虫》《燕》。数课之后有复习课，以便学生学习和巩固知识。类似的单元编排设计是中华民国成立后才开始的，目次页逐渐发生变化，1922年新学制颁布后，科学教科书才陆续以单元法排列每册课文。民国初期的小学科学教科书，目录十分简单，多根据时节顺序和事物的先后关系编排，编号级别比较简单，不是真正意义上符合现代学制要求的单元设计法。

3-1-5

图3-1-5 《普通教科书·新理科》（高等小学校，春季始业，第一册），杜亚泉、杜就田编纂 商务印书馆发行，1915年

4.《新法理科教科书》

20世纪初，掀起了一场声势浩大的新文化运动，这场运动对教科书编写的直接影响就是以白话文代替文言文。1920年，北洋政府教育部规定中小学校教科书统一采用白话文编辑。为适应教科书

---

[1] 杜亚泉，杜就田.普通教科书：新理科：高等小学校：春季始业：第1册[M].上海：商务印书馆，1915：编辑大意.

新文体改革需要，1921年，商务印书馆用白话文编写和出版了《新法理科教科书》。《新法理科教科书》分为春季始业用、秋季始业用和新学制小学后期用三种。其中春、秋季始业用书每种各6册，1921年初版，高等小学校用，编纂者是凌昌焕和杜亚泉。新学制小学后期用书共4册，1922年初版，编纂者是凌昌焕和杜亚泉。此套书改用白话文编写课文，如图3-1-7所示的第一册第一课《稻》的课文内容：稻生在暖地，是中国南方重要的农作物。稻在地上的是茎和叶：叶片狭长，叶柄包在茎外。除改用白话文外，此套书的另一个特点是非常重视实用性，"本书的取材，处处注重实用，所有博物上的形态，理化上的理论，说来极为简要。本书前后各课有联络或比较处，以及每课中有十分重要处，特提出作成一表，附在课文的后面。本书的文字全用语体，但关于理科上的名词、术语等都是不能改换的，所以仍用原文。本书句读，悉用新式符号"[1]。《新法理科教科书》全部采用新式标点符号，除配套的教授书之外，还编有自习参考书供师生使用，目的在于引导学生进行有效的拓展与自主性学习，是极有教学方法论韵味的。[2]

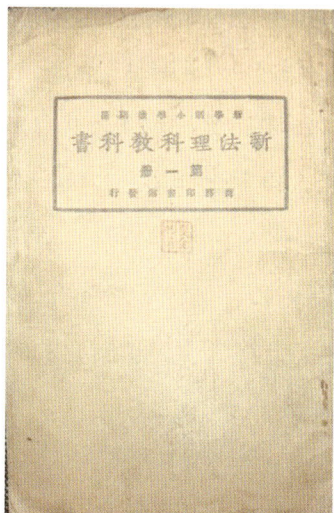

3-1-6

图3-1-6 《新法理科教科书》（新学制小学后期用，第一册），凌昌焕、杜亚泉编，商务印书馆，1922年

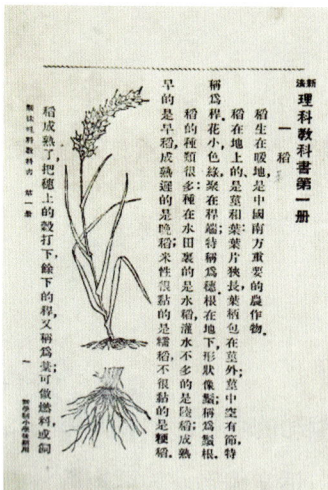

3-1-7

图3-1-7 《新法理科教科书》（新学制小学后期用，第一册）课文

---

[1] 凌昌焕，杜亚泉.新法理科教科书：新学制小学后期用：第1册[M].上海：商务印书馆，1922：编辑大意.

[2] 吴洪成，周楠.民国初期商务印书馆教科书编辑述略[J].沈阳师范大学学报，2018（5）：89-95.

与《新法理科教科书》配套编的《新法理科自习书》共6册，1922年编，依据《新法理科教科书》教材内容，逐课编成自习的方法，将教材内容与学生的生活相联系，解决实际问题。

图3-1-8　《新法理科自习书一》（高等小学学生用，春季始业），凌昌焕、杜亚泉编，商务印书馆出版，1922年

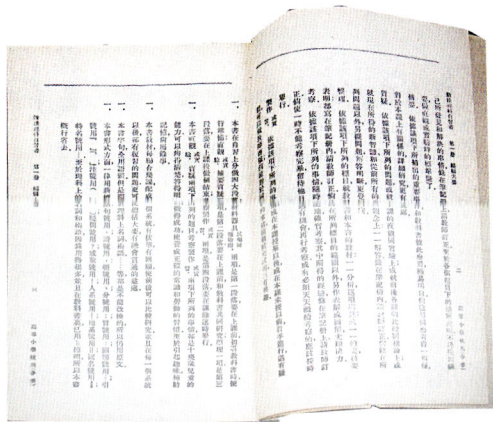

图3-1-9　《新法理科自习书一》（高等小学学生用，春季始业）编辑大要

《新法理科教科书》的教材内容取材于生活，比如实物制作，多采用我国通行的方法，理化上的应用多采用当时最新的方法，并且想得到的实物到处都有、极其便利，至于博物的形态、理化的理论，简要明晰，凡是烦琐的或是高深的，一概没取。此书在自习上分为四大段落：材料和器具两项，是第一段落，要在上课前，初看教科书时便要准备。直观或实验、补要和质疑三项，是第二段落，要在上课前和教科书共同研究。整理一项是第三段落，要在上课后做个总结。考察和制作或实验两项，是第四段落，要在课余逐时举行。

此套书各课对于自习上排列的顺序，分成材料、器具、直观或实验、补要、质疑、整理、考察、制作或实验等项，但是也不是项项全备，各项的用法也详列如下：

材料，依据该项下所列的各件，或向教师去领，或由自己去采集，有时应该分组合用的，须得挨次交换，不稍杂乱，倘能预备他种材料，做本课参考上的需用，更好。

器具，依据该项下所列的各件，分组合用。试药中有危险的，必须谨慎，用毕以后，须得一一整理，一一洗涤。若有金属的部分，尤要用适当的手术，勿使生锈。

直观或实验，依据该项下教师所指示的题目，用材料或器具等，一一直观，或一一实验，随即把自己所发现和解决的事情录在笔记册上，请教师订正，至于各个题目下的简单说明，不过提出要做直观或实验时的标准罢了。

补要，依据该项下所补出的重要事件，和教科书彼此参看，极易明白，倘能另备参考书一两种，对于本课上有关系的，详细研究，更有益处。

质疑，依据该项下所列的问题，或就本课的直观同实验上；或就前后各课的比较同推论上；或就现在所得的新智识和从前所有的旧观念上，一一解答，录在笔记册内，请教师订正。倘能在所列问题以外，另拟问题，解答明晰，更觉周密。

整理，依据该项下所列的标目，就教科书里的内容，一一分析，逐项填注，或一一绘画，核要表明，都写在笔记册内，请教师订正。倘能在所列标目的范围以外，另作表解或图解，尤显能力。

考察，依据该项下所列的事情，随时随地确实考察。其中所得的经验，录在笔记册上，请教师订正。倘使一时不能考察完毕，留待他日遇有机会，再行考察。或有必须天天继续考察的，应该按时举行。

制作或实验，依据该项下所列的事情，或在本课授毕以后，或在本课末授以前，着手进行，遇有疑难可以就教师商榷。倘能对于同类的事情，稍稍扩充试办，更有兴趣。[1]

此套书特别重视直观或实验、质疑，且其所列题目，考察与制作或实验两项所列的事情，适合儿童的身心发展规律，其重点是使儿童学到正确的常识以及养成劳动的习惯，其次才是引起趣味、方便记忆。

总之，这套教材的设计非常系统，非常注重层级和前后的衔接，使前后可以比较研究，并且每几课以后都会提供复习，既可总括纲要，又有融会贯通的特点。

5.《新法自然研究》

《新法自然研究》1923年版，分为小学校初级用书和高级用书，由瞿志远、张熙礽、潘蛰虹等人编纂，另编有《新法自然研究法》作为参考用书，全书共6册，每册40课。

图3-1-10 《新法自然研究》（小学校高级用，第五册），瞿志远、张熙礽、潘蛰虹等编纂，商务印书馆出版，1923年

---

[1] 凌昌焕，杜亚泉. 新法理科自习书一：高等小学学生用[M]. 上海：商务印书馆，1922：编辑大要.

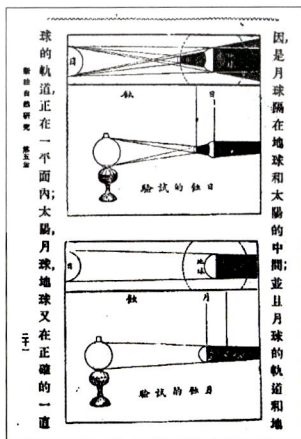

图3—1—11　《新法自然研究》（小学校高级用，第五册）课文

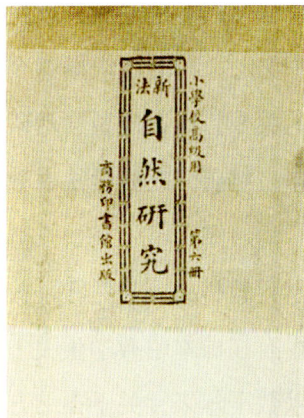

图3—1—12　《新法自然研究》（小学校高级用，第六册）封面

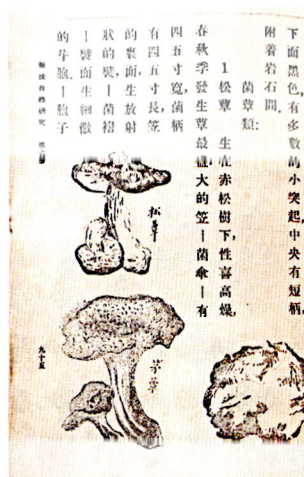

图3—1—13　《新法自然研究》（小学校高级用，第六册）课文

　　《新法自然研究》每册包括：自然界的现象、自然界的生活、自然界的利用。以第一册为例，此书的组成注重具体的、心理的、经验的内容，由自然界的现象（秋季、冬季和春夏季）、自然界的生活（季节、天象和气候）、自然界的利用（衣、食、住和器具机械）三个方面组成（见图3—1—14）。此书所选择的材料依性质可分成八类：生物、非生物、园艺、工艺、物理、化学、气象、卫生。从小学生的实际生活出发，选择小学生感兴趣和需要的材料。《新法自然研究》第一册提出自然研究的四种目的，"审美的：欣赏自然界生物、非生物的生活，现状，变化；社会的：研究人类生活和自然界万事万物的关系；经济的：助长自然界有益人类的事物，驱灭其有害的；摄卫的：推

究自然界直接有关个人或公众健康的事物"[1]。《新法自然研究》依照自然研究的目的、自然界生活的种类、一年中的季节和小学生的年龄和程度排列材料。依照人类研究事物的通例，分为设想问题、搜集材料和结论三个阶段，指导学生进行自然研究。

《新法自然研究》
- 自然界的现象：秋季、冬季、春夏季
- 自然界的生活：季节、天象、气候
- 自然界的利用：衣、食、住、器具机械

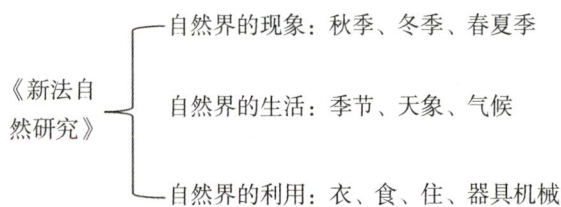

图3-1-14　《新法自然研究》（第一册）内容结构

《新法自然研究》非常重视告诉学生如何进行科学研究，在其编辑和使用概要中，首次详细说明了什么叫自然研究，"亘古以来，自然界的万事万物，不是生长，就是死灭；不是进步，就是退化；简直没有一刻停滞。人类既然在这自然界中生活，不得不明白这种变化。本书就依据这个主旨编辑，使小学生研究自然界事物的大概；略知事物的生死进退和人类的关系，所以叫做自然研究"[2]。因此，在《新法自然研究》中就明确提出要用"自然研究法"，即自然研究的教学法，教会学生学习自然科学。

《新法自然研究》是"壬戌学制"颁布后，按照新课标要求编写的自然科教科书。虽然孔子曾劝人"多识鸟兽草木之名"，但深受儒家文化影响的传统教育一直以来并没有在课本中教学生关于鸟兽草木与人的关系，后来的学者也未曾切切实实地从这方面去研究。所以数千年来，关于自然方面的研究很少。直到鸦片战争后，感受到西方物质文明对我们的压迫，我们才渐渐觉悟到不利用自然的力量，就不足以与列强抗衡；不明了科学的原理，不足以得实际的利用。于是小学开始设置理科这一学科。当时的主要目的，是使儿童明了科学上的智识，以此为系统研究之基础。新学制改革之后，理科变为"自然"。学科名称既然已经更改，教授目的亦应不同。所以，专门指导教师教学的《教师丛刊》特别专刊要求教师教学《新法自然研究》时一定要抱定以下目的：

（一）培养儿童对于自然的美丽的欣赏。

自然之物形、声彩、声音、气味，最足激起我们审美的观念。假如领导儿童听那清脆悦耳的鸟声，看那美丽绝伦的花卉，观察水陆结构的大观，研究宇宙变幻的奇妙，就自然而然地引起浓厚的兴趣和深切的欣赏。所以小学自然科是使儿童接触自然界的奇妙，产生他们审美的观念，使在这个物质世界得着生活上无上的美快，调和他们枯干的物质生活。

（二）使儿童觉悟自身在自然界的位置，而明了人类生活和自然界万事万物的关系。

当鲁滨逊初到荒岛，举目无人的时候，倘若随身没有带着枪、刀、自来火等物，就不能御敌，得食；又倘使荒岛上没有生物，他虽有刀枪，也无从维持他的生活。教学自然科时，如何使学生明白这一点，却是很重要的。所以第二点就是使儿童明白，他们虽在这自然界处着支

[1] 瞿志远，张熙礽，潘蛰虹，等.新法自然研究：小学校初级用：第1册[M].上海：商务印书馆，1923：1.
[2] 同[1].

配的地位，万物皆可受他们的利用，但同时也要觉悟，他们和万物是共同生活的，人若不得万物，以资利用，生活上就困难万端了。

（三）使儿童明白对于自然界的责任。

人与众生共同生活，对他观念最为紧要。彼禽兽之有益于人生的，我应如何爱护之，使他们的利益常（长）存？那些害及人生的，我应如何扑灭之，使后人不再受他们的祸害？此外，自然界和人类关系最密切的，若以科学的名词言之，就是化学、物理学、生理学、微菌学等的作用。属于化学的，如食品、饮料、空气等；属于物理学的，如光亮、颜色、电气等；属于生理学的，如身体发育、营养、遗传等；属于微菌学的，如康健与微生物等；属于卫生学的，如消化、运动、睡眠等。最要紧的是生物学和矿物学，这是我们生活上衣食住的源泉。总之，自然学科在使学生得着科学知识，知道趋利避害，并因为这些知识，发生扑灭有害生物及保护有益人类之动机。譬如，扑灭蚊蝇，以除我们的病源；善待生物，以除人类的残忍。凡此种种，不仅使儿童明了他们和自然界的关系；并且了解他们的责任。我们教授伦理上的观念的时候，还觉空洞，学生不易明白；但在自然科里，他们很容易由具体的事实，觉悟出这人生的大道理。所以，我们教授的时候应当认定此点。

（四）培养求知欲望和观察能力。

儿童本有好奇本能。小学自然就是大开世界宝藏，使儿童得着智识的钥匙，快慰他们好奇的本能。一方面培植他们的求知欲望，以为将来系统研究做准备。小学儿童和初民仿佛对于自然界的现象，皆觉得奇怪莫测，而又极欲明其究竟。自然科根据这种情形，供给他们相当的知识，培养他们继续研究的兴趣和方法。其次，更注重视察书本智识，尤须养成善于观察的能力。故旅行参观在教授方面应特别注意。但旅行参观时，尤要他们睁着眼睛，不得视而不见。所以我们应特别借这自然科来培养儿童敏锐眼光，能见平常人所不能见的。[1]

6. 《新学制常识教科书》和《新学制自然科教科书》

1922年，北洋政府召开学制会议，议决新学制系统采用"六三三"制（也称"壬戌学制"），小学分初小4年，高小2年，教育部随即明令公布。1923年，商务印书馆根据1922年的新学制及新课程纲要又编辑了一套《新学制教科书》。其中《新学制常识教科书》由范祥善编纂，1923年初版，供初等小学用。为了减少学生的负担，对照新定的社会自然课程纲要，此套书将社会、自然两科合并为一科，全书共8册，涉及卫生、公民、地理、历史、自然、园艺等内容。前两册以研究问题为中心，所列课文简单，语句简短，课文内容都围绕所研究的问题进行。第一、第二册均有大量插图，第一册第一页只有"先生"2字（如图3-1-15），全凭教师去发挥。全书共50页，有67幅插图。此套书有明显的单元组织意识，"本书前数册的排列法，取前后联络主义，每册自始至终蝉

───────────
[1] 小学自然科的目的[J]. 教师丛刊，1926（9）：1-3.

联而下，后一个大单元中，又分成几个小单元"[1]。明显的单元组织意识标志着教科书的结构基本"完型"。此套书延续商务印书馆教科书的实用特点，所收材料适合于儿童生活的需要，务使儿童从直接所得的经验和间接所得的知识联为一体，以养成实用的智慧。此套书在重视实用的同时，从问题出发也成了其重要的编排方式，如第五册至第八册，每章开头都会有围绕本章的问题，之后才是课文内容，问题一般有两至三个。如第五册第一章《家和市乡》课文前的问题：①家是怎样组成的？②市乡是怎样组成的？③各述自己的家和乡或市的所在。此外，此套书注重三民主义教育的精神，极力灌输革命与进步的思想，以养成平民化和社会化的性格。

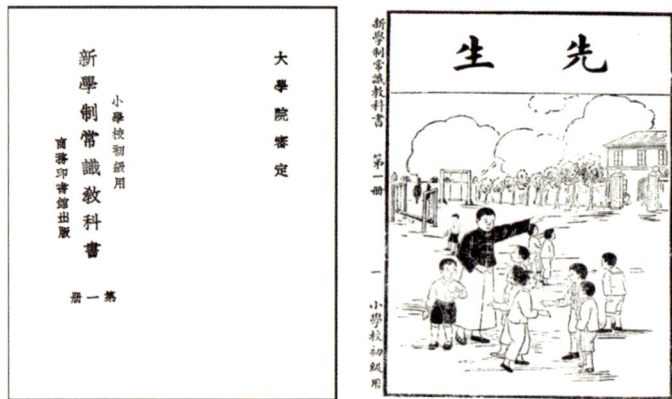

3-1-15

图3-1-15　《新学制常识教科书》（小学校初级用，第一册），范祥善编纂，商务印书馆出版，1923年

3-1-16

图3-1-16　《新学制常识教科书》（小学校初级用，第七册），范祥善编纂，商务印书馆出版，1923年

与《新学制常识教科书》同时出版的还有《新学制自然科教科书》，由商务印书馆出版，凌昌焕编纂，全套书共12册，有小学校初级用（共8册）和小学校高级用（共4册）两种，另有教授书12册。这套教材按照新学制课程纲要中所定的标准编纂，"本书的体裁，分作四个阶段：初级小学校用的第一二两册，以图画为主，文字用国语中读过的熟字；第三四两册，图书和文字互相参证（开始增加文字数量，但仍以图画为主）；第五、六、七、八四册，在课文、插图外，前面有观察、实验、考查、考证、实习等项，后面有提纲一项。高级小学校用的第一、二、三、四四册，在课文、插图外，前面有观察、实验、考查、考证、实习等项，后面有提纲、联络、比较等项，每册的末都有复习一项"[2]。

---

[1] 范祥善.新学制常识教科书：小学校初级用：第1册[M].上海：商务印书馆，1923：编辑本书的缘起及略例.

[2] 凌昌焕.新学制自然科教科书：小学校高级用：第1册[M].上海：商务印书馆，1924：编辑大要.

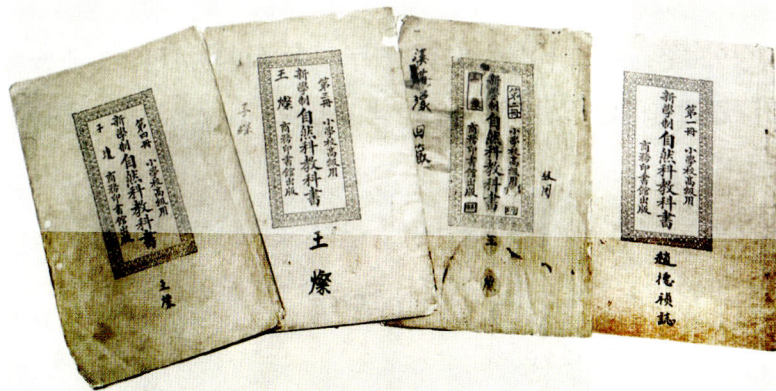

图3-1-17　《新学制自然科教科书》（小学校高级用，1—4册），凌昌焕编纂，商务印书馆出版，1924年

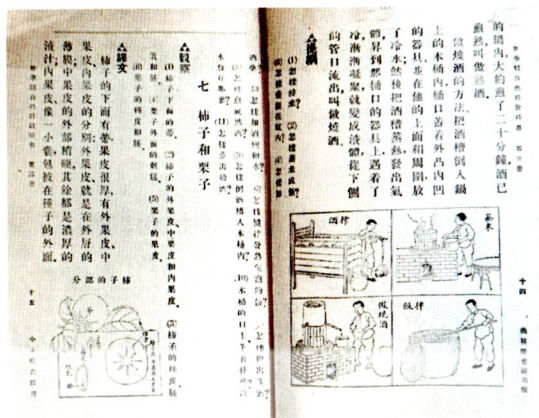

图3-1-18　《新学制自然科教科书》（小学校高级用，第三册）课文

　　后四册以文字为主，偶有插图配合说明，每课前有作为课文导入的实验或实习，课文后则有总结性、巩固性的提纲，内容有了相对较高的难度。

　　总之，这套教科书开始突破传统学科内容，积极践行综合编例，增编初小的常识内容，涵盖了卫生、公民、地理、历史、自然、园艺等内容。在内容编排上围绕生产生活展开，讲究实用，使用新式标点符号，注重语言的运用。教科书还首次在课文前面或后面设计了问题，并做单元设计及专门的复习内容。《新学制常识教科书》第一册开宗明义地说：本书首二册，以研究问题为中心，并力求落实这一追求。《新学制自然科教科书》第六册《怎么养羊？》课文前的"实习"就提出了"①怎样喂干草给羊吃？②怎样牵羊到田野中去吃草？③怎样铺灰在屋里的地面上？"等6个问题；再如，第六册共21课，其中有14课是以问题为题目，足见课本以问题为中心的编排特色。问题中心的设计特点说明这套教科书更重视培养儿童的科学探究精神，也较好地体现了启发性、直观性、巩固性等教学原则。

7.《新撰常识教科书》和《新撰自然科教科书》

　　"1920年以后，白话文教科书逐渐兴起，并上升为主流。教科书要求统一采用语体文编辑，尽管存在争论与分歧，但这成为大势所趋，符合'民主'与'科学'的社会进步潮流，因而无法阻挡。当然，中国版图辽阔，各地发展极不平衡，有些偏远地区依然用文言文教学。为了照顾偏远地区实际教学的状况，商务印书馆于1924年编写出版了《新撰教科书》，在编排方式、语言表述呈现中都带有由旧向新过渡转化特色。"[1]

《新撰常识教科书》全书共8册，1926年初版，计志中编纂，新学制小学校初级用，每册皆有少量彩色插图，且独占一个版面，每课后皆有问题，如第五册第一课《市乡》后所提问题：①何谓市？何谓乡？②吾人对于市乡，宜知之者为何？

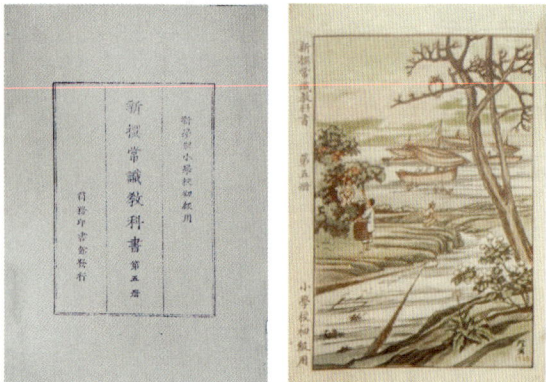

3-1-19

图3-1-19 《新撰常识教科书》（新学制小学校初级用，第五册），计志中编纂，商务印书馆发行，1926年

供高年级用的《新撰自然科教科书》全书共4册，1924年初版，杜亚泉编纂，每册20课时，每星期授1课时，每学年授2册，两年毕业。这套书配有教授书4册，供教师参考。"教科书及教授书，概用普通文，浅显确实，较冗曼之语体文，易于明了。取混合主义，以儿童习见事物为教材，教材之配置，于采集之时序，理解之难易，及应用上系统上之关系，均再三斟酌，期无偏驳挂漏之弊。理化一方面，依现时之趋势，加入新颖之教材；例如蒸汽涡轮、爆发机关之类。"[2]

《新撰自然科教科书》以儿童生活中可见事物为内容，如第一册课文包括《稻》《草棉》《南瓜》《大豆》《蚱蜢及纺织娘》《蜻蜓》《蟹及虾》《鲤鱼》《柿及栗》《薄荷及樟》《芋及甘薯》《松及竹》《猫及鼠》《牛及马》《鸡及鸭》《水及空气》《水及火柴》《氧气及淡气》《石炭及石油》。课文内容前后连贯，具有逻辑连接性，体现了教科书的编辑大要。此套书的缺点在于结构元素不如《新学制自然教科书》完整，既无明显的单元，也无课文的导入、复习、实验、实习等。

3-1-20

图3-1-20 《新撰自然科教科书》（新学制小学校高级用，第一册），杜亚泉编纂，商务印书馆发行，1924年

[1] 吴洪成，周楠.民国初期商务印书馆教科书编辑述略[J].沈阳师范大学学报，2018（5）：89-96.

[2] 杜亚泉.新撰自然科教科书：新学制小学校高级用：第1册[M].上海：商务印书馆，1924：编辑大要.

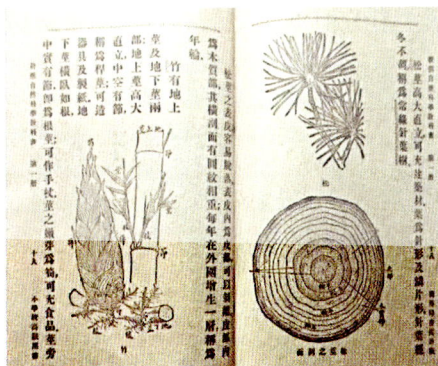

3-1-21

图3-1-21 《新撰自然科教科书》（新学制小学校高级用，第一册）课文

（二）中华书局的科学教科书

1912年后，为适应社会发展的要求，民国政府不断地颁布适应时势发展的学制、课程标准和指令，如"壬子癸丑学制"、1922年的新学制以及小学课程标准等。中华书局及时把握时机，根据学制和课程标准等的变化，适时编撰、出版了《中华高等小学理科教科书》《新制中华理科教科书》《新编中华理科教科书》《新式理科教科书》《新教育教科书·理科》《新小学教科书自然课本》和《新小学教科书理科课本》等。

1. 《中华高等小学理科教科书》

中华书局于1912年在上海创立，创办人为陆费逵，以编印新式中小学教科书为主要业务。中华书局的创建是辛亥革命的产物。1911年辛亥革命前夕，在商务印书馆任出版部主任的陆费逵与戴克敦、陈寅等，约请编辑人员秘密编写新教科书，首先出版的就是中华民国建立后的第一套教科书《中华教科书》。

《中华教科书》从1912年正月开始由中华书局出版，到1913年出齐。由于初版时新的教育方针和宗旨尚未确立，因而在出版的过程中，编者根据新课程标准和要求不断修订和完善。《中华教科书》破除原来旧教材的封建主义传统，积极迎合社会变革的需要，贯穿陆费逵提出的"民国行共和政体，须养成共和国民"的出版理念，加之推出及时，一出版即大获成功，迅速流行。此时，"其他出版机构的教科书，因含有封建思想的内容来不及修改，又适逢春季开学用书，'中华教科书'大行其道，几乎独占了当时的教科书市场"[1]。它的成功也为中华书局教科书出版业务的突起和繁荣打下了坚实的基础。

中华书局有超强的预见性，编写和出版的《中华高等小学理科教科书》符合新时代新思想的要求，删除了封建内容，增加了科学民主内容。《中华高等小学理科教科书》全书共4册，供高等小学用，1912年初版，曹同文、钱承驹、曹允文编纂，编有教授书，以便教员讲授。另有改订版全4册和改订3年毕业版全3册。本套书的目的在于使儿童了解我国动物、植物、矿物的大要，物理化学之理和自然界的现象。"本书材料，注重实用。排列次序，或依时令之先后，或依程度之深浅。

---

[1] 周其厚，荆世杰. 论民国中华书局教科书之特点[J]. 广西师范大学学报（哲学社会科学版），2007（3）：106-112.

本书时令，概依据阳历。书中春分、秋分等课，尤可令学生知阴、阳历相关之理。本书图画丰富精美，以理科注重观察也。理科重在讲说实验。学生用书，不过备遗忘便温习而已。本书教科书，以简明为主。教授书则极为详备。"[1]

图3-1-22　《中华高等小学理科教科书》（第一册），曹同文、钱承驹、曹允文编纂，中华书局，1912年

2. 《新制中华理科教科书》

"壬子癸丑学制"颁布后，遵守教育部所定教育宗旨，中华书局积极筹划，于1913年推出"新制教科书"系列，《新制中华理科教科书》就属其一。

《新制中华理科教科书》由顾树森编纂，1913年初版。全书共9册，每学期用1册，供高等小学3学年用。因新学制规定每学年为3学期，第一学期最长，第二三学期较短。所以此书第一、第四、第七册均为16课时，其余各册各12课时，每周教授1课时。其编辑大意提出，"本书遵照民国教育部新制。第一二学年授动植物矿自然物之关系于人生者。第三学年授理化生理卫生之大要。本书所选教材注意之要点有四，一为对于人类有关系者，二为在科学上足为代表者，三为生态及生活上足以显明者，四为适合时令而易得实物者。颇合儿童心理，易增教授时之兴趣。本书分教科书教授书二种，教科书供学生用，文字务求简明易于了解"[2]。

新制规定将8月作为每学年之开始，所以《新制中华理科教科书》从秋季时令开始安排教科书的内容。换句话说，其每个单元教科书的内容，都与其编制的时令有关，符合编辑大意中提出的"适合时令而易得实物者""对于人类有关系者""在科学上足为代表者""生态及生活上足以显明者"四大要求。如，秋季始业的第一册第一课《草棉》、第二课《蝉》、第三课《稻》、第四课《稻之害虫》，皆是满足秋季"时令易得之实物"等要求。全套书的编排设计都考虑选择不同时令期间、具科学代表性的"生态及生活上足以显明者"，使教材内容更贴近生活，适应儿童的心理发展水平。

本套书的另一特点是文字简明，易于学生学习。如，第二课《蝉》之内容：蝉体可分为头、胸、腹三部。头有触角及眼。口为细长之管，善吸草木之液，不适咀嚼。胸有四翅六足。腹由多数环节合成。蝉之发育也先产卵于树枝。后孵化为幼虫，无翅而有六足。入地中吸树根之液。渐生翅为蛹。蜕皮而出，即成蝉。是为昆虫之变态。其寥寥数语，就把蝉之生物形态与生长发育展现出

[1] 吕达. 陆费逵教育论著选[M]. 北京：人民教育出版社，2000：98-99.

[2] 顾树森. 新制中华理科教科书一：高等小学校用[M]. 上海：中华书局，1913：编辑大意.

来，不仅简单易懂，而且完美地结合了知识的科学性与趣味性。

《新制中华理科教科书》在编排形式上与《中华理科教科书》有明显的不同。《新制中华理科教科书》的封面文字几乎占据了整个封面，用楷体书写，字大。封二有教科书广告，一般每套书的第一册都有"编辑大意"。课文文字在初等小学部分一般用楷体书写，在高等小学部分则一般为印刷体。课文没有设问题，但有分段。插图比较简单，但理科教科书的插图一般占较大比例，有的甚至占一整版。值得注意的是，在这套教科书中，开始出现一定数量的照片插图；标点符号有实心圆点、空心圆点、双圆点及顿号几种；版权页按常例，印有"不准翻印"或"有著作权、不准翻印"字样；版权页上还带有含插图的教科书广告。

《新制中华理科教科书》比较全面地贯彻了"壬子癸丑学制"的教育宗旨，注重从新教育这个角度去体现教科书的时代特色和心理特性，因而在社会上反响比较好。

3. 《新编中华理科教科书》

《新制中华理科教科书》是根据"南京教育部暂行章程编辑，自新章颁布后，如高小教科即截去第四学年用书，以应各校之需，所以故于教材时令不免多所迁就，本局为求合新章起见，特新编中华教科书专供春季始业之用"[1]。1913年，仍由顾树森再编《新编中华理科教科书》，全书共6册，每学年用2册，春季始业，供高等小学3学年用。"本书遵照部章，白第　至第四册之教科，皆系动、植、矿、自然物之关系，于人生者，为第一二学年所适用。第五六两册，授以理、化、卫生之大要，为第三学年所适用。"[2]

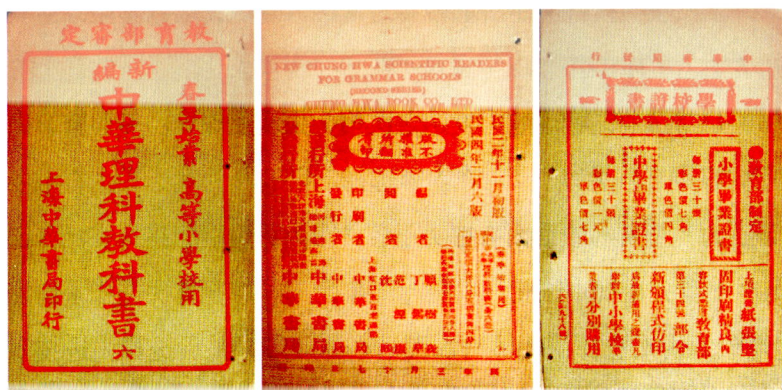

图3-1-23　《新编中华理科教科书六》（高等小学校用，封面、封二、封底页），顾树森、丁锡华编纂，上海中华书局印行，1913年

本套教材对选材要求有五点："一对于人类有关系者。二足为科学上之代表者。三生态及生活上足以显明者。四为浅近而常见者。五适合时令易得实物标本或便于观察者。"[3]虽比《新制中华理科教科书》多一条要求，即"浅近而常见者"，但《新制中华理科教科书》基本上也做到了这一点。两者在内容上的差别，是《新编中华理科教科书》依据时令在编排上做了一些

调整。

相比于其他教科书，《新编中华理科教科书》增编了辅助教材——挂图，"本书所列图画，略具外观形体，以明大概。另编大幅理科挂图，胪列各物之形态及解剖，以便悬挂课堂为教授之用"[1]。在教科书中所列教法上也提示教师从实物或挂图出发引导学生，"本书教法，宜先以实物或模型挂图等，分示学生，以引起其对于本课文之观念。次以名词及要项等。随时提示于黑板，然后详细讲解教科书中之文字，使学生领悟要理。课毕，则以所讲授者，总括而习问之，再摘其大纲，令学生作笔记，随时记录，俾易记忆"[2]。

4.《新式理科教科书》

为了顺应近代教育转型，特别是受实用主义教育新思潮的影响，1916年中华书局编辑出版了一套《新式理科教科书》。

《新式理科教科书》由吴家煦编纂，1916年初版，分为春季始业用和秋季始业用两种，每种都分为6册，适合高等小学校全学年用，每学年用2册。其中秋季始业用的在该书的封面和封底都有标明，春季始业用只在封底标明。每册授课时数根据教材难易而定，每一目次都安排了授课时数。在符号上，文中首次出现的术语、名词都有符号分别标识，术语用"⊙"，名词用"▲"，标记在文字的右边。下面将从两者的编辑大意来介绍此套书。

春季始业用的《新式理科教科书》提出编辑的宗旨，"（一）授儿童以自然物及自然现象之智识。（二）使儿童洞澈（彻）自然物与人生之关系。（三）养成儿童利用自然物之能力。（四）造就儿童活泼之精神及高尚之道德"[3]。新式理科教科书在注重教会儿童科学知识，培养学生改造自然之能力的同时，特别提出了要培养学生之精神和道德。

春季始业用的《新式理科教科书》是"按照儿童理解力发达之次第，由浅而深，由简而繁，循序渐进，称量而施，并注重前后照应，以期条理明晰"[4]。在内容选择上以"一为对于人生有重要关系者，二为在科学上可为模范者，三为儿童所易领悟而裨实用者，四为可以引起兴味及涵养德性者"[5]为标准，所以，教科书在取材上首先重视本国物产以引起学生的爱国心，其次选择了南北各地最普通日用之物、寻常接触之现象，再次选择了合适的农工水产林业等，最后选择先进技术等。再依照时令排列顺序或根据事物的类别和在学理上的关系编排课文，通过多方面综合分析，以使学生习得自然界的统一知识，并诱导儿童自动研究之意志。

秋季始业用的《新式理科教科书》相较于前者差异明显较大。一是明确了博物教材和理化教材的配置，并配有分布图，以人类为中心，避免内容的支离破碎和枯燥。在课时上，为使学生更好地

---

[1] 顾树森，丁锡华.新编中华理科教科书六：高等小学校用[M].上海：中华书局，1913：编辑大意.

[2] 同[1].

[3] 吴家煦.新式理科教科书：高等小学校：春季始业用：第1册[M].上海：中华书局，1917：编辑大意.

[4] 同[3].

[5] 同[3].

习得知识，每隔四至五课就安排有总结和复习，前一课和后一课之间也存在预习和复习的关系，前后相呼应。

二是提出教科书的心理逻辑，"按照儿童知识学力之程度，为适宜之配置。由己及物、积近致远，并注重前后照应及他科之联络"[1]。

三是提出更明确的宗旨："（一）完备生活常识。（二）发挥自然真趣。（三）确立理科基础。（四）开明天演公理。（五）陶冶儿童品性。（六）激励国民意志。"[2]

两套书虽有些许差异，但共同点很明显：一方面都重视爱国主义教育。中华书局在外强侵略的时代背景下，始终抱有爱国情怀，通过编写春季始业、秋季始业两套《新式理科教科书》，来激励国民意志，培育爱国情感，实现爱国主义教育目标。另一方面都体现了以学生为中心的思想。两套书都提出在内容选择上要贴近学生的生活，适合学生的接受能力；内容编排由简单到复杂，尊重学生身心发展规律。

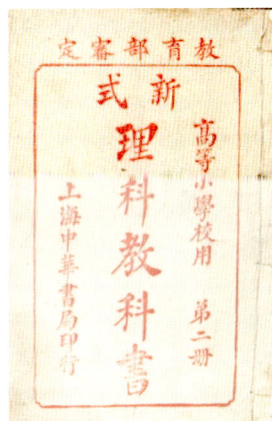

图3-1-24 《新式理科教科书》（高等小学校用，春季始业用，第二册），吴家煦编著，上海中华书局印行，1917年

5. 《新教育教科书·理科》

新文化运动时期，经白话文运动的洗礼，1920年4月，民国教育部规定，自秋季始，凡国民学校一、二年级，先改国文为语体文。为遵照政府颁发的改文言文为白话文教科书的法令规定，同年12月，中华书局即着手新编教科书，称"教育部采取全国教育会联合会议决案，规定国民学校改国文科为国语科，高等小学言文互用，本局本此方针，并应世界之潮流，编辑之经验，编辑新教育教科书"[3]。新编的"新教育教科书"系列增加了白话文体裁的内容，降低文言文体裁的选文。

"新教育教科书"系列中的《新教育教科书·理科》，由吴传绂和俞宗振编纂，高等小学校秋季始业用，共6册，每学年用2册，1921年7月出版。本套书编有教案供教师使用。由于各册课数不统一，允许教师根据教材的多少、难易程度分配教学时间。与中华书局出版的其他理科教科书相

---

[1] 吴家煦. 新式理科教科书：高等小学校：秋季始业用：第1册[M]. 上海：中华书局，1916：编辑大意.

[2] 同[1].

[3] 石鸥，吴小鸥. 中国近现代教科书史：上[M]. 长沙：湖南教育出版社，2012：217.

比，《新教育教科书·理科》有三点不同：

一是选文标准上，这套教科书遵循了五大标准：适切实用的，对于人生有重要关系的，对于进化有因果关系的，在理科知识上认为必要的，可为范例的。此套书提出的实用标准，已含有职业教育的思想，"注重人生生活必须教材，于应用观察以期易于了解，兼养成职业之应用企业之思想"[1]。"对于进化有因果关系的""可为范例的"体现了科学的进化论思维以及范例教学观。因此，无论是科学观还是教学观，本套书在教科书编写史上都是一次重要的创新和进步。

二是编排配置的顺序上，依系统的顺序、学理的顺序、联络的顺序、时令的顺序排列配置，使教科书编排上更加科学合理。

三是使用的语言上，本套教科书开始使用白话文。如，第二册第一课《梅》：梅花是早春开的。……到了冬天，就要落叶，所以又叫落叶树。

此外，此套书插图丰富精美，使用新式标点符号，初见的名词术语用"⊙"标记，提示儿童此为要重点学习的科学知识。

3-1-25

图3-1-25　《新教育教科书·理科一》（高等小学校秋季始业用），吴传绂、俞宗振编纂，中华书局印行，1921年

6. 《新小学教科书自然课本》和《新小学教科书理科课本》

为适应新学制要求，中华书局组织编写了"新小学教科书"系列，其中有《新小学教科书自然课本》和《新小学教科书理科课本》两套。

《新小学教科书自然课本》由陆衣言、蒋镜芙编写，供初小用，1923年发行。此套书与中华书局出版的其他教材的编辑宗旨区别不大，内容贴近学生生活，尊重学生的接受能力；内容编排由简单到复杂，尊重学生的身心发展规律。例如，《新小学教科书自然课本》初级第一册的课文包括《可爱的小猫》《狡猾的老鼠》《太阳出来了！》《花姐妹谈话》《蝴蝶来了》《我们为什么要保护燕子？》《这是蚕豆，这是大豆》《谁种得好？》《面是什么东西做的？》《鸭有什么用处？》《为什么要养鸡？》《水是我们的朋友》《为什么叫我云？》《下雨了！》《夏衣》等。课文都是由图画组成，无文字，这正是考虑了学生的接受能力，以适应儿童的心理特征。此套书还有一个显

---

[1] 石鸥，吴小鸥. 百年中国教科书图说[M]. 长沙：湖南教育出版社，2009：144.

著的变化，就是出现了一页彩印页。

《新小学教科书理科课本》全书共4册，供高等小学用，1923年发行，编者是钟衡臧、蒋镜芙、陆仲贤。第一、二册以简要介绍自然常识为主，第一册多为动物知识，第二册多为植物、无机物知识。课文有《衣服》《衣料植物》《衣料动物》《染料》《房屋》《油漆》《石灰　水门汀》《木材》《森林》《造纸植物》《蕈类　有毒植物》《药材》《水利》《海产动物》《海产植物》《岩石　砂土》《陶磁（瓷）器》《玻璃》《宝石》《金属　合金》。从第三册开始，理科教科书就深入科学之理学知识，有天文类、化学类、物理类知识。课文有《热　寒暑表》《酸类　碱类　盐类》《亚硫酸气　氧气　漂白粉　肥皂》《空气的成分》《气压　晴雨表》《航空器》《水压　比重　水平》《抽气机　抽水机》《汽机》等。第四册以物理、化学等学科性科学知识为主，从生活中常见的事物入手，深入解析其理化之原理或知识。课文内容由浅入深，层层递进，符合学生的心理逻辑顺序。

为适应各地的高级小学在施行新学制后还在用文言文教学理科的情况，中华书局又出版了一套《文体理科教科书》，1922年开始发行，由张鸿英编辑，全书用文言文叙述，但内容与《新小学教科书理科课本》完全相同，换言之，此书就是高级理科的文言文版。因而，此书的编写旨趣与《新小学教科书理科课本》完全相同：

（一）全国共同之重要教材：本书所采材料，以全国共同者，或虽非全国共同，而十分重要者为限。如米及麦，虽非全国共同之粮食，但与人生之关系甚大，即使本地不产，亦宜知其梗概，故一并采入。（二）概括之叙述：有数种品物非各地皆有，又非十分重要，仅为一种常识者，本书概用概括之叙述，教师教学时，可就当地当时所有之同类物品，用以观察或实验——第一册第二十课《花木》，本为概括叙述，教者即可就当时当地之一年生植物、二年生植物、多年生植物、虫媒花、风媒花、乔木、灌木，各举一二实例，详细说明之。（三）选材之标准：本书选材以新学制小学自然（理科）课程纲要为标准；务使儿童明了自然与人生有美术的、经济的、社会的、卫生的各种关系，有欣赏自然，研究自然，及爱好田野生活之兴趣，并有利用自然，与种植畜养之知能。[1]

图3-1-26　《文体理科教科书》（小学高级，第一册），张鸿英编辑，中华书局印行，1922年。

---

[1] 张鸿英. 文体理科教科书：小学高级：第1册[M]. 上海：中华书局，1922：编辑大意.

总之，《新小学教科书理科课本》的编撰方式坚持先简单再复杂、先学常识再学原理的原则，知识涵盖面较大，不仅涉及自然常识，也深入理科之原理，具有一定的难度。

商务印书馆与中华书局是当时最主要的自然科教科书出版商，双方竞争非常激烈，选哪家的教科书就成了学校和教师面临的现实问题。为了帮助学校和教师选择，有人就专门对这两家出版商的自然科教科书进行比较，详述两家教科书的共性与独到之处：

自从施行新学制以来，各书坊很能依照新学制课程标准编制自然科的课本。所有从前春季始业秋季始业的理科旧材料，也加了一番整理的工夫，文言已经改换了白话，编制体裁确比从前进步的多了。现在为适应新学制需求的自然科教本，在商务印书馆出版的有（新学制高级小学）新撰自然科教科书四册；（新学制初级小学）自然科教科书八册；（新法初级小学）自然研究六册；（新学制高级小学）自然教科书四册；共计四种。中华书局出版的有（新学制初级）自然课本八册；（高级）理科课本四册；共二（两）种。两大书坊的课本，各有独到之处。但比较起来，最适初级小学用的，要推商务出版的自然研究，自然科教科书和中华出版的自然课本三种。中华的自然课本插图新颖，颇易引起儿童入胜的兴味；故事亦颇饶兴味。此外如世界书局出版的有高级自然课本四册。内容亦颇优美。究竟那（哪）一种适用，就请教师自己斟酌学校情形，采用可也。

甲 课本的编制

我现在把两家的自然课本的编制比较一下。商务自然研究是把全书分订六册，编成两个循环。第一二两册是第一循环，专为第一二两学年之用。第三、四、五、六四册是第二循环，专为第三、四、五、六学年之用。第一循环，就是第二循环的准备，第二循环就是完成第一循环的。中华出版的也是分两大循环。教材支配是按照新学制课程纲要的标准。编制方法都是相同，且留有伸缩余地。倘教师有研究的心得，可以把适宜的教材加入进去，或删去卫生一部份（分）归入公民科去教学。

乙 课本的体裁

商务和中华两家出版的自然课本的体裁，也有共同之点：1. 第一二两期以图画为主；2. 文字浅易；3. 有实验问题或提纲。编者以为小学六年，故课本编辑亦分作六册，每学年一册。惟关于体裁方面，尤其是图画与文字的成分，我个人的意见，以为应注意下列数点：

（一）课本第一二两册——纯用彩图为主体，因为初年级在认识某物的形体，并能引起他的观感，去想象真物。他的好处就是可以补设备或挂图之不足。大概一二年级的小学生，并不在识一物名，在领各物体的真像。

（二）课本第三四两册——用图画三分之二，文字占三分之一，且甚浅显，能使儿童由图画和文字上，发生意义。文字和真物也可从此联络起来。但文字只限于说明图意，使读者易于了解，且有韵文便于记忆。每课之末附简易问答几条，令儿童自行解答。

（三）课本第五六两册——文字占三分之二，图画占三分之一。遇有复杂的事物，则放大图画补他的不足。每课之末，附问题数条，空白纸数张，以便儿童解答问题，或作笔记之用。[1]

（三）世界书局的小学科学教科书

1917年，沈知方在上海创办世界书局，成立后在各大城市设立分局30余处。成立初期，以出版小说为主。从1924年起，世界书局编辑出版中小学教科书，与商务印书馆、中华书局形成教科书出版的三足鼎立之势。世界书局出版的教科书有很高的辨识度，其封面都有一个寓意"世界"的圆形地球图案。

1922年，北洋政府召开学制会议，与会人员讨论在新学制系统中采用"六三三"制，即小学分初小4年，高小2年。教育部在会后不久明令公布新学制。世界书局依新学制编写了第一套小学科学教科书，即《新学制小学教科书·初级常识课本》《新学制小学教科书·高级自然课本》。

1. 《新学制小学教科书·初级常识课本》

《新学制小学教科书·初级常识课本》全书共8册，1924年初版，供小学校初级4学年用，董文编辑。新学制小学课程要求，卫生、公民、历史、地理4科，在初级小学4学年里应合并教学，称社会科，园艺应附入自然，称自然科。世界书局在把社会、自然分编两部使用，还是合编一部使用的问题上，广泛征求了全国教育界的意见。征求结果是主张合编的占多数。所以世界书局的新学制教科书就把社会、自然合编一部，称常识。常识课本的内容包括卫生、公民、历史、地理、自然、园艺等项，各册的质量、轻重也很适当。"本书首二册全用图画，不列文字，教学时可以免去文字上的障碍；并且插入彩色图，以供儿童欣赏。后六册所列文字，也很浅显，比较同时期的国语读本，程度稍低，使儿童容易了解，并且间列韵文，以增儿童兴趣。图画在首两册分量最多，第三四册也逐课插入；第五册及以上逐渐减少，可是比前四册格外精细，使儿童得不到实物和标本、挂图，也可以按图研究。本书前四册的排列，逐课蝉联而下，教学时容易联络，后四册的排列，把一个单元的教材列一起，教学时容易有系统。本书关于时令的教材，如纪念日、节气的研究等，概不列入，任教师采取相当的活教材教学。本书各课的教学目的、教学方法……和各册的测验材料、教材归纳表等，都详载教学法中。"[2]

这套书编排的特点前四册与后四册各不相同，前四册逐课蝉联而下，教学时容易联络。例如，第三册课文有《小学校》《通信》《谁把信送来》《贴在信上的邮票》《纸和造纸的原料》《竹》《甘蔗》《奇异的食性》《寒带人的食物》《初民打猎》《部落和酋长》《初民医伤的方法》《我们怎样医伤？》《快把带子放松》《衣服脏了便怎样？》《树叶的自述》《瓜和瓜子》《虫》《汽笛说话》《绸衣和布衣》《交通和运输》《马》《警察有什么责任？》《救火队来了！》《我家和

---

[1] 小学自然科的课本问题[J]. 教师丛刊，1926（9）：10.

[2] 董文. 新学制小学教科书：初级常识课本：第1册[M]. 上海：世界书局，1924：编辑大要.

邻家》《我家的井》《顶在头上的井水》《跪在井旁的骆驼》《这是什么船？》《狗拖车子》《鸽子寄信》《啄木鸟》《可恶的苍蝇》《可恶的蚊虫》《还是换一方手巾罢》《这使不得！》《铜铁的谈话》《初民的两种石器》《寒带的油灯》《寒带人的衣服》《半个大雪球》《冰和雪》《伤风和冻疮》《不卫生食品的展览会》《开成绩展览会》。后四册，更重视单元的联结，加强了知识的系统化。

2.《新学制小学教科书·高级自然课本》

供高等小学两学年用的《新学制小学教科书·高级自然课本》，全书共4册，1925年初版，每学年用2册，由姜文洪、范广涛编辑。此套书是依据《新学制课程标准纲要》和《小学自然科课程纲要》编辑，另编有教学法4册供教师参考。

图3-1-27 《新学制小学教科书·高级自然课本》（第四册），姜文洪、范广涛编辑，世界书局出版，1925年

图3-1-28 《新学制小学教具用书·高级自然课本教学法》（第二册），姜文洪、范广涛编辑，上海世界书局出版，1925年

《新学制小学教科书·高级自然课本》有以下特点：

第一，特别强调探究、实践和问题引导。如第一册第一单元《衣服的原料》设计了一系列问题，比如"①怎样的叫做棉织物？②怎样的叫做麻织物？③怎样的叫做丝织物？④怎样的叫做毛织物？"。第一课前面设"讨论问题"：棉织物的原料是什么？草棉的性质是怎样的？棉织物有哪几种？怎样制造棉织物？穿棉布衣为什么能够御寒？

第二，除注重学生科学知识、能力的获得外，还特别提出科学态度和科学伦理等观念的养成，"启发对于自然物和自然现象的基本知识，使：1. 明了自然与人生有美术的、经济的、社会的、卫生的各种关系。2. 有欣赏自然，研究自然和爱好田野生活的兴趣。3. 有利用自然和种植、畜养的知能"[1]。

　　第三，注重联系学生的生活实际，且已经表现出比较先进的教育理念。本套教材取材以儿童生活为依据，约有五个要点："1. 是适合儿童现在和将来的需要兴趣的。2. 是儿童日常生活最密切的事物，并且足以做一种事物的代表的。3. 是各种材料可以互相联络，互生关系，成一种有机的组织的。4. 是适合儿童心理并且很容易理解的。5. 是和时令不违背的。"[2]本套书的体裁，先以同类事物为一单元的标题，次以研究题目引起儿童的动机。研究资料分为两项："1. 讨论问题部分提出题目中的重要分子，做儿童研究的出发点。2. 课文是供给儿童参考的。儿童对于同类事物的研究，若不加以整理，必致凌乱无序，得不到系统的观念。本书每一单元完毕，分列空白的比较表，俾便儿童填注，借以证明异同的所在。"[3]

　　第四，本书排列教材的标准遵循儿童的心理发展特点："1. 就儿童平时习见的自然物，人造物和自然现象，依照他的效用、性质分别组成各个中心问题。2. 使各个中心问题的排列和时令并不违背。3. 各个中心问题所包内容的难易，按照儿童程度的高低，分别先后。"[4]

　　商务印书馆、中华书局和世界书局编制的新学制教科书都是依新学制编写，不仅在内容和编排上并无很大差异，而且封面设计也非常朴素。但不可否认这三种新学制教科书，在中国教科书历史甚至教育发展史中，具有举足轻重的重要地位和划时代的转折性。从这个时期开始，线装逐渐式微，教科书装帧开始走向现代装帧。

---

[1] 姜文洪，范广涛. 新学制小学教科书：高级自然课本：第1册[M]. 上海：中华书局，1925：编辑大意.

[2] 同[1].

[3] 同[1].

[4] 同[1].

第二节
小学科学教科书的模式化时期（1927—1937）

1927年南京国民政府成立之后，在思想领域期望构建以"三民主义"为核心的主流意识形态，进一步强化国民党意识形态的主导地位，通过教科书阐释党义，控制教科书的出版发行，极力消除各种"异端思想"在教育界的传播，从而达到维系国民党政权在社会中的正统地位的目的。于是，中国现代教科书的发展告别黄金时期，走入了意识形态严格控制的时期，也是相对稳定的时期，教科书形式日益模式化，种类大幅度减少，教科书市场被几大书局的几种教科书所垄断。

一、"三民主义"教育宗旨下的小学科学教科书

1929年1月，南京国民政府教育部公布《教科图书审查规程》，对教科书的审查标准作了一系列具体的规定，强调"学校所用之教科图书，未经国民政府行政院教育部审定或已失审定效力者，不得发行或采用"[1]。教育部同时又订定《审查教科图书共同标准》，其中第一条规定关于教材之精神者，必须适合党义、适合国情、适合时代性。随着党化教育的确立与实施，各家书局依据形势不得不迅速推出了以"三民主义"为宗旨的教科书。

（一）商务印书馆的《新时代常识教科书》《新时代自然教科书》《基本教科书·自然》

1. 《新时代常识教科书》

《新时代常识教科书》全书共8册，1930年初版，供初级小学校用，王强编纂。此套书首要特点就是党义教育，"本书在适合儿童教育范围内，尽量提供党义教育。该书极力灌输革命的、进步的思想，以造就实用的、科学的技能，以养成平民化、问题化的性格"[2]。内容上包括卫生、公民、地理、历史、自然和园艺各科。各册各有不同的中心内容，第一册以一天的生活为中心，第二册以星期六、星期日的社会自然生活为中心，第三册以学校生活为中心，第四册以人类进化为中心，第

---

[1] 中国第二历史档案馆.中华民国史档案资料汇编：第五辑：第一编 教育[M].南京：江苏古籍出版社，1994：89.
[2] 王强.新时代常识教科书：第1册[M].上海：商务印书馆，1930：编辑大意.

五册以知识为中心，第六册以社会服务为中心，第七册以国家为中心，第八册以世界为中心。

3-2-1

图3-2-1 《新时代常识教科书》（小学校初级用，第四册），王强编辑，商务印书馆出版，1930年

2. 《新时代自然教科书》

《新时代自然教科书》全书共4册，每册20课，1930年初版，其中初小用书由凌昌焕编纂，高小用书由杜若城编纂，另有教授书供教师参考用。封面样式上初小以橘红色为底色，高小主要以绿色为底色。本套教科书比较关注学生生活与社会实际，"本书所取教材，以对于人生直接或间接有关的自然物和自然现象为中心，也就以一切关于衣食住行的知识为中心。全书教材，依自然的顺序，平均分配，且在各册中，各自成一个自然的系统"[1]。

3-2-2

图3-2-2 《新时代自然教科书》（小学校高级用，第二册），杜若城编辑，商务印书馆出版，1930年

《新时代自然教科书》强调学生的动手与参与，提出教学目标一方面在于让儿童通过观察实验和探究，得到利用自然的知能和了解自然的常识，另一方面在引起儿童研究自然的兴趣和欣赏自然的美感，最后达成养成儿童爱护自然的习惯的最终目标。例如，高小第一册共有课文20课，其中有17课是以培养学生观察实验和探究能力的"问题中心"课文，高小第一册课文如下：《米怎样来的？》《杂草和害虫在农业上有什么害处？》《什么叫做益鸟和害鸟？》《土壤怎样成功的？》《植物怎样长大的？》《动物怎样生活的？》《风雨霜和动植物有什么关系？》《我们为什么种草棉亚麻和大麻？》《重要的木材是那（哪）几种？》《怎样制陶瓷器和砖瓦？》《三合土和水泥怎样来的？》《空气的成分》《大气压力和气压计的利用》《抽气机和吸水机怎样装置的？》《压水

---

[1] 杜若城. 新时代自然教科书：小学校高级用：第1册[M]. 上海：商务印书馆，1930：编辑大意.

机和救火机怎样装置的？》《汽机和汽涡轮怎样利用的？》《物体的重量比重和重量》《怎样知道物体的重量？》《滑车怎样利用的？》《怎样利用轮轴？》

本套书的编排设计还考虑了学生的学习心理，既设计了课前的知识导入，也重视知识的复习巩固，"课首更附设想一项，以备儿童课前的推考。本书每册的末端，都有复习一项，使儿童对于本册的教材，得以明确了解，不致遗忘"[1]。如高小第一册第一课《米怎样来的？》一文中课前有包括设想：①什么叫做米？②哪里来的？③有什么用处？④稻生在哪里？⑤分为几类？观察：①米是怎样的？②壳是怎样的？③稻是怎样的？实验：①怎样种稻？②怎样打壳？③怎样去稃？④怎样去糠？之后才是课文内容，课文后有探究：①米和我们的生活有什么关系？②种稻应该怎样？这种问题中心的编排设计，显然有利于培养学生的探究能力。

3.《基本教科书·自然》

1931年，商务印书馆出版《基本教科书·自然》，供小学校初级用，由贾祖璋、杜辉孙、许心芸、孙伯才编写。教材用断壁残垣的封面图案表达对国难的忧愤，反映了当时知识分子忧国忧民的爱国情怀。

本套教材初级8册，每学期1册。编者认为，"自然科教学，以观察实验和实演为主。教科书在教学过程上，大都备整理和复习之用，本书文字力求简明，图画务期正确，使学生于观察实验以后，凭借文字图画，辅助记忆为一种整理性质的学生用书和从前纯为讲授用的教科书，面目略异"[2]。

本套课本另编教学法两种：一是教授书，以供给教学资料为主，供教师选择，为指导学生的基础；二是指导书，以规划教学过程为主，供教师参酌，定指导学生的方案，均与教学法书有连带关系。同时又编一本学习书，记载观察实验的事项和方法，供中年级以上学生自行记录，只发表其观察或实验结果，是指导性质的学生用书。

本套书编排的题材，是依据当时新近颁布的小学课程暂行标准编制的。每个题材教学一至三次，每次安排30分钟的教学时间，教学的时期和准备等均详列在教师用书中。各题材规定的教学时间大概占全书教学时间的五分之四，剩余时间，一部分用于乡土教材的教学，一部分用于复习及校外观察。

课本的内容主要是学生生活中常见的自然和生活现象，如第七册的课文：《蝉》《莲和菱》《河蚌和田螺》《河及湖》《船及帆》《水轮及水碓》《自来水及喷泉》《钓鱼》《鸢和鸮》《白鹭》《芋》《蓝及蓝靛》《烟》《甘蔗及蔗糖》《麦芽糖》《酒精》《黄酒》《烧酒》《醋酸及醋》《蛋白质和胶质》《制革》《胶皮和胶木》《制纸》《食物的腐败和保存》《浸制标本》《食物的消化》《血液的循环》《呼吸》《尿液》《皮肤及汗液》《蛔虫和绦虫》《传染病》《饮食的卫生》。

[1] 杜若城.新时代自然教科书：小学校高级用：第1册[M].上海：商务印书馆，1930：编辑大意.

[2] 贾祖璋，杜辉孙，许心芸，等.基本教科书：自然：小学校初级用：第7册[M].上海：商务印书馆，1931：编辑大意.

图3-2-3　《基本教科书·自然》（小学校初级用，第七册），贾祖璋、杜辉孙、许心芸等编，商务印书馆出版，1931年

（二）中华书局的《新中华常识课本》《新中华自然课本》《文体理科教科书》

1. 《新中华常识课本》

《新中华常识课本》全书共8册，1928年发行，小学校初级4学年用，蒋镜芙、吴桂仙编校，由中华书局发行和印刷，新国民图书社出版，另编有教授书来配合小学自然科的教学。本套书将社会、自然两科合并。内容上，一方面注重团体生活，发展儿童社会生活必要的种种智能；另一方面重视培养儿童欣赏自然的兴趣和利用自然的智能。"本书选材精密，支配匀称，顺序渐进，适合于儿童的了解。本书文字浅显活泼，极易领悟。第一二册几全系国语课本中的熟字，以免初年级儿童为生字繁多所困。本书为迎合儿童心理，并使容易领悟起见，多加插图：或用故事图，以供欣赏；或用说明图，以便观察，并另加精美彩色图，益足以增讲初学儿童的兴趣。"[1] 如第一册第一课《手》，第二课《脸》，第三课《洗手洗脸》，每课以简洁的文字和配图来展示课文内容。

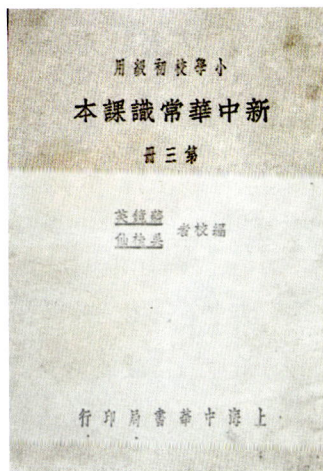

图3-2-4　《新中华常识课本》（小学校初级用，第三册），蒋镜芙、吴桂仙编校，上海中华书局印行，1928年

---

[1] 蒋镜芙，吴桂仙. 新中华常识课本：小学校初级用：第1册[M]. 上海：中华书局，1928：编辑大意.

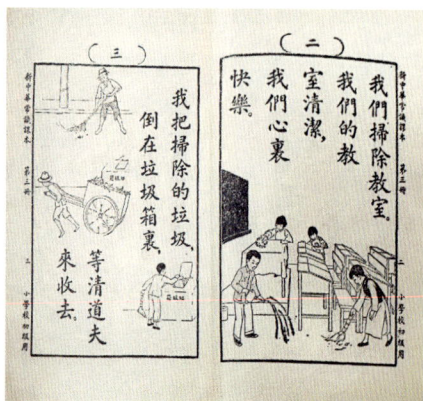

3-2-5

图3-2-5　《新中华常识课本》（小学校初级用，第三册）课文

2. 《新中华自然课本》

《新中华自然课本》分为初小用书和高小用书2种，初小用书8册，高小用书4册，1927年开始发行，杨卿鸿、糜赞治编校，后又多次出版。

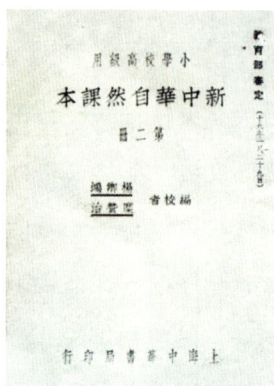

3-2-6

图3-2-6　《新中华自然课本》（小学校高级用，第二册），杨卿鸿、糜赞治编校，上海中华书局印行，1928年

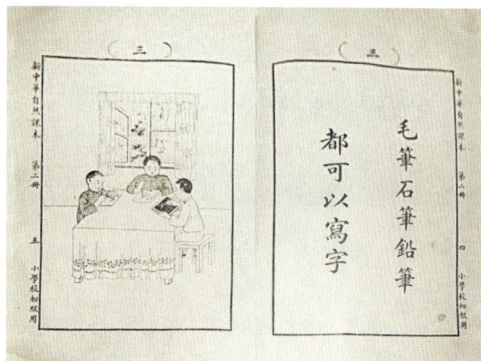

3-2-7

图3-2-7　《新中华自然课本》（小学校高级用，第二册）课文

关于这套书的小学校初级用书，王京彩曾对此有较详细的介绍：

课本内容丰富而生动，多是儿童日常能够接触到的动植物、事物等。其中第一册全部为图画，易于吸引儿童的兴趣，调动起好奇心，包括课文：美丽的荷花、水的用途、活泼泼的狗、养猫做什么、马和牛、有用的草、几种好吃的菜、蝴蝶哪里来的、好吃的水果、雄鸡雌鸡、鸽子飞来了、好一个太阳呀、几棵有用的树、好玩的皮球、可爱的月亮、这里有飞的鸟等。与之相承接，第二册内容已增加了少许文字，文字简单而押韵上口，如"桃花红　大家看　桃子甜　可以吃""苹果香　苹果甜　八九成熟赶快剪"。第三、四册文字逐渐增多，认识程度加深，所学内容均可从身边找到实物。第五到八册基本以文字为主，内容涉及生活生产和物质属性，并有实际操作的要求。[1]

小学校高级用书其编排"采用旅行体——就是从家庭，渐次扩充到田野、河海、天空等的自然界——使儿童随时随地，对于自然生活、自然现象、自然利用，有欣赏和研究的兴趣。他书排列教材，往往划分两截：自然界的生活、现象在前；利用自然物和自然力在后。本书融会贯通，把各项材料，平均分配于各册——就是每册都有自然界的生活、现象和利用——无偏枯干燥的弊"[2]。此为教科书第一次提出编排"旅行体"的理念，由近及远，由浅入深，贴近学生生活，有助于儿童的学习。高级用书在编排上克服以往教科书形式千书一面的缺陷，进行了创新，每册把生活、现象、实际运用融合在一起，使知识学习与生活实践不易脱节，更利于学生认识、掌握和使用知识。所以，每册书的内容与学生的生活与活动密切结合，课本"把儿童现在的生活做经，需要和兴趣做纬，根据上列目的精密选择材料如下：自然界的现象；自然界的生活；自然物和自然力的利用"[3]。如本套书第一册内容为庭院动物的观察、庭院植物的观察、家用什物的观察、学校用具的观察4部分，每一部分又排有不同的内容，如第一部分"庭院动物的观察"包括4课，即《有社会组织的昆虫》《蚊和蝇多么讨厌！》《蜘蛛和蜈蚣》《燕和雀》。其中第三课《蜘蛛和蜈蚣》的课文内容"1. 蜘蛛为什么要结网？2. 蜈蚣吃些什么？3. 蜘蛛蜈蚣的毒液，有什么用途？"就是按照"自然界的现象、自然界的生活、自然物和自然力的利用"的模式把课文融合在一起。

此套书中的"旅行体"和融会贯通的编排方式，契合其教学目的"谋人生的进步，社会的发展，注重观察、研究和实用"，也是为了实现编辑大意中的目的："甲、明了人生在自然界中的位置和对于自然的责任。乙、养成儿童能利用自然界万事万物的基础。丙、明了人生和自然，有美术的、经济的、社会的、卫生的各种关系。丁、养成儿童随时随地，对于自然生活、自然现象、自然利用，有欣赏和研究的兴趣。"[4]这些理念不仅能指导教材的编写，也是对教师改进教学的最好建议。

总之，本套教科书更加注重与学生切实生活相联系，强调科学的生活化；更加重视培养学生的科学兴趣，从全方位培养学生的科学素养。

3.《文体理科教科书》

1924年，中华书局出版新学制小学高级用《文体理科教科书》，"本书编辑，为适应各地高级小学，于施行新学制后，尚用文言教学理科者，全书叙述，概用文体"[5]。换言之，此书的内容与《新小学教科书理科课本》完全相同，只不过是用文言文写的。如第一篇课文《食物》：食物者，所以营养身体也。吾人日常所食之饭，多以米、麦者成。吾人日常所食之菜有荤素二种；素者多属

[1] 王京彩. 民国时期小学科学课程标准变革研究[D]. 上海：上海师范大学，2011：30.

[2] 杨卿鸿，糜赞治. 新中华自然课本：小学校高级用：第1册[M]. 上海：中华书局，1927：编辑大意.

[3] 同[2].

[4] 同[2].

[5] 张鸿英. 文体理科教科书：小学高级：第3册[M]. 上海：中华书局，1924：编辑大意.

果蔬；荤者为牛、羊、猪、鸡、鸭、鱼等动物……

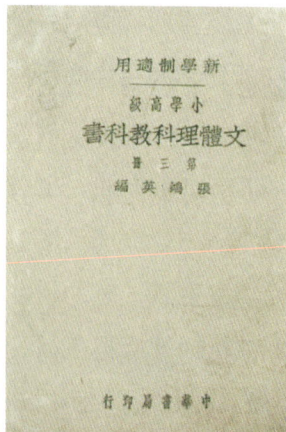

3-2-8

图3-2-8　《文体理科教科书》（小学高级，第三册），张鸿英编，中华书局印行，1924年

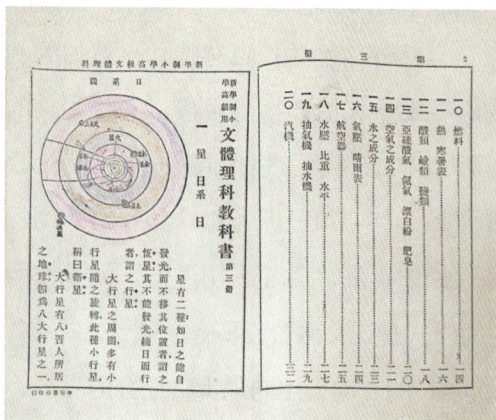

3-2-9

图3-2-9　《文体理科教科书》（小学高级，第三册）目录和课文

　　简言之，这套理科教科书要求选用全国通用常见的物品，教学时应因地制宜，同时培养学生研究兴趣和实践之知能。按照要求，课文选材的特点是以物品的类组织课文。如第一册课文包括《食物》《壳菽类》《果蔬类》《家禽》《家畜》《水产植物》《水产动物》《蛇及蛙》《益兽　害兽》《益鸟》《害虫》《益虫》《人体寄生虫》《细菌　腐败　发酵》《和味料》《嗜好品》《园艺》《芽　种子　散种法》《花木》等。这种编写特点便于全国各地因地制宜地增补教材，让学生更易理解生活中的自然。

（三）世界书局的《新主义教科书·常识课本》和《新主义教科书·自然课本》

　　根据以"三民主义"为核心的党化教育要求，世界书局编写了《新主义教科书·常识课本》和《新主义教科书·自然课本》。

1. 《新主义教科书·常识课本》

　　《新主义教科书·常识课本》全书共8册，供初级小学4学年用，1927年开始初版，董文、朱翊新编辑。此套书包含社会、自然两科内容，并依据国民党的党义编辑，以期适合于党化教育。此套书关于社会内容的学习目的有明确要求："（甲）关于社会的——1. 使儿童确知人类组织与改造社会的事迹，并培养其对于不良社会努力革命的思想和性格。2. 灌输儿童生活于社会的必需知能，并养成其有益于社会的习惯。"[1]学习自然的目的则涵盖了知识、能力、态度和伦理等科学文化：

"（乙）关于自然的——1. 使儿童明了自然与人生的各种关系，并养成其欣赏自然、研究自然的兴趣。2. 使儿童有种植、蓄养的知能，并养成其爱好田园生活的习惯。"[2]

根据目的要求，《新主义教科书·常识课本》的取材"务期合于儿童生活和社会需要，所包含的材料：关于社会的，有公民、卫生、历史、地理；关于自然的，有自然（自然物与自然现象）、园艺。质量轻重，都很适当"[3]。

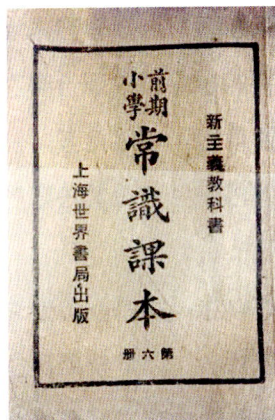

3-2-10

图3-2-10　《新主义教科书·常识课本》（前期小学，第六册），董文、朱翊新编辑，上海世界书局出版，1927年

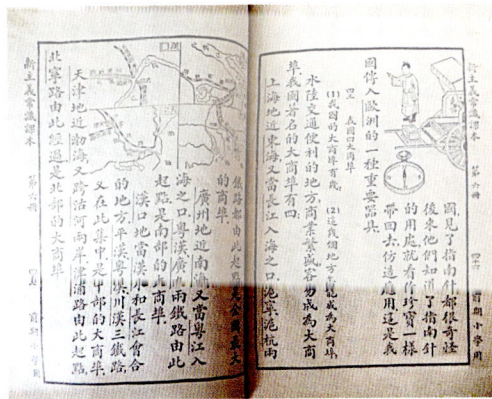

3-2-11

图3-2-11　《新主义教科书·常识课本》（前期小学，第六册）课文

本套教科书在编排上，一方面，重视单元法和时令编写。本书时令，与国民政府所定秋季始业相合。其关于园艺的教材，如种植一种作物，或蓄养一种动物，凡须分几个时期工作的，都分编若干课，插入相当的时令中，使各种工作，都有实习的机会。另一方面，其所用图画、语体、文字适合儿童学习心理。"本书前二册，以图画为主，酌加简明的文字；三册以下，文字逐渐加长，酌加显明的插图。本书图画分两种：一种是实物图，借供研究。一种是故事图，或者重在欣赏，以唤起审美观念；或者重在刺激，以鼓励奋斗精神；此外还有给儿童做实习的模范的。本书文字，全用语体。为使儿童阅读便利计，一律加标点符号。"[4]

[1] 董文，朱翊新. 新主义教科书：常识课本：前期小学：第1册[M]. 上海：世界书局，1927：编辑大纲.

[2] 同[1].

[3] 同[1].

[4] 同[1].

2. 《新主义教科书·自然课本》

《新主义教科书·自然课本》分为小学初级（前期小学）学生用书和小学高级（后期小学）学生用书两种，前期小学学生用书由董文编辑，后期小学学生用书由姜文洪编辑。前期小学课本共8册，后期小学课本共4册，每学期用1册，可供高级小学2学年之用。以后期小学为例，本书目的在于启发儿童对于自然物和自然现象的基本知识。分开来说，就是明了自然与人生有美术的、经济的、社会的、卫生的各种关系；培养欣赏自然、研究自然和爱好田野生活的兴趣；培养利用自然和种植蓄养的知能，其目标定位上非常全面，已经涉及知识、能力、情感态度等教育目标。

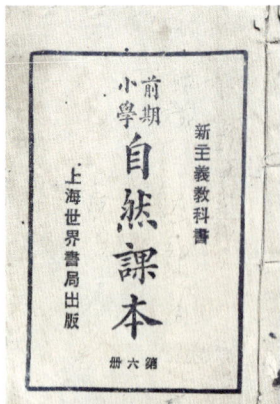

图3-2-12　《新主义教科书·自然课本》（前期小学，第六册），董文编辑，上海世界书局出版，1927年

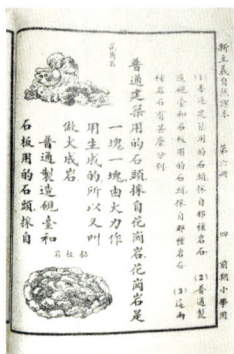

图3-2-13　《新主义教科书·自然课本》（前期小学，第六册）课文

《新主义教科书·自然课本》体现了以儿童为中心的编排理念：首先，取材把儿童生活作为根据，遵循了4个原则：①是适合儿童的需要和兴趣的；②是足以做某一种事物的代表的；③是互相联络，互生关系，成一种有机的组织的；④是和时令不违背的。其次，编排考虑了儿童的学习心理。第一，教材排列设计以问题为中心，遵循了三个标准：①就儿童平时习见的自然物、人造物和自然现象，依照他的效用、性质，分别组成各个中心问题；②使各个中心问题的排列和时令并不违背；③各个中心问题所包含内容的排列，以理解的难易分别先后。第二，体裁选择是为了引起儿童研究的动机，用题目吸引儿童，先以同类事物为一单元的标题，次以研究题目引起儿童研究的动机。第三，研究的资料以儿童研究作为出发点，①讨论问题　提出题目中的重要分子，做儿童研究的出发点。②课文　是供给儿童参考用的。第四，单元设计帮助学生掌握系统知识，为使儿童研究一单元后，容易得到系统的观念起见，特在每一单元之末，分列空白比较表，以便儿童填注，证明异同，

获得概念。一个单元后有表格，如《新主义教科书·自然课本》（后期小学）第二册的第一单元为《主要的食粮》，后附"主要食粮比较表"；第二单元是《常吃的蔬果》，后附"蔬果表"；第三单元《耕作的要事》，后附"耕作的要事表"等。且表格留有空白供学生填充，如"嗜好品比较表"则列有"类别""种类""原料""制法""与人生的关系（益处、害处）"几栏，书中"类别"一栏填有"酒""茶""烟""鸦片""吗啡""高加因""海洛因"等。第五，课文设计帮助学生理解知识。这套教科书按单元编排，每个单元由若干课组成，课前或课末设有问题，供儿童思考之用，且课后有附表供复习时填充。

世界书局编写的新主义教科书，虽然是应党化教育的政治性要求重新编写的小学科学课本，但其"儿童为中心"的编写思路，的确有助于实现引起儿童科学研究兴趣、促进其获得科学知识和能力的教学目标。

二、新课程标准和修正课程标准下的小学科学教科书

20世纪30年代前的自然教学和自然课本，饱受教育界人士诟病。他们批评"过去的自然教学，只注重在研究科学基础智识之培养，与儿童现实的生活，不发生什么关系。儿童记到的只是几个专名词，儿童看到的只是几套花把戏，把科学态度思想的养成，自然界的利用探讨等一切，都忽略过去了。因此将生气勃勃的自然科，弄到死气沉沉。把自然教科书，好像私塾里读百家姓千字文般，只要能够背得熟，默得出，便能升级，毕业，以至于考入中学。结果造成了所谓一批书呆子。这种自然教学，当然会被大家废除无存。现在我们已经认定自然科在小学中的地位，和过去我们对自然教学的错误，那么自然科的目标，当然如从前的死读课本，必须大加改革"[1]。

1928年5月，第一次全国教育会议决定组织中小学课程标准起草委员会制定新课程标准。1929年8月《小学课程暂行标准》颁布试行，将小学六年分为低年级（一、二年级）、中年级（三、四年级）、高年级（五、六年级）三段，《小学课程暂行标准》把高小的个人卫生部分并入自然科，初小则把社会、自然合并为常识科。1932年10月，教育部把暂行标准修正为正式标准，颁行实施《小学课程标准》，但内容没有很大变化，高小自然科单设，初小仍是一门综合的常识课。这种状况一直持续到中华人民共和国成立前夕。由此可知，"自然"和"常识"同样是科学课的前身。课程目标：①指导儿童理解自然界的现象，并养成其科学研究和实验的精神；②指导儿童利用自然以解决人类生活问题的智能；③培养儿童欣赏自然、爱护自然的兴趣和道德。取材方面应该根据的原则：①须以乡土材料为出发点；②须适合时令节气；③须适合儿童切身的需要和了解的能力；④须重要而有代表的价值。

根据上述的目标和小学教育界的实际情形，当时学者金人绒就提出自然科的取材必须遵守以下

---

[1] 金人绒. 自然科教材问题[J]. 浙江教育行政周刊, 1934（3）: 21-26.

原则：

1. 切合生活的——凡不与生活有密切关系的教材，往往亦有很能满足儿童的好奇心者。不过这种教材，在小学中实在缺少时间来教学，所以应先教切合于生活的。

2. 有代表性的——自然界的事物，千千万万。儿童所接触的也不知有多少？如果都要一一研究过去，实为短短的小学时期中所做不到的事。所以自然科的教材，必取能代表一类一系的，以收事半功倍之效。

3. 便于教学的——我国教育经费是这样的支细，乡村教育又急须（需）推广。当然大多数的学校，均不能为了自然教学，设立特殊的环境。所以自然科的教材，必须顾到设备简便，实验容易，观察便利等各点。

4. 合儿童兴味的——一种教材，如其儿童对之不发生什么兴味，那这种教材，便失其教学效力。所以取材时对于儿童兴味，也应顾到。

5. 有连续性的——有连续性的教材，儿童研究上自易发生兴味，并且比较的有头绪，对于教学上能获得好些经验。

6. 时间经济的——生活化的自然教学，着重在做。凡是要实验观察的教材，费时自然比之读教科书要多。[1]

金人缄根据原则，认为自然科的教材来源应取自以下方面：

1. 乡土教材的收集——自然科的取材，须自近而远。乡土中的特殊事物，与儿童生活有密切的关系，且便于教学，使儿童对之容易发生兴味，所以是最适宜的教材。

2. 学校设备的应用——学校中与自然有关系的设备之研究，与乡土教材的研究，有同样的价值。所以学校中科学环境的布置，要尽力扩充，以俾儿童多得研究的机会。

3. 工厂农场的参观——工厂农场，可以说就是学校的实验室，博物馆。供给我们的自然教材是活的，切合生活的，是在实践的，比讲台上试验的，其价值不知要胜过几倍呢！

4. 大自然的探讨——大自然的形形色色能够引导儿童去研究探讨，这便是最好的教科书。不但能使儿童获得科学智识和享用自然的能力；并且还能养成其随处肯研究可研究的科学态度。

5. 农友工人的访问——做教师的智识是有限的。读过书本上的智识，又那（哪）能件件都经过实验？尤其是范围广泛的自然科。所以我们一方面教人，一方面还要请教人。不曾弄破双手，赤过双脚的现代教师，最欠缺的就是工艺农方面对于生活最密切的种种实际智识。这我们只有时常去请教老农工人了。

6. 日常生活之研究——能够应用科学技能于日常生活，生活问题才能解决。要生活科学化，必须将生活上之一切，详加研究。所以自然科教材中，关系衣食住行等问题，占着重要的位置。

[1] 金人缄. 自然科教材问题[J]. 浙江教育行政周刊，1934（3）：21-26.

7. 偶发事件之利用——偶发的重大事件，必能引起儿童特别注意。这种重大事件之研究应付，是教材中最切当一种。

8. 书籍参考——有许多凡是为公民所不可缺的智识，非周围环境中所能找得的，那必须取给于图书了，并且图书能指示我们实验观察的不足和错误。所以自然教学，对于用图，亦是要注意的。[1]

根据课程标准，各书局也是类同于上述取材原则与来源，编写了各种版本的自然课本。

《小学课程标准》在实施过程中暴露了许多问题，自1935年3月始教育部又着手组织修订。1936年4月，教育部公布修正课程标准。修订的《小学课程标准》中，初级（低中级）将卫生、社会、自然归并为常识。课程目标与修订版略有变化：①指导儿童理解自然界的现象，并养成儿童爱护自然和研究科学的精神；②指导儿童明了人与自然的关系，并增进儿童利用自然改进国民生活、国家经济的知识和能力；③指导儿童获得普通的卫生医疗常识，并培养儿童努力促进家庭社会公众健康和民众健康的理想。

各家出版社在不断修订的课程标准指引下，迅速推出了各类相关的教科书。新一轮教科书市场竞争已经从1922年的三大书局，发展到商务、中华、世界、开明、大东、正中和北新七大书局，竞争激烈。由于课程标准的不断修订完善，各科教科书不得不多次修改，导致教科书的科目与编写体例发生了较大的变化，但各个书局还是不断地推陈出新，出版新的适应课程标准变化的科学教科书，像商务印书馆的《基本教科书·常识》《基本教科书·自然》，世界书局的《新课程常识课本》《新课程自然课本》，中华书局的新课标《小学常识课本》《小学自然课本》等。此时，课程标准对教科书的规范意义日益加重，教科书的模式化程度越来越强，因此，各书局的教科书从内容到形式也越来越类似或接近。

（一）商务印书馆的小学科学教科书

依据不断修订更新的课程标准，商务印书馆推出或修订了相应的小学科学教科书，其中主要出版了"基本教科书"系列和"复兴教科书"系列。

1. 《基本教科书·常识》和《基本教科书 自然》

"基本教科书"系列保存下来的不多，可能是因为暂行课程标准迅速被新修订的课程标准取代的缘故，该系列还未出完就立即被淘汰。该套教科书于1931年7月开始陆续初版，该系列出版的小学科学教材《基本教科书·常识》《基本教科书·自然》，每册都附有编辑大意，编辑大意和目次皆编排在同一版面。在出版过程中商务印书馆于1932年1月29日遭遇日本的轰炸，损失惨重，部分稿子被毁。1932年后，商务印书馆又重新出版《基本教科书·常识》《基本教科书·自然》，因此这套教科书的封面有两种图案设计，商务印书馆被轰炸前出版的教科书封面以学生认真读书为主要

---

[1] 金人绒. 自然科教材问题[J]. 浙江教育行政周刊，1934（3）：21-26.

图案，后面出版的教科书封面描绘的是一幅断壁残垣的惨状，以唤起人们不忘国难的爱国之心，强化学生为国家富强而读书的奋斗精神。

3-2-14

图3-2-14　《基本教科书·常识》（小学校初级用，第六册）（商务印书馆被轰炸前），计志中编纂，商务印书馆发行，1931年

《基本教科书·常识》共8册，计志中编纂，1931年初版，小学校初级用书，是依照教育部颁布的暂行课程标准编辑的，包括社会和自然两大类教材。每册40课，供初级小学4学年学习之用。《基本教科书·常识》非常重视从儿童出发编写教材，取材力求适合儿童生活和社会环境。凡儿童所应具的生活常识，无不依次编述，应有尽有。本书前2册以图画为主，略加简单说明；后6册除课文外，更标明应想应做的事项，以期引起儿童思考和工作的兴趣。此外亦注意于调查、讨论、研究、实验、观察等工作，以期养成儿童自动研究的习惯。"本书为便利设计学习起见，每册分作几个研究中心。凡在同一研究中心的各课相互间，都有极密切的关系。本书关于时令等教材，都支配在相当地位，使教者可以利用时机，引起儿童研究的兴趣。"[1]本套书文与图相交融，图片较多，强调学生活动。

3-2-15

图3-2-15　《基本教科书·自然》（小学校初级用，第八册）（商务印书馆被轰炸后），贾祖璋、许心芸等编辑，商务印书馆，1932年

《基本教科书·自然》全书共8册，每1学期用1册，1931年初版，小学校初级用书，贾祖璋、许心芸等编辑。此书与此前所编教材区别有二：一是整理性质的学生用书。"所选教材，以普通教材为限；乡土教材，不在本书范围以内。自然科教学，以观察实验和实演为主，教科书在教学过程

---

[1] 计志中. 基本教科书：常识：第7册[M]. 上海：商务印书馆，1932：编辑大意.

上，大都备整理和复习之用，本书文字力求简明，图画务期正确，使学生于观察实验以后，凭借文字图画，辅助记忆，为一种整理性质的学生用书。和从前纯为讲授用的教科书，面目略异。"[1]

二是特别重视教科书教学的辅助体系。另编有与教材配套的指导教师教学和指导学生学习的辅助书两种："一为教授书，以供给教学资料为主，备教师选择，为指导学生的基础；一为指导书，以规划教学过程为主，备教师参酌，定指导学生的方案，均与本书有连带关系。又本书外另编一学习书，载观察实验的事项和方法，备中年级以上的学生，自行记录，以发表其观察或实验的结果；为指导性质的学生用书。"[2]

本套教材所列题材，依据教育部颁布的《小学课程暂行标准》编制。每个题材教学一次或二、三次，每次30分钟。各题材共占规定教学时间的五分之四。所余的时间，一部分为乡土教材的教学时间，一部分为复习及校外观察的时间。每个题材均配有图画，以便学生通过图就能观察对象、理解课文。

2. 《复兴常识教科书》《复兴自然教科书》和《复兴常识课本》《复兴自然课本》

"在战火中成为废墟的商务印书馆在激愤中喊出'为国难而牺牲，为文化而奋斗'的口号，重整旗鼓，利用劫后余存旧纸型，重印'国难版'图书，编印'复兴教科书'。至1933年8月，整套小学、中学用的'复兴教科书'及教学法基本出齐。"[3]复兴教科书是商务印书馆规模最大的一套教科书，其中的科学教科书有适用新课程标准的和遵照修正课程标准编辑的两种，分别是《复兴常识教科书》《复兴自然教科书》和《复兴常识课本》《复兴自然课本》。

（1）《复兴常识教科书》和《复兴自然教科书》

《复兴常识教科书》为初小用书，共8册，未见有高小用书，1933年初版由徐映川、徐应昶编著，1937年修正版由吕金录、宗亮寰、徐映川、章愨编校。此套书每册分40课，注重体悟、德行、经济、政治的训练，以养成健全公民为教育目标。

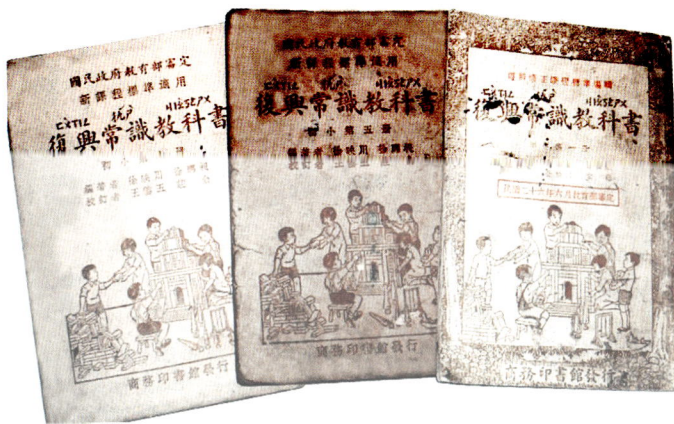

3-2-16

图3-2-16 《复兴常识教科书》（初小第一册、第五册、第七册），徐映川、徐应昶编著，商务印书馆发行，1933—1937年

[1] 贾祖璋，许心芸，等.基本教科书：自然：第7册[M].上海：商务印书馆，1932：编辑大意.
[2] 同[1].
[3] 石鸥，吴小鸥.简明中国教科书史[M].北京：知识产权出版社，2015：106.

以修正版为例，本套书插图丰富，描述恰当，繁简适度，各册末页均附有彩色剪贴画，使儿童随时剪贴，提升儿童的研究兴趣。本套书比较符合学生的身心特点，也贯彻着新教育理念，注意培养学生的实践与探究能力。"本书编制，分为三个阶段：第一二册，以图画为主，略加文字说明；第三四册，图画和文字并重，课文多用问题式，以便引起儿童探究的动机，而免用读书方法教学常识的流弊；第五册至八册，在课文前后，均有问题和作业材料，使儿童可以自动思考和实验，不受书本的拘束；作业材料大都依课文的性质，着重乡土情形的观察调查等，对于常识教学的主旨，最为切合。"[1]本套书在内容上，以儿童生活为中心，以求"由近及远""由具体到抽象"，如编辑大意所言："本书取材，以儿童智识领域的扩张顺序为范围；从家庭、学校、乡土，渐及于民族、国家和世界人类；对于现代性、一般性、生产性和实践性的四项原则，尤为注意。"[2]

《复兴自然教科书》于1933年初版，由宗亮寰、周建人、沈百英编著，1937年修正版由周建人、周颂久编校，至1947年再版时已有数十版，可见此书颇受欢迎。以新课程标准适用版为例，本套书是遵照教育部颁布的《小学自然课程标准》编辑，共12册，前8册供小学校初级用，后4册供小学校高级用。本套书内容涵盖培养学生的科学知识、能力、兴趣、态度等，以增进儿童利用自然的智能为主。对于民生主义，尤为注意。至于理解自然的常识、研究自然的兴趣、欣赏自然的美感和爱护自然的习惯，也在各教材中注意培养。本套书的编制，分4个阶段：第一、第二册，以图画为主；第三、第四册，图画和文字互相参证；第五册至第八册，除课文和插图外，另加想和做的题目，使儿童注意思考和实验；小学校高级各册，以课文为主，注意儿童的自主研究和实习。此套书全部用单元编制，每一单元分作数课，各课多依时令排列，前后一贯，并以我国中部秋季始业的时令为标准。

编者自评此书插图丰富、描写正确、繁简适度、配置优美，最能引起儿童研究自然的兴趣。但此套书也有一个比较明显的缺点：选取的物种缺乏代表性。如用"企鹅"作为游禽的代表，而不是以鸭、鹅等，"水里动物"拿来作代表的是中国内地非常少见的水母、海蜇、乌贼、鳗鲡等，而不是普通常见的鲫鱼、虾等。

（2）《复兴常识课本》和《复兴自然课本》

新课程标准适用的《复兴常识课本》和《复兴自然课本》是春季始业用书。《复兴常识课本》为初小用书，共8册，1934年初版，马精武、孙慕坚、沈百英编校。《复兴自然课本》则分为初小用书和高小用书，其中初小用书由刘佩忠、宗亮寰编校，高小用书由周建人、周昌寿编校，1935年初版。本套教材封面以一群学生的活动——搭玩积木构建宏伟大厦（寓意复兴）的游戏为主要图案。其中新课程标准适用的教科书封面有"国民政府教育部审定""新课程标准适用"等字样，遵照修正课程标准编辑的封面有"遵照修正课程标准编辑"字样，为红色字体，并特意用红字印有"民国二十六年六月教育部审定"等字，在其封底页加盖有教育部印章"教育部教科图书审定执

---

[1] 吕金录，宗亮寰，徐映川，等. 复兴常识教科书：小学校初级用：第5册[M]. 上海：商务印书馆，1937：编辑大意.

[2] 同[1].

照"。在封面印刷上，初小为深红色调，高小为绿色调。因为《复兴常识教科书》和《复兴自然教科书》时令以秋季始业为标准，而当时学校仍有以春季始业的学级，所以才会编有这两套书，两者的编写风格相似，只在内容编排上依时令有所调整。

图3-2-17　《复兴常识课本》（春季始业，初小第七册），马精武、孙慕坚、沈百英编校，商务印书馆发行，1934年

图3-2-18　《复兴自然课本》（春季始业，高小第四册），周建人、周昌寿编校，商务印书馆发行，1935年

（二）世界书局的新课程标准小学科学教科书

　　1929年，《小学课程暂行标准》试行并在其后不断修订，导致教科书的科目与编写体例发生了较大的变化。据此，世界书局开始不断出版新的适应课程标准变化的科学教科书。世界书局出版的科学教科书种类较多，虽然其封面图和名字会有一定的变化，但内容变化不大。1931年，世界书局根据《小学课程暂行标准》出版了教育部审定的"新课程教科书"系列，其中供初级小学用的有《新课程常识课本》和《新课程自然课本》，共8册，由董文、王剑星编辑。本套教科书的特点是封面有"新课程"字样，且和学科名并行排列。1933年，世界书局又根据正式版的《小学课程标准》出版了一套小学教科书，其中就有常识课本和自然课本，其特点是教科书的封面有"新课程标准世界教科书"字样，每册标明适用对象、年级或学期。常识课本分为初小用书和春季初小用书两种，以适应不同时令之应用；自然课本分为初小用书和高小用书两种。

1.《新课程标准世界教科书·常识课本》

　　《新课程标准世界教科书·常识课本》（初小用），即秋季用书，1933年初版，遵照教育部颁行的《小学课程标准》，由王剑星编辑。共8册，供初级小学4学年之用。内容囊括下列3科："（1）社会——包括公民知识、历史、地理三项；（2）自然——包括自然现象、生活需要二项；（3）卫生——包括卫生习惯、卫生知能二项。凡课程标准内所列作业要项，除了社会科的乡土教材（如本地名胜古迹和纪念物，本地物产……）、时事教材等以外，应有尽有，并酌量扩充范围。"[1]课本编制都采用单元法，以便设计；单元和单元之间，也力求联络。第一、第二册以图画为主，略加简短的文字；第三、第四册，图画和文字并重；第五册到第八册，以文字为主，配以图画。从第三册起，在课文后列入作业要项，帮助儿童自主观察、研究和实验。第五册到第八册，除加作业要项外，又在课文前加小标题，以表示课文内容的大概。"关于社会科中的节日、纪念日、自然科中的种植、畜养……卫生科中的种痘等教材的排列，都和时令相合。"[2]

1936年，《新课程标准世界教科书·常识课本》（初小用）改版，由董文、王剑星编辑，出版该套书是因为"本局前出常识课本，时令和秋季始业相合。兹以多级小学双级制，仍有春季始业的学级；而且习惯相沿，即非双学级制的学校，也有春季始业的；特再编此一种，供春季始业初级小学四学年之用"[3]。本套书的内容、取材与秋季用书相似，编制也相同，采用大单元组织法，并且一个单元中的各课内容，在前4册多用连续性故事，极便设计。

2. 《新课程标准世界教科书·自然课本》

《新课程标准世界教科书·自然课本》（初小用），1933年初版，是编辑者董文遵照教育部颁布的《小学自然课程标准》编辑的。共8册，供初级小学4学年之用。本套书提出科学教育的目标是指导儿童理解自然界的现象，并养成其科学研究和试验的精神；指导儿童利用自然以解决人类生活问题的知能；培养儿童欣赏自然、爱护自然的兴趣和道德。

3-2-19

图3-2-19 《新课程标准世界教科书·自然课本》（初小四年级下学期用，第八册），董文编辑，世界书局印行，1933年

[1] 王剑星. 新课程标准世界教科书：常识课本：初小用：第1册[M]. 上海：世界书局，1933：全书编辑纲要.

[2] 同[1].

[3] 董文，王剑星. 新课程标准世界教科书：常识课本：初小用：第1册[M]. 上海：世界书局，1936：全书编辑纲要.

本套书的材料分为两大类：一是自然现象——儿童日常所接触的气候、天象、地文、生物特性等；二是生活需要——和儿童日常生活相关的衣、食、住、行等。在各册里面，都包含着这两类材料，并依照儿童心理的发展情况，排定内容的先后，使用单元法使各课相互联络。内容的时令安排，和秋季始业相合。教材中凡是涉及种植一种植物或饲养一种动物的，都依开始种植或饲养的时令排列。遇有分编数课的内容，从这项内容的第二课开始，或继续研究，或分期实习，且都到相应的时令中去做。

本套书各册的编排形式与同一时期其他的自然课本，并没有太大差异：第一、第二册以图画为主，文字极简单；第三、第四册，文字和图画并重；第五册及以上，以文字为主。但在每篇课文的设计上更加重视培养儿童的研究能力和习惯：第三、第四册的每课都标明应看、应想、应做的事项，以期养成儿童自动研究的习惯；第五册及以上，每课除题目外，另加小标题，以说明课文要点；各课的作业要项，也仍逐项举列，以便儿童自主研究。

《新课程标准世界教科书·自然课本》（高小用），1933年版，王剑星编辑，共4册，供高级小学2学年之用。本套书的目标、材料分类与初级小学的相同，只在课文设计上有微小变化："本书的课文，力求浅显，避用过深的学术用语。又特地在课文前加小标题，以示本课内容的大概；课文后列入作业要项，俾儿童自动去观察、实验、研究、实习或制作。本书的图画：一种是头物图，一种是工作图，借供研究或实验、实习。本书另编教学法四册，供教师教学时参考之用。"[1]

3-2-20

图3-2-20　《新课程标准世界教科书·自然课本》（小学高级学生用，第一册），王剑星编辑，世界书局印行，1933年

世界书局以这套"新课程标准世界教科书"系列为基础，然后根据教育部不断修订的课程标准进行重编和修订。区分这些教科书的主要标志是封面有"遵照修正课程标准编辑""遵照教育部二十五年修正课程标准编辑""新课程标准世界教科书""修正课程标准适用"等字样，如根据1936年教育部修订的课程标准，世界书局出版和修订出版的科学教科书有《初小新常识》（董文编辑）等。这些教科书虽然与教育部课程标准的不断变更和修订有密切的关系，区分起来也比较复

[1] 王剑星.新课程标准世界教科书·自然课本：高小用：第1册[M].上海：世界书局，1933：全书编辑纲要.

杂，但在内容和形式上变化都不大，因此就不一一介绍。

（三）中华书局的小学科学教科书

1. 新课程标准适用的《小学常识课本》和《小学自然课本》

中华书局根据1932年颁布的《小学课程标准》，从1933年开始编写出版了相应的小学科学教科书——《小学常识课本》《小学自然课本》，其封面有"新课程标准适用课本"字样。初等小学教科书的封面文字和图案均为绿色，但春季始业的为红色，且量很少；高等小学的教科书则为深蓝色。小学初级阶段课本是一册一种图案，各科各册图案都不一样。

新课程标准适用的《小学常识课本》共8册，分为初小用书和春季初小用书，1933年开始出版发行，由蒋镜芙、吴桂仙编写。依据教育部新颁布的《小学课程标准》，《小学常识课本》将社会、自然和卫生3科合并编辑，共8册，供小学初级常识科教学之用。

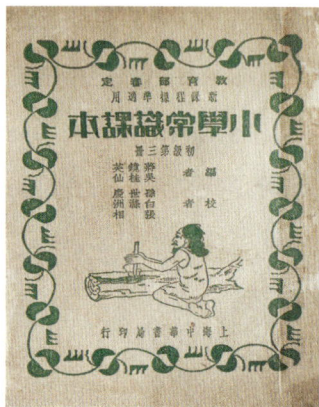

图3-2-21　《小学常识课本》（初级第三册），蒋镜芙、吴桂仙编，上海中华书局印行，1936年

本套教材的编制采取大单元组成法，依照学历时令排列，并充分使各项教学材料发生联络关系。第一、第二册，以图画为主，配以简单的文字说明；第三、第四册图画文字并重；第五至第八册，以文字为主，每课分数节，每节有小标题，以便儿童自主阅读，每课附列问题和作业各若干条，以便儿童自己研究活动。课文以简洁浅显的说明文为主。课本排印较精美，大量采用彩色图，本套书排印形式力求适当，文字插图的配置力求美化，以增加儿童阅读的兴趣。各册都配有精美的彩色图画，以供儿童欣赏。如第四册的第三节"各地儿童生活"的内容有《冷地的小朋友》《热地的小朋友》《苗瑶的小朋友》《快乐的儿童节》等课文。在第十一课《冷地的小朋友》中，课文后配有整版的彩图，展现了年幼的因纽特人的生活场景。

《小学自然课本》分为初小、高小用书和春季始业初小、高小用书2种，初小8册，高小4册。1933年开始发行，韦息予、孙伯才等编。在教材组织、各册内容分布、语言、插图等方面与《小学常识课本》类似，其中初小用书的排印形式，每课占2面（第一课与最后一课有时各占1面），高小用书每课则占3面，每册页尾皆附有温习纲要。本套教科书的共同特点是有大量插图。如初小用书第三册第四课《灯》占2页，附有插图3幅，其中一幅绘有各种灯具达13种之多，文字32个："晚上天黑了，要有了灯光，才看得见东西。我们常用的灯，种类很多，煤油灯最普通"[1]，插图展示了当时先进的电灯、汽灯、一般煤油灯等，以使学生对灯有比较全面和直观的了解。

3-2-22

图3-2-22　《小学自然课本》（初级第三册）第四课《灯》，韦息予、孙伯才编，上海中华书局印行，1933年

　　1934年，上海中华书局根据新课标编写出版了南洋华侨学校适用的《小学常识课本》，由罗良铸、蒋镜芙、吴桂仙主编，陆费逵校。这套书印制比较精美，封面以南方荔枝为主图案，相较其他课本显得更有"南洋气"。这套常识课本的最大特点，一是结合南洋的特点选编课文，如咖啡、树薯等，二是单元制很明显，以初小用书第四册为例，共有10个单元。课文设计重视实践操作，如《健康检查》一课的内容：一学年又完了，我们要检查检查各人的身体，是不是健康？各人的体格，有没有进步？课文不仅传授学生检查身体的观念，还附健康检查表，要求学生亲自实践，检查身体。

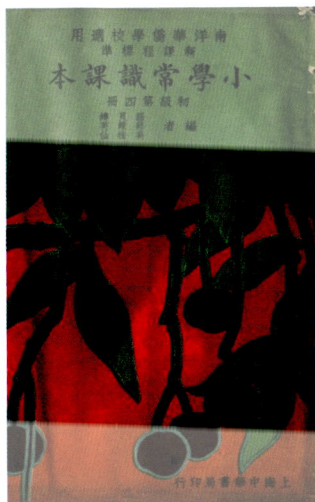

3-2-23

图3-2-23　《小学常识课本》（初级第四册），罗良铸、蒋镜芙、吴桂仙编，上海中华书局印行，1934年

2. 修正课标下的《新编初小常识课本》《高小自然课本》

　　根据1936年4月教育部公布的《修正课程标准》，1937年中华书局出版了"修正课程标准适用·新编教科书"系列，其中包括《新编初小常识课本》《高小自然课本》。这套课本在内容上注重现代文明传统和日常生活需要，务期浅显实用，行文用字力避深奥，以引导学生行为。课本印刷比较精美，封面多为红色印刷，也有深蓝色，封面文字与图画均为同一色。部分教科

---

[1] 韦息予，孙伯才. 小学自然课本：初级第3册[M]. 上海：中华书局，1933：6-7.

书的封底加盖有教育部印章的"教育部教科图书审定执照"，插图力求明确，以减少儿童学习之困难。

《新编初小常识课本》共8册，蒋镜芙、吕伯攸、徐亚倩、杨复耀编。本套书的内容、选材、编制与新课程标准适用的《小学常识课本》类似。"本书后四册，课文用分节法，每节有小标题，使儿童学习时养成提纲挈领的习惯；课文前有问题，引导儿童自动研究；课文后有作业，以便儿童自动的做。凡此皆所以谋增进学习效率。本书课文简洁浅显，内容务求充实，力矫浮薄空疏之弊。本书图画注意简明、活泼、正确，适合儿童心理，以增进儿童阅读兴趣，帮助儿童观察研究。第一册有彩图多幅，更可以供儿童欣赏。本书课文，遵照部定全用注音汉字，以增进儿童阅读的便利，不使应不识文字而碍及知识的探求。"[1]

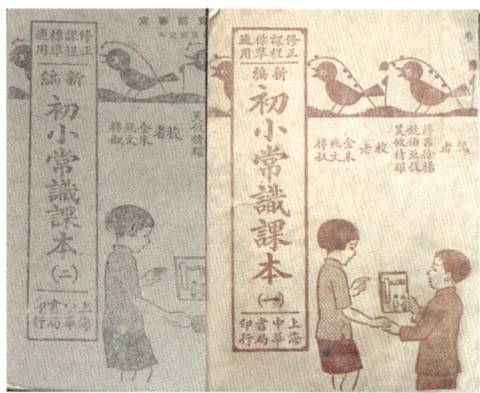

3-2-24

图3-2-24 《新编初小常识课本》（一）和（二），蒋镜芙、吕伯攸、徐亚倩、杨复耀编，上海中华书局印行，1937年

《高小自然课本》分为春季始业用书和秋季始业用书2种，各4册，韦息予、孙伯才、徐天游、糜赞治编。在教材编制上，采取大单元组织法，依照学历和时令排列，并充分与其他各科产生联络。"本书每课分数节，每节有小标题，以便儿童自动阅读；每课附列问题作业各若干条，以便儿童自动研究；并附注释，以便儿童自动参考；此外各册之末，又附温习纲要若干条，以便儿童自动复习，而生整个的系统观念。本书课文，概用浅显明白的语体文，有流利生动之致，无扞格晦涩之病。本书插图和表解，于精审外，并力求美化。"[2]本套书的重要特征是每一节有标题、课后附问题作业、课文附注释、每册附温习纲要等，引导学生自动阅读、自动研究、自动参考、自动复习。如秋季始业第三册第一节"住的研究"第一课《木材和造林》，课前有"问题大纲"和"作业要项"，课文内容介绍了"木材的种类""木材的组成""森林和林木的种类""森林的利益"和"造林的方法"，在此册温习纲要中提到此课"本教室是用那（哪）几种材料建筑起来的？"，这种编排体例充分体现了本套书的目的之一，即引导学生自主学习。

[1] 蒋镜芙，吕伯攸，徐亚倩，等.新编初小常识课本（一）[M].上海：中华书局，1937：编辑大意.
[2] 韦息予，孙伯才，徐天游，等.高小自然课本：第1册[M].上海：中华书局，1942：编辑大意.

图3-2-25 《高小自然课本》（秋季始业用，第一册），韦息予、孙伯才、徐天游、糜赞治编，上海中华书局印行，1942年

商务印书馆、世界书局、中华书局出版的小学自然课本，其特点都较相似，章高寿认为它们的优点表现在以下几方面：

1. 设有作业要项能使儿童自己去做。当我们一翻开小学自然课本，最先使我们欣喜的一点就是能注意儿童自己的作业，例如：世界课本第四册四十六页讲到蒸气（汽）力量一节，除课文述及外，同时，在课文后面实验中，又举出一个简易的试验，叫儿童自己去做，以祛儿童心中之疑义。又如第九页讲到《动物须呼吸》一课，除课文中述及"动物与空气之关系"外，在课文后面，又做了两个试验：一个是试验一只麻雀在无养（氧）气的玻璃瓶中的情形，一个是试验一尾鲫鱼在沸过的冷开水中（的）生活情形，以切实证明动物与空气之密切关系。

2. 能用单元组织法，且各单元互有联络。自然科教材的排列，能采用大单元的组织法，这不但便于儿童的自学，且利于教者的教学，所以这种组织法是极适当的。例如：商务复兴自然科（课）本第二册"电从那（哪）里来的？"一个单元内分出几个小单元：电的发生，电的性质，雷电和避电针等。下面接着的一个大单元就是"我们怎样利用电"，又分出：电池和电铃，电话，发电机和电灯几个小单元。这种单元的排列是相互一贯的，含有不可分性，学习时亦易发生兴趣。

3. 教材的排列能依据时令的关系。小学自然科的教学，重在实际上的知识，前面已经说过，所以教材的编配，当根据时令的关系而转移。不然，儿童虽然有旧概念可以追溯，但终不如有实物观察来的清楚，各书局对于这点都很能注意。[1]

章寿高认为这三版课本的缺点也较明显：

一、内容方面

1. 缺乏代表价值的。如复兴教本第一册第十三课讲到"飞禽，游禽和走禽"，拿来做游禽代表的是"企鹅"，我们知道企鹅多住在南冰洋附近，内地是绝少见的。与其以"企鹅"为游禽的代表，我想总不如以鸭、鹅等来得普通些吧！在同册里又讲到"水里有些什么动物？"，拿来做代表的是水母，海蛰和乌贼，沙（鲨）鱼和鳗鲡等。你瞧！这些所举的水里动物，差不

[1] 章寿高. 对于现代高级小学自然课本的研究[J]. 浙江教育行政周刊，1934（46）：15-17.

多都产于咸水湖海中，内地的池沼间，甚为罕见，固然，其中有几种是有它的代表价值，然而对于普通常见的鲫鱼，虾等，又未免太忽视了，依课程标准的规定，亦以鲫鱼、虾等为例。现在舍弃了普通的事物而不谈，却去探讨比较特殊的，我想这不是上策罢！

2. 不是普通常见的。例如：世界教本第二册，讲到"几种有毒的动物"，其举例的动物有钳蝎，蜈蚣，河豚等，钳蝎与蜈蚣以产于安徽省为最多，钳蝎多限于北部，南部就很少见，而蜈蚣多限于南部，北部就属少见，与上述钳蝎适成相反，即以这两种有毒动物在安徽一省而论，尚有南北部之差别，别的地方就可想而知了。又如复兴教本第二册第十课《普通的兽类》，拿来作为代表的是野猪和穿山甲，野猪多居于崇山峻岭之间，日常就不易见到；论其形性则又与家猪相似，这又何不拿家猪来做代表呢？说到此点，我预先要声明的：第一是说，事物的普通不普通，乃是一种比较的说法，并不是绝对旳，因为普通的事物，这才与我们日常生活有密切的关系；学习之后，至少有一部分的帮助。反之，以我们一生可贵的光阴，去学习毕生不遇的事物，岂不是冤枉吗？第二我要声明的就是说：我不是主张不常见的事物就一概不拿来做教材，如在乡村的儿童，专讲稻麦、蚕桑，而对于电灯、电话、自来水毫不提及；对于城市的儿童，专讲电灯、电话，而不讲稻麦、蚕桑，岂不是造成城市的儿童，对于天天在那里吃的米饭，都不知从那（哪）里来的了吗？或是令乡村的儿童，一旦跑到城市里，瞧见电灯、电话，不知为何物，而起极大的神疑吗？有几种教材为人类进化上所必须知道，而为地方稀有的，亦应采纳一部分来补充，这样才不会造成儿童片面的知识，要之，"实用"与"进步"却得顾及到，现在的应用、将来的应用却得顾及。

3. 教材的组织太拘泥于八股系统。如中华自然课本第三册"木材和森林"。他所叙述的次序：木材的种类，木材的构造，森林的林木的种类，森林的利益，殖（植）林的方法等。又如"建筑术"这单元内他所叙述的次序：建筑术的起源，建筑术的进步，建筑术的标准，建筑术的种类等。诸如此类的论理排列，我们一望而知是不适合儿童心理的，引不起儿童的兴味，可以说是违背教材排列的原则的。

4. 取材不适合儿童的程度。如中华自然课本第三册第一单元建筑术，其所论及者，多偏于专门的知识，不适于儿童的学习，又如世界课本第三册讲到显微镜和望远镜，他绘有两幅，一幅是把物体放在凸透镜焦点内所见的像；一幅是用凹透镜观察物体时所见的像，来说明文字上的不足；其实这两幅图的说明，是要牵及高深物理学，儿童是难以理会的，勉强的注入，食而不化，非但无益，且又害之。

5. 取材太趋繁复。如中华课本第三册"地壳的变迁"这单元，他所叙述的有"地球的起源""山的生成""河流与平原""海陆的变迁"等。又如"石村和岩石"这单元，他所叙述的有"建筑石村""岩山的成因和类别""花岗石的成分""岩山的风化"等，在每项之下，又有繁复的说明，分量亦很多，叫成人读起来恐怕也要觉得麻烦，何况是一般年轻的儿童呢？

6. 作业要项有儿童能力不易为者。我们前面不是说过，现代自然教科书能注意到"做"的一项了吗？这固然是一大进步，其中能适合儿童程度的，当然不少，而太艰难太杂乱的亦有许多。如世界课本第四册"潮水"这单元课后作业要项的整理是"把潮水的发生现象，涨落大小、利害等列成一表"。又如：中华课本第三册"时针和天平杆秤"这单元的作业要项："观察钟表天平杆秤的构造，注意他们的使用法，用实验法证明'摆的等时性'，用实验法证明杠杆助力的道理。"又如"时和历"这单元，他的作业要项："用日晷测定正午时刻，考查本地是什么标准时区，以测定本地现在是什么时刻，考虑本年是否平年或闰年"等。我们看了这样的作业要项，就可晓得非儿童能力所能胜任的了，最好能从简易方面入手，以增广儿童之学识。

二、形式方面

7. 命题不合儿童的口吻。我们早已知道儿童并不是缩小的成人，成人的口吻，照样的传授给儿童，他们就会觉得无趣，而减少学习效率，如中华课本中有什么"和味料""益农动物""建筑术""地壳的变迁""时和历"等，差不多都是成人的命题法，我们若能一变其面目，用儿童口吻表达出来，那就会产生出无穷的吸引力来。如"和味料"这标题我们可以把它改名"怎样可以使菜蔬好吃呢？""地壳的变迁""时和历"可以把他改名为"我们常见的山岳和河流是从那（哪）里来的？""一年，一天，一小时怎样计算？"这样的命题，所述内容虽然仍旧相同，而所获得的效率，那就迥异了，对于此项，世界出版课本已稍能注意，如第三册他讲到"地心吸力"而用"从苹果说到重力"的新颖命题标出，比较前者可说是进步了，可惜太少，不能引起全部的注意，很希望在最短期内由部分推及到全体去。

8. 文字障碍不能免除。小学课程标准中，对于自然科教学要点有言道："自然课本，文字应该尽量浅显，注重应用，间及原则，少用学术用语，多用通俗的名词。"因为文字若是浅鲜（显），儿童就易入目，而多兴趣，否则，在教授时就会同教学国语科一样，流于形式上的探究，未免是"舍本逐末"了。现代小学自然科（课）本中关于此项弊病，发生者仍属不少，我现在举出几个例子来，如"客土法""对流""辐射""摆的周期""褶曲山""断层山""侵蚀作用""河流的老年时代""河流的少年时代"等名词。（见中华版课本中）

9. 插图尚嫌太少。图画可以帮助文字说明之不足，增加其了解的程度，在可能范围内应尽量采纳，以便观摩，关于这点各书局都有失顾的地方，如中华版课本第一册十一课《益农动物》，他所述及的有蚯蚓，鼹鼠，螳螂，蜻蜓，蜘蛛，燕，黄莺，啄木鸟，蛙等，而其所绘之图只有"蛙捕小虫"一方，我想总太少吧！又如《水生植物》这课，他所述及的有莲，菱，海藻，慈姑，荸荠等，而所绘之图画一点没有。不但学生学习时感觉不便，教师教授时亦甚感困难呢！[1]

[1] 章寿高. 对于现代高级小学自然课本的研究[J]. 浙江教育行政周刊，1934（46）：15-17.

（四）其他书局的小学科学教科书

1. 开明书店的《开明常识课本》《开明自然课本》

开明书店成立于1926年，由章锡琛创办。书店成立不久，即在教科书市场独树一帜，推出了许多富有特色的教科书。根据教育部1929年的《小学课程暂行标准》和1932年的《小学课程标准》，开明书店系统地组织编写和出版了与课程标准适用的小学科学教科书。其中有傅彬然编纂、都冰如绘画的《开明常识课本》（小学初级学生用，共8册，1932年出版），顾均正、贾祖璋合编的《开明自然课本》（小学高级学生用，共4册，1934年出版）。这些教科书依据课程标准编辑，切合实际，内容、编校、纸张、印刷、装订、装帧设计都十分讲究，在取材和体例上颇费功夫，很受欢迎，大都反复再版使用。

顾均正、贾祖璋合编的《开明自然课本》，以大单元组织教材，如第二册分成园林里的生物、食物、调味品、空气和水、天气的变化、水里的生物六大单元。每篇课文前都设"问题"或"学习纲要"两栏。"问题"栏中简要列举儿童在日常生活中容易遇到的各种问题，作为儿童学习本课教材的准备；"学习纲要"栏为具体地指导儿童自动学习课文而设计，课文中设计了各种作业，引导儿童从"做"中去"学"。从问题出发、从做中学的设计特点，说明本套书编纂受实用主义的影响很大。

《开明自然课本》编者对课本进行创新设计，特别是在插图和实验的设计上下了很多功夫，以至编者对此表现出高度自信，给予了高度评价："为求文字经济起见，凡可用插图、表解等表出的，就尽量利用。所有插图或经编者设计，或往各工厂实地临摹，或参考最新出版之图籍重行描绘，故极新颖正确。本书所举各种实验，用具力求简单。其一部分由编者创造设计，为一般教科书中所未见。"[1]

3-2-26

图3-2-26　《开明常识课本》（小学初级学生用，第六册），傅彬然编，上海开明书店发行，1932年

---

[1] 顾均正，贾祖璋. 开明自然课本：小学高级学生用：第4册[M]. 上海：开明书店，1934：编辑要旨.

3-2-27

图3-2-27 《开明自然课本》（小学高级学生用，第二册），顾均正、贾祖璋编，开明书店，1934年

2. 大东书局的《新生活教科书·常识》《新生活教科书·自然》

大东书局是1916年由吕子泉、王幼堂、沈骏声、王均卿合资创办，20世纪30年代逐渐进入教科书出版领域，编写了一些比较有影响的党义教科书。1933年，为适应教育部新课程标准需要，大东书局出版"新生活教科书"系列。教科书封面设计新颖，以学生人物剪影为基本图案，一个大的圆形，既似地球，把中国地图置于显著位置，又突出了课本的名称，让人印象深刻。其中小学科学教科书有《新生活教科书·常识》（小学校初级用，共8册，1934年出版，朱荬阳、黄刚编辑），《新生活教科书·自然》（小学校初级用，共8册，1933年出版，胡颜立、张若南、陆长康、陈致中编辑；小学校高级用，共4册，1933年出版，徐允昭、沈望之、张箴华编辑）。《新生活教科书·自然》初小共8册，每学期用1册，一二年级26课，三四年级28课，五六年级32课；高小共4册，每学期用1册。

以《新生活教科书·自然》为例，本套书是根据教育部公布的《小学自然课程标准》编辑，"本书采用设计法编辑，注重启发儿童之思考，培植儿童爱好自然之兴趣，与养成儿童研究科学的态度"[1]。教科书各课之间也有相当之联络，每半册附有测验，或设有足以启发儿童思考之问题，即课本中的"总问题"，作为考查。每篇课文的结构设计以观察导入，以问题为文，让儿童根据问题进行讨论及推究。例如，《新生活教科书·自然》高级用书第一册第一课《稻的生长》，课文先设计"观察"，提示四大观察要点；接着以问题及回答组成正文：稻是怎样的？怎样种稻？稻有什么用？最后是"研究问题"：①稻在开花时，为什么遇了大风便会成灾？②稻的习性怎样？③天旱、水灾、虫害，用什么方法来预防？稻有几种？

本套书的课文排列有三大特点：①适合不同年级儿童的学习能力及学习心理；②贴近儿童的生活环境及时令之变迁；③与课程标准和教材大纲相符合。本书各册还附有一部分实验活动，使儿童借观察实验以获得确切之知识。本套书的插图简单、生动、有意义，足以引起儿童之探究兴趣。

本套书于1934年出版后还引起较大的"大东书局自然教科书风波"，事件缘起一个知识错误。《新生活教科书·自然》第七册《打电话到北平》一课，内载有"上海至北平电报，路上要经过

---

[1] 胡颜立，张若南，等.新生活教科书：自然：小学校初级用：第6册[M].上海：大东书局，1934：编辑大意.

南京、天津等几个电报传递，大概要一天或两天才能接到"，因完全与事实不符，激起全国电报局人员的公愤，纷纷呈请全国电政同人公益会延请律师与大东书局交涉。大东书局答复说，已遵部令更正，并将存书一律删改，原印本早已停止出售。但是，电政同人公益会又向该书局多次购买此课本，均属原本，并未删换。该会恐其否认，同月10日又派员至福州路大东书局购买4册，仍是旧本，便当场请来华捕证明，并报告巡捕房，一面又请第三者许某到场证明柜内所存放50余册教科书，全部是原印本，以防抵赖。此后，该会除呈报交通部外，并请律师再次向大东书局严重交涉。[1]大东书局不得不立即认错、停售此教科书原本。此事件引起社会极大关注，有人批评其为一本"坏教科书"，认为这是一个要紧的问题，却让一知半解的人去胡乱编写，影响孩童匪浅，而教育部也没有仔细审查，贻害儿童，厥罪甚大。

本套书也饱受研究者批评，有人比较同时期的自然教科书后，批评本套教科书第一册第二十一课《多么好玩的猴子》，在插图上画了一只猴子和一个小孩荡秋千，有些不合乎常理。

大东书局此后依新修正课程标准重编小学科学教科书，如《新修正课标·常识教科书》（初级小学用，共8册，1937年出版，许汉宾、王淡明合编），《新修正课标·自然课本》（高级小学用，共4册，1946年出版，徐允昭、沈望之、张箴华编辑）。"本书选材，除依照作业要项，及教学要点第一项所规定之四项原则，精密选取外，并随时顾及儿童实际生活之需要，依其年级，分配进程。本书各课均有相当联络，内容注重具体事项，以便观察研究讨论实验等工作。本书插图丰富，注意简单生动而有意义，借以辅助儿童之观察研究。"[2]由于修订的课程标准变化不大，所以编辑大意也未谈及其创新设计或变化，因此相较前套课本，此套书的变化不明显。

3—2—28 3—2—29

图3-2-28 《新生活教科书·常识》（小学校初级用，第七册），朱荄阳、黄刚编辑，上海大东书局印行，1934年
图3-2-29 《新生活教科书·自然》（小学校初级用，第一册），胡颜立、张若南、陆长康、陈致中编辑，上海大东书局印行，1933年

[1] 大东书局自然教科书风波[N]. 新闻报，1934-2-23（3）.
[2] 许汉宾，王淡明. 新修正课标：常识教科书：初级小学用：第1册[M]. 上海：大东书局，1937：编辑大意.

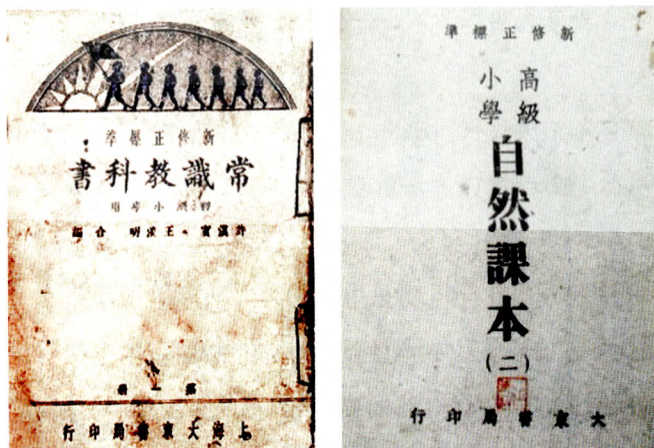

图3-2-30　《新修正课标·常识教科书》（初级小学用，第一册），许汉宾、王淡明合编，上海大东书局印行，1937年

图3-2-31　《新修正课标·自然课本（二）》（高级小学），徐允昭、沈望之、张箴华编辑，大东书局印行，1946年

3. 北新书局（青光书局）的《北新自然教本》《高小自然课本》

青光书局原名北新书局，1925年成立于北京，创办人是李志云和李小峰兄弟。1929年，遵照教育部所颁布的《小学课程暂行标准》，北新书局开始编写教科书。

1932年，北新书局出版由陆仁寿编的《北新自然教本》4册，供高级小学用，每册各20课。每课常是围绕一个问题来设计，具体分为问题、观察、参考（即课文）、表解4项。这套课本的特点之一，以问题设计课文。如，第一册课文包括《我们为什么要种草棉》《我们为什么要种麻》《我们为什么要种稻》《我们为什么要种杂粮》《稻的害虫有几种》《那（哪）几种是益虫》《那（哪）几种是益鸟和害鸟》《油从那（哪）里来的》《盐从那（哪）里来的》《酱和酱油是怎样做成的》《醋是怎样做成的》《糖是怎样做成的》《酒是怎样做成的》《烟草和罂粟是怎样制造的》《茶叶是怎样制造的》《道路和桥梁是怎样造的》《汽船和汽车怎样会行动的》《摩托车是怎样行动的》《电车是怎样行动的》《飞艇飞机怎样能够飞行》《云雾雨是那（哪）里来的》《露和霜是那（哪）里来的》《霰和雪是那（哪）里来的》《水怎样会结冰》。

《北新自然教本》特点之二是设计了很多的辅助系统，有问题、观察、参考、思考等。如第一课《我们为什么要种草棉》在课文前就设计了问题、观察、参考辅学内容。问题：①草棉有什么用途？②草棉的形态怎样？③棉布怎样纺织？④棉布为什么能够御寒？⑤草棉怎样种法？观察：①草棉的根。②茎枝。③叶。④花的各部。⑤果实。⑥种子、纤维。参考：我们穿的棉布衣服是种了草棉得来的，所以我们要种草棉。草棉的茎，高二四尺，直立在地上。茎旁生枝，枝上生叶，六七月开花……

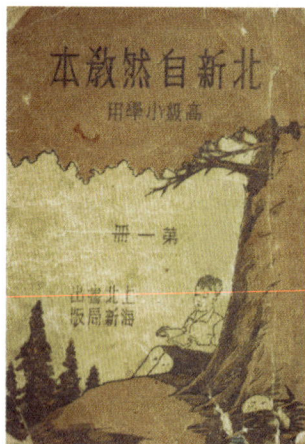

3—2—32

图3—2—32　《北新自然教本》（高级小学用，第一册），陆仁寿编，上海北新书局出版，1932年

　　1932年，北新书局又根据《小学自然课程标准》编辑出版《高小自然课本》，由赵庸耕编，薛德煊校，此书以青光书局名义出版，全书共4册，供高级小学2年之用。课本采用大单元编制，每一单元分作数课，前后均有联络。"本书时令以我国中部秋季始业为标准。本书取材以适合儿童切身需要和了解能力为主。本书着意指导儿童用同情的眼光观察生物，最能培养其欣赏自然爱护自然之兴趣和道德。"[1]

3—2—33

图3—2—33　《高小自然课本》（第一册），赵庸耕编，上海青光书局出版，1932年

3—2—34

图3—2—34　《高小自然课本》（第二册）课文，赵庸耕编，上海青光书局出版，1932年

---

[1] 赵庸耕. 高小自然课本：第1册[M]. 上海：青光书局，1932：编辑大意.

本套书的课文结构由三部分组成：一是每课之前均有小标题，用以概括课文主要内容。如，第一册第二课《水的成分和饮料水》，小标题有：水是氢氧合成的，蒸馏水内没有杂质，自来水是滤过的水。二是课文围绕问题来设计，如第一册课文以儿问父答的另类"问题中心"编排组织课文，使课文更有趣。三是在每课之后均附有实践题，以养成儿童自动观察实验、调查研究之习惯，如第一册第二课"工作"部分内容包括"①蒸馏的手续怎样？②做一只砂滤缸。③用电解器把水分解成氢氧两种气体"。

本套书插图丰富、图画精美，最能提起儿童研究自然之兴趣。因此，该套书的设计、装帧和印刷都比同时期多数出版机构出版的教科书精美。

根据教育部颁布的《小学自然课程标准》编写的世界书局、大东书局、北新书局的自然课本，在材料方面，他们可以分为两个部分：①天然现象；②日常生活，包括衣、食、住、行等方面。各种材料大体依照时令气节及难易程度作循环式的排列。但是大东书局出版的自然课本，照编辑纲要上说，每课是一个设计；世界书局出版的自然课本，每三四课组成一个单元；北新书局的，各课独立不相联。徐兰荪归纳了它们的缺点：

一、关于形式编制方面

1. 似呆板而缺乏兴趣的——如北新自然课本每课均以表解结束，开始都用问题，而问题如第一册第一课为《我们为什么要种草棉》下面问题：（1）草棉有什么用途？（2）草棉的形态怎样？第二课《我们为什么要种麻》问题有：麻的形态怎样？麻有什么用途？第三课《我们为什么要种稻》问题还是一样。

2. 叙述欠有儿童口吻的——只有新生话有几课用故事体，但亦很少兴趣，而各种问题的语气和构造，往往很少合于儿童的口吻。

3. 图画与文字有不很适合的——如新生活第一册《狗为什么叫？》其中有四幅图画：第一图是两个小孩向窗外远眺，一只狗立在门外，一个画得很小的人远远立在另一方的墙角。第二图是画的一只狗衔着一只鸟。第三图是一个小孩给狗吃肉。第四图是狗挽车子。又如同册讲到麦，课文是《爸爸在做什么？》，其中最后的一图，不解三个小女孩在做什么。

二、关于内容编制的方面

1. 缺乏中心的联络——各书有同样的缺点，便是各单元和单元间不相联络，且有单独一课不和别课联络的。如世界自然课本第八册第四第五课《采莲》，第六课却是《纸鹤怎样上升？》，大东新生活自然课本第六册第四课《石灰怎成功？》，第五课《种树有什么好处？》，其他如此的例了很多，不胜枚举。这种缺点或由于各书务求合于课程标准，把材料中的天然现象，日常生活，各学年平均分配，便致忘却了彼此的联贯了。

2. 欠顾到由近及远的原则——如大东新生活自然课本第三册第十六课《海边上去游玩——鲸》，第七册第十二课《海洋里的大动物——鲸》，第四册第七课《象》，第七册第十三课

《陆地上那（哪）一种动物最大——象》，第七册第一课《老虎》，第十五课《鸵鸟》等。

3. 分量的分配尚不能按照需要的程度——如上面已讲过的象、鲸、老虎、鸵鸟等既非儿童切要的材料，而象、鲸等在课本中都各有两课，而蚕丝等比较重要的材料，反觉缺乏。

4. 材料的排列欠能按照难易程度——大东新生活自然课本，第八册第四课《枪炮和炸弹》，第二十二课《我们来做电影》，第二十三课《放大镜望远镜有什么用》，这些材料似乎太深奥，不合于初级小学的儿童，尤其若在乡村的学校，教学时必常发生困难。其他如运输、机械、火车、蒸汽（气）机关等复杂用物放在第四年级去研究，而火炉陶器等比较简单的东西却放在五六年级去研究，只注意每年所教关于衣是什么，关于食是什么，关于行住是什么，以期充分合于课程标准，却忘掉第三四年级的行的材料比第五六年级的行的材料精深得多，繁难得多。[1]

4. 上海大众书局的《大众教科书·自然》

创立于上海的大众书局，1935年出版了一套根据新课程标准编写的《大众教科书·自然》，有初级小学用书和高级小学用书两种，由高翔、李悟堂、朱开谦、钱次九编辑。本套书是遵照教育部颁布的《小学自然课程标准》编辑的，全书共12册。前8册供小学校初级学生之用，一二年级的4册，各为20课；三四年级的4册，各为22课；后4册，供小学校五六年级学生之用，各为24课。

3—2—35

图3—2—35 《大众教科书·自然》（高级小学用，第一册），高翔、李悟堂、朱开谦、钱次九编辑，上海大众书局印行，1935年

3—2—36

图3—2—36 《大众教科书·自然》（初级小学用，第二册），高翔、李悟堂、朱开谦、钱次九编辑，上海大众书局印行，1935年

---

[1] 徐兰荪. 对于教育部审定的几种自然课本的批评[J]. 儿童教育，1933（10）：45-47.

本套书提出了四大教学目标："（1）指导儿童理解自然的基本知识；（2）启发儿童对于自然的研究兴趣和实验精神；（3）增进儿童利用自然以解决人类生活问题的智能；（4）养成儿童欣赏自然的态度和爱护自然的习惯。"[1]教学目标囊括了培养学生科学的智能、兴趣、态度、行为和精神等。编者把课本内容分为两大类：一是生活需要的，即与儿童生活相关的食、衣、住、行等；二是自然现象，即儿童环境所接触的天象、地文和气候，以及生物具有的特性等。在各册中，都包含这两类材料在内，且依据儿童年龄的大小，安排课文的先后顺序，使内容深浅、难易与年龄相符合。各课的编制，以我国中部秋季始业的气候为标准，依照时令顺序排列。

本套书图文结合，图文比例根据年级的不同各有不同："第一册，全用图画。第二册，于图画之外，略加浅显简单的文字；第三四册，则文字稍稍增多，然仍以图画为主体；五册以上，文字和图画，多少相称。"[2]第五册及以上的课文，在课前课后列有设想、观察、实验、实习、讨论、制作、记载等探究活动项目，相对其他出版社出版的自然课本，编者更重视为课文设计多种多样的辅助系统，以培养学生的智能、兴趣和行为等。

这套书的课数，依据小学自然的教学时间来进行分配。一二年级的4册，各为20课；三四年级的4册，各为22课，五六年级的4册，各为24课。此外还稍留多余的时间，以便各学校根据本地的环境和需要，增加适宜的补充材料。本套书还另编教学法12册，以备教师参考之用。

新课标颁布后各书局出版的自然教科书到底合不合用？当时的小学教师范荣好根据自己的实际实验提出了自己的见解：

一、教材偏重自然本质

无论那（哪）一个书局出的小学自然教科书，都是偏重自然的本质，而忘掉儿童学习的兴趣。我们知道，儿童学习自然，不能与科学家研究自然相同；使他们能认识自然界一部分事物和现象，已经达到相当目的。用不着背出动物的分类，什么腔肠动物，软体动物，只认识马、牛、羊、猫、兔……和其生活的概况以及与人生的关系就够了。对于植物，亦不必死记隐花植花，显花植物……，只能认识桃、李、梨、松、稻、麦……和其生活状况及对于人类的利害就够了。实在用不到像科学家一般的去研究，因为小学生的能力和时间究竟是有限的。

现行的自然教科书，因太偏于自然的本质，所以只供给学生研究的资料，而忘掉儿童学习的兴趣；因此自然一科，成了呆板的，儿童一提到自然二字即头痛。因了这种缘故，又有人为儿童学习兴趣计，将课文编成神话式，以引起儿童的兴趣。其实这更不妥当，令儿童只觉得自然是神秘不可测，永不能和他接近，离开自然更远，与学自然之本意更相背（悖）谬了。

本来自然这科，本身就富于兴趣，用不着另外加油添酱，只要有方法去诱引就可以了。现行的自然教科书，因重于资料的供给，课业的传授，而忘掉观察和实验的工作，不能引导儿童

---

[1] 高翔，李悟堂，朱开谦，等. 大众教科书：自然：高级小学用：第1册[M]. 上海：大众书局，1935：编辑大意.

[2] 同[1].

去认识自然，更不给儿童以方法及问题，使他们自己去发掘，自己去工作。

我们知道教科书是儿童的学习用书，指示儿童学习的方法，使儿童因教科书的引导，能得发掘自然界的秘密，认识自然界的现象，发生各种怀疑的问题，去解决各种问题的。要达此种目的，无疑的，无异的，必须观察和实验。而现行的自然教科书，不给儿童以此种学习的方法，只有生硬的课文，呆板的插图（有时还没有插图），这如何能尽教科书的使命？有人说现行的自然教科书，只是科学的识字书，科学的论文书，这却有相当的理由。

教科书的使命在领导儿童学习，自然教科书尤然。盖学习自然是与自然界接触，因自然教科书而认识自然，因自然教科书的导引而试验，而创造。这种运用思想去解决问题，因问题而生问题，因问题而观察，而实验，而创造，令儿童兴趣盎然，这才是好的教科书。但现行之自然教科书如何？无疑的是，没有负起这种任务来。

二、不适合各地季节与各地需要

现行的自然教科书，不能从儿童接触的环境或经验中所有者出发，只是泛泛的，不管南方的两广，北方的察绥，都是一律的，究竟儿童经验中有无印象，或儿童能否接触？都置之不问。用一律的自然教科书通行全国各地，这是多么大的缺陷和罪恶？

我们知道，活的教育，活的知识，是儿童生活上需要些什么，就教他们什么。儿童对于学习有真实的动机，就要应机施教。如此，不但儿童觉着兴趣盎然，而所获的知识，亦是活的知识，所受的教育，亦是活的教育。所以生活教育，是以生活为中心，不是以书本为中心，只管书本的进行，不顾儿童动机与兴味的教育，决（绝）不能得到活的知识的。

现行的自然教科书，全国一律，那（哪）能适合各地的需要？那（哪）能适合儿童学习的动机？教材的排列，也没有一点活动性，在适用时期缺乏合时的教材，适合时期已过，而当用的教材始现，这是多么颠倒事实，不使儿童领悟的课本呀！

中国地方广大，各地的需要绝不一致，加以各地的小学生教育程度高低不同，参差不齐，适应甲地需要的教科书，未必合于乙地，适于乙地需要的教科书，又未必合于丙地，编辑一套万能的自然教科书，事实上绝对不可能。况各地气候和时令不同，需要的教科书自当有异。仅一部自然教科书，实际上是不自然的教科书。在南方已是梅雨蒙蒙的时节，而北方仍在大雪霏霏的时期。北方的农谚有："霜降水面见冰花"，在南方这时那（哪）有冰花？恐在此季节，鲜花还在朵朵开放呢！这种显然的事实，如何可用一律的自然教科书呢？

还有一点，我国农家一切事情都有一个开始时，即新春，亦即所谓"一年之计在于春"的意思。他们是如此，所以不论对于什么事，都在春季开始。儿童的上学，自然亦是要春季入学。而现在的小学，始业时期即发生了问题。固然教育部规定是秋季始业，奈乡人不始何？因此，有的小学，仍维持春季始业；有的学校则将春季入学的儿童，甘心的荒废他们半年学业，可说是无德之至！

春季始业固适于乡村的习惯，而所有教科书则又发生重大的问题了。先学第一册还是第二册呢？先学第一册，程度相当而季节不和，先学第二册，季节合宜而程度不相当，真是困难极了。尤以应自然界之转变而异其内容的自然教科书更甚！现行的自然教科书，那是有目共观，有耳俱闻，铁一般的事实，对于以上各点并没顾到，只有教科书之名，而无教科书之实，这确是很大的一个缺点。

三、文字呆板乏味，插图少而欠精美

现行小学教科书的文字，已是人人承认是呆板乏味，不适于儿童的需要，自然教科书更是特别的艰深少趣，令儿童一见即头痛。文字的艰深呆板，固然由于中国文字的艰难，教材内容的繁重。以极少的文字写出内容繁重的课文，确实是一件不容易的事，本不当有什么指摘或评论。不过我们不能因噎废食，病而讳医，编辑教科书不易，是一问题，而编辑的好坏又是一个问题。

中国的教科书，虽然都以文字作中心，而所用的文字，又不易明了。这种教科书非但不能使学者立刻实行，在讲读方面，亦是不适宜的。本来讲读这件事，是要华丽的文字，技巧的描写，然后读来讲来始觉有兴味有意思。而现行的自然教科书则不然，文字非但不华丽，读来亦觉得格格不同。

插图的重要，在无论何种小学教科书，都是有相当地位的，自然教科书更不必说，但现行自然教科书中的插图都随随便便，即少而又欠真确。我们知道，一切生物是爱美的，情感特甚的人，更不能例外，吾人足一至公园或青山绿水的地方，一定会起异样的心情，发生爱好的观念，不仅乐于游览，且有流连忘返之势。这种情势，凡是人类靡不具有，儿童何能例外？

插图的重要，在一般情形下虽不能和文字并重，但至少在小学低年级是应相等的，甚至插图超过文字，这是人人皆知，毋庸多述。但现在的教科书如何？不但插图不精，且分量甚少，对于儿童的需要焉能满足？试问如何能引导儿童走上学习之途？这种教科书，确有改进的必要。

综上三点，可见现行的自然教科书，不但不能负自然教科书的使命，即一般教科书的目的，亦未达到；其他琐碎的缺点更是指不胜指，现在为时间及篇幅计，只有做一个结束了。[1]

社会各界对自然教科书常有各种各样的批评，以至引起了废除自然教科书的舆论："研究自然的对象是自然物、自然现象；自然物、自然现象需要到自然的怀抱中去探求，去摘取。现在一般学自然者，只在教室中钻书本，读论文，不知丢掉教科书，钻到自然界去。"[2]当时，对于存废自然教科书的问题，教师、研究者等进行过大量的辩论，甚至有研究者对"在我国小学教育现状卜，自然教科书究竟应存应废？"做了调查研究。

金陵大学农业专修科学生于1936年1月调查了43所小学，包括南京市区内性质环境近似的乡村小学及南京市附近的乡村小学，从教员、设备两个方面，回应了存废的问题，并得出了以下结论：

本年新到校的教员，为数达全数三分之一；再由一年及半年之总数观，竟超过半数。"人事无常""朝秦暮楚"那（哪）有时间来编辑教材？即有充足的学识，丰富的经验，因为常常

[1] 范荣好. 小学自然教科书评论[J]. 教与学，1936（10）：112-128.
[2] 同[1].

变动，那（哪）有心思来计划教材的顺序？教材的运用？以及教材的优良呢？这是首都和附近学校的事实，他处更可想而知了。

从教员方面，我们可以知道，教员学识的优劣暂不问，即以在某校一年半载，及两三年的教学经验，事实上谁能作（做）有计划的，繁重的自采教材的工作？即使逼迫他们做，因限于时间，限于学识，亦是有其名而无其实，遗（贻）误儿童，恐更胜于用教科书万倍。

由观察可知，各校不仅谈不到设备，即校基还是借用、租用，那（哪）里有自然科的各种设备呢？果真不用教科书教学，我真想不出将发生何种奇异的结果！所以，若不问实际，只谈谈理论，那是条条有理，头头是道，但与实际上不相干何？如果我们不在这个环境下施教育还可，若仍在施行，无疑的一定要顾到教育的本身现状；中国现在小学的设备，说句天理良心的话，不要说普通教员无教科书教不来，即鼎鼎大名的学者、专家，恐亦无能为力。[1]

经过争议、辩论后大家终于达成一致意见——自然教科书必须保留，但也提出了教科书应当改进的建议，其中孙礼成提出的建议较具代表性，在全面抗战时期的教科书中都得到了体现。

一、要有国防的价值。

吾国处今日国难严重之际，图存救亡当为举国人民一致之目的，故教育方针亦宜以此为准则。近代战争为一科学战争与工业战争。一言国防，则无论为攻为守，物质与人才二者俱不可缺。物质系乎工业，人才系乎教育，而与科学教育尤特别有关。小学自然科教材的内容，应充分具备科学教育的基本，凡近代物理化学之影响于交通社会组织战时攻守工具之材料，及生物学之天演物竞等观念，应设法尽量添入。例如教物理时，除研究基本原理外，对于与交通防御工程有关之应用，务使学生加以学习或注意。如：（1）飞机之简单构造及应用，（2）枪炮射击之原理，（3）光学仪器如望远镜等之原理及其在战争时之应用，（4）潜水艇之原理，（5）电学应用如电网等，（6）无线有线之电话与电讯，（7）高压电流之传导，（8）汽车原理，（9）铁路与蒸汽机，（10）土木建设与战争等等。又如教化学时，对于下列诸问题与给养，原料，军事，卫生等有关者，也应使学生加以学习或注意，如：（1）食物成分与健康，（2）水的供给问题，（3）炸药之简单化学，（4）毒气防御的简单化学，（5）活性炭，（6）酸碱与基本工业原料，（7）煤与石油，（8）光学玻璃，（9）油漆及塑料，（10）金属之常用者，而对于铝铁等更注意，（11）各种颜色之火焰及战时之利用，（12）烟幕之简单原理及应用，（13）常用原料如皮革，木材，水泥等之紧要性质，（14）药料杀虫剂与消毒剂等。又如教生物时，除教学基本原理如天演物竞等观念外；与卫生农业及生理有关者尤须使学生学习或注意，如：（1）细菌与卫生，（2）毒气对于生理之作用，（3）和与战时之有用植物，（4）和与战时有用之动物，（5）蚊蝇等问题，（6）简单看护问题，（7）森林问题，（8）农产品与战争之关系等。此种教材，不胜枚举，全赖教师之留心与应用耳。

二、要有中心研究的价值。

---

[1] 范荣好. 小学自然教科书评论[J]. 教与学，1936（10）：112-128.

自然科教材，最不好的是东拉西扯，第一课教霜雪，第二课教桃花。这种没有组织，断片的教材，断片的教学，只配称旧式的观察科。现今的自然科，应当有一种系统去和教育上的目的一致；就是说要有中心研究的价值。借此可以激发儿童研究的兴趣，增进儿童学习的效率。就自然科本身讲，定有中心，顺应着儿童的环境时令和需要，逐次变换中心而教学，比较论理的排列教学，蔑视儿童的环境和经验，恐怕要好得多哩！而且这些中心，并无绝对的性质，须视其所处的地方的自然界，及其父兄的职业，和当地的文化生活，儿童的境遇状态等，随时为之更变。颇能适合儿童实际生活和学习心理而不呆板的教学。再就和社会，劳作，美术，及卫生等各科的各种教材联在一起研究，作大单元的设计教学，也极便利。所以自然科教材，依据儿童的经验，环境，和需要，由空间和时间的关系，编配成若干个中心，然后再将该中心一起统合起来教学。庶能达到中心研究的价值。

三、要有启发和创造的价值。

教材的编配，固然不宜平铺直叙，枯燥乏味，与儿童的生活经验相悖谬。但也不可一手给儿童包办，把儿童所要想的，问的，讨论的，研究的问题，都不发生密切的关系，当儿童好像是一只留声机，开开动动，不开不动。个人以为良好的教材，在每段中每篇中，都能随时随地热烈的（地）制激着儿童，诱导着儿童，暗示着儿童，关于教材中解决某问题的重要性，充分供给儿童解决问题的材料，启发儿童继续不断的发生问题，继续不断的研究解决，解决研究，直到儿童能验证，能应用，能创造才好。[1]

[1] 孔礼成. 小学自然科教材问题的研讨[J]. 浙江小学教育，1935（6）：1-3.

本章小结

中华民国成立后，现代教科书的编纂开始具有系统性和科学性，中国教科书迎来了黄金发展时期。随着新学制和新的课程标准的颁布，三大书局等民营出版机构纷纷出版了一系列的小学科学教科书，使得科学教科书的出版、发行和使用更加规范和科学。作为现代意义的小学科学教科书，具有以下特征：

一、教学目的注重人与社会发展并重

1922年新学制颁布后，改理科为自然，初小用常识教科书，高小用自然教科书。此阶段人们对自然科学的认识发生了重要的转变，根据不断修订完善的课程标准，依据学生的认知水平和心理特点，各出版社出版发行了大量的科学教科书。这一时期人们对科学的认识不仅仅停留在学理的层面，还上升到科学的观念和精神层面，在教学目的上注重人与社会的发展并重。

民国的小学科学教科书不仅注重教会儿童科学知识，关注学生的自我动手能力，而且注重培养学生的科学探讨意识和学习兴趣。此时的小学科学教科书已十分注重培养学生独立研究、解决问题的能力，培养学生的科学精神和社会道德。其教学目的已经上升到观念和精神的层面，且更具多元性，从只关心社会的需要到同时注重人与社会的发展。可以说，小学科学教科书不仅对学生进行了科学的启蒙，而且注重培养学生欣赏自然、爱护自然的兴趣，提高了学生的科学素养。

二、教科书编写考虑了学生的心理特点和能力发展

符合儿童心理发展特点、着重强调实践探究的科学教科书，直到中华民国成立后才开始出现。比如商务印书馆的《新学制常识教科书》，以研究问题为中心，课文内容简单，语句简短，注重问题探讨，与社会实际生活相联系。这一时期的科学教科书开始突破传统的学科内容，积极践行综合编例，注重观察、实验、考察、考证、实习等，对儿童实践探究能力的培养效果显著。

到1931年新课程标准颁布之后，科学教科书在内容选取方面，更加体现出以学生为中心的思想，内容选择贴近学生生活，充分尊重学生的接受能力，注重激发儿童学习和研究自然的兴趣，特

别强调儿童自我探究能力的培养。如王剑星编辑的《新课程标准教科书·自然课本》（高小用），其实践环节的编排设计，有助于提高学生的实践探究水平和问题意识，激发其进行研究和探索发现的兴趣，培养学生的研究和实践能力。

三、课本编排从简易单元发展成大单元组织

1929年后，随着新课程标准的试行，教科书开始采用大单元组织法编制科学教科书，从目录页上可以发现单元与单元之间的联系一目了然，每一单元包含若干节或分作数课，每章后或设练习栏目，或增加附课，并依照学历和时令排列，以适应儿童的学习心理。像商务印书馆的《复兴自然教科书》、世界书局的《新课程常识课本》《新课程自然课本》、北新书局根据新课程标准编辑的《高小自然课本》、中华书局为适用新课程标准编写出版的《小学常识课本》等，都是这种单元设计。但是在不同时期，受政治环境、社会时局、生产发展水平等因素的影响，教材的编制排列方式也不完全相同。如《新制中华理科教科书》根据时令安排教材内容；《新中华自然课本》在编制上采用旅行体，内容与学生活动密切结合。

按大单元法组织设计课文，在编写上具有一定的科学性，能更好地体现每册的课文内容，帮助学生全面地把握每册的教学知识点。这种教材编制方式加强了单元与单元之间的联络，给学生提供了书本内容的索引，更加有利于知识脉络的梳理和总结，便于儿童得到系统的知能，具有提纲挈领、统摄全书的作用。

四、教科书逐渐用语体文取代文体文

中华民国时期，在颁布新学制以后的一段时间里，部分学校仍然保留着使用文言文（即文体文）教学的习惯，所以出版社仍出版了一些采用文体文编写的教材。

新文化运动后，小学科学教科书的编写开始以白话文代替文言文。1920年，北洋政府教育部规定中小学校教科书统一采用白话文编辑。像商务印书馆用白话文编写出版的"新法教科书"系列，适应了新文体改革的需要；世界书局的《新主义常识课本》全用白话文编写。民国时期小学科学教科书的用语比较符合现今的语言习惯，课文中标点符号的使用也更加规范，课文内容通俗易懂。教师使用的教授用书也是如此，教授用书中要求教师教授小学生时，宜多用问答式而少用讲演式，注意语言之格调及停顿抑扬之处。总之，新文化运动后的小学科学教科书语言不仅追求浅显易懂、简洁清晰，而且更加注重日常化，体现了一定的科学性和教育性。

在科学科目的教学中，课本语言和教师教学语言的通俗易懂十分重要，使用语体文能缩小师生之间的沟通障碍，提高学生对教学内容的理解程度。教科书文本作为传递科学知识的主要载体，理应发挥好其传递文化之功能，让学生能更好地与课本进行沟通和交流。

五、教科书封面图案与文中插图精美丰富

中华民国时期，小学科学教科书的插图日益丰富。有的教科书同时有彩图和黑白图，封面开始出现彩色文字。很多精美的科学教科书，其插图极具可视性和叙事性。像商务印书馆出版的《共和国教科书新理科》采用了大量的插图，还配有彩色插图，设计简洁精致，秋季始业用书的封面和封底均是红色文字。后来出版的各册科学教科书，第一、第二册以图画为主，文字很少；第三、第四册以图画和文字互相参证，开始增加文字数量，但仍以图画为主；第五册及以上才逐渐减少图画，比如商务印书馆的《新学制自然科教科书》，中华书局的《新中华自然课本》《初级常识课本》与《高级自然课本》，世界书局的《新课程常识课本》等，多采用这种形式编排。其中世界书局的《新课程常识课本》特将图画分为两种：一种是事物图，专供研究。另一种是故事图，一方面重在欣赏，以唤起学生的审美观念；另一方面重在刺激，以激发学生奋发进取的精神。此外，还提供儿童实习和模仿用的图。这些插图有利于提高学生的审美水平，激发学生进行科学探究的兴趣，进一步帮助学生学习和获得有关的科学知识，培养学生发现及探索的能力。

世界书局出版的小学科学教科书最早出现了封面图画，如1924年出版的《新学制小学教科书·初级常识课本》，其封面上有一个非常直观的圆形地球，寓意"世界"。商务印书馆出版的《新时代常识教科书》是目前所见的民国时期第一本具有彩色封面图的小学科学教科书，其封面颜色以橙色为主，色彩明亮。其他具有彩色封面图画的教科书还有《基本教科书·常识》《基本教科书·自然》，其封面上的图画讲述的是被日本轰炸后断壁残垣的惨状；商务印书馆的《复兴自然课本》和《复兴自然教科书》，封面文字和图案均为绿色；中华书局出版的《新编初小常识课本》和《高小自然课本》封面文字和图案均为红色。此外，开明书局的常识课本和青光书局的自然课本封面图印刷也十分精美。

 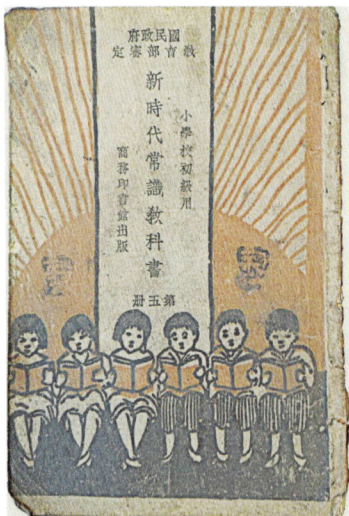

3—小结—1　　3—小结—2

图3—小结—1　　《新学制小学教科书·初级常识课本》（第一册），董文编辑，世界书局出版，1924年
图3—小结—2　　《新时代常识教科书》（小学校初级用，第五册），王强编辑，商务印书馆出版，1930年

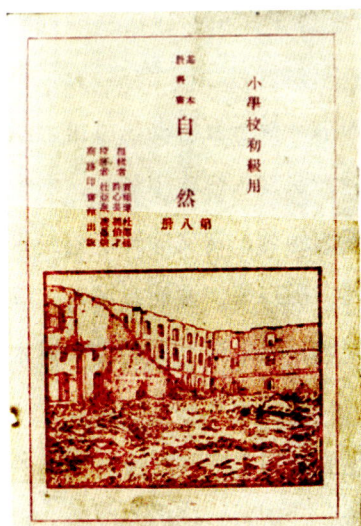

3-小结-3　　3-小结-4

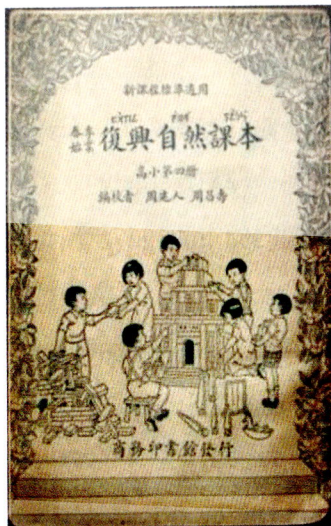

图3-小结-3　　《基本教科书·自然》（小学校初级用，第八册），贾祖璋、杜辉孙、许心芸等编，商务印书馆出版，1931年

图3-小结-4　　《复兴自然课本》（春季始业，高小第四册），周建人、周昌寿编校，商务印书馆发行，1935年

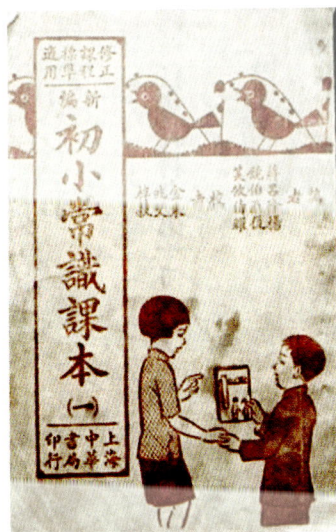

3-小结-5　　3-小结-6

图3-小结-5　　《新编初小常识课本（一）》，蒋镜芙、吕伯攸、徐亚倩、杨复耀编，上海中华书局印行，1937年

图3-小结-6　　《高小自然课本》（秋季始业用，第三册），韦息予、孙伯才、徐天游、麋赞治编，上海中华书局印行，1942年

六、辅学系统从粗略到完善

辅学系统是指除课文正文内容以外的其他教学要素和材料。清末的小学科学教科书在编排上基本没有辅学系统，其教材目录多按顺序排列，课与课之间的联系不紧密，课文内容缺少图画，更少有教师用书。民国时期，随着1922年新学制的颁布和1929年新课程标准的施行，课文的辅学系统日益丰富和完善。每套书都有编辑大意说明设计意图，在课文中标注注释、拼音等，课前有准备、问题等导入项目，课后安排有复习、实验等资料，每册有提纲提示课文内容，每单元结束后设有对本单元知识进行总结概括的表格，更出版有辅助学生学习的自习用书。

商务印书馆的《新时代自然教科书》，在编排设计上充分考虑学生的学习心理，既设计课前的知识导入，也重视知识的复习巩固，在课前有"设想""观察""实验""调查"等项，以备儿童课前预习和课后探究。每册后有"复习"栏目，帮助学生梳理本册的内容。如高小第一册第一课《米怎样来的？》一文中，课前有设想、观察和实验三项，之后才是课文内容，课文由米是什么、稻的种类和怎样种稻三部分组成，而且用显眼的符号标记，使课文结构一目了然，并配有插图辅助理解，课文后面还设有一项探究内容，帮助学生到生活中去理解教材内容。

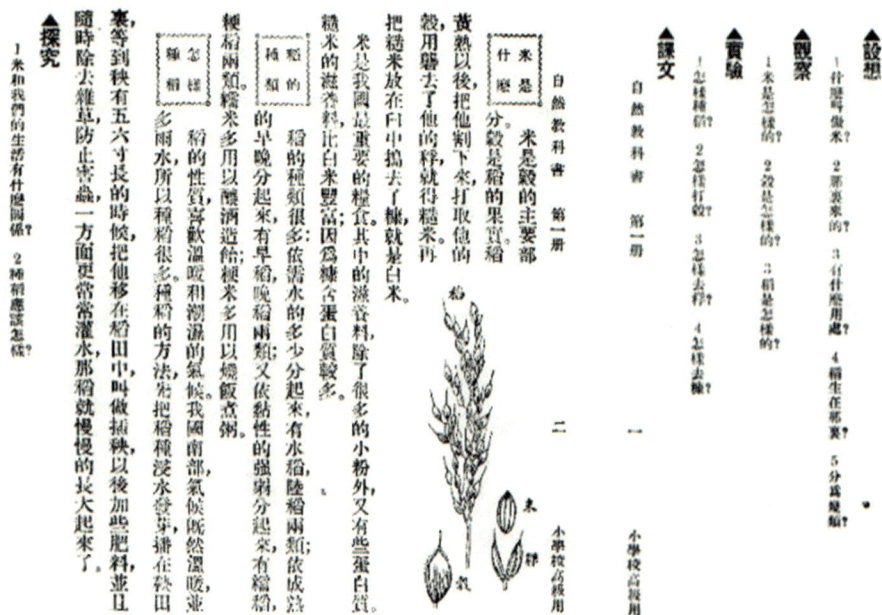

图3-小结-7　《新时代自然教科书》（高小用书，第一册）第一课，杜若城著，商务印书馆出版，1930年

再如世界书局的《新主义自然课本》，其单元编排较灵活，每个单元由若干课组成，课前或课后都设有问题供儿童思考，特别是课后附有表格供儿童复习，每单元后还有表格。本套书的第二册

附有"主要食粮比较表""蔬果表""耕作的要事表""食物动物比较表""嗜好品比较表"等表格，且表格留有空白处供学生填充，便于学生对每单元的知识内容进行概括和总结。

七、教科书的教授法提示更加详细和完善

中华民国以后的小学科学教科书教授法的设计也更加完善，教学提示越发完整和详细。这一阶段出版发行的教授书有商务印书馆的《共和国教科书新理科教授法》（1912年初版，全6册，高等小学校春季始业用，杜亚泉、杜就田编纂）；《新学制常识教授书》（1913年初版，全8册，小学校初级用，魏冰心等编纂），本套书每课都包括教学目的、教学事项、教学略程和教学资料4个大点；《新法理科教授书》（1920年初版，全6册，高等小学教员用，凌昌焕编纂），每课包括目的、准备、指示、谈话、演述、推究、整理、参考和质疑答案9项内容；《新时代常识教授书》（1928年初版，全8册，小学校初级用，方新编辑），每课分为要旨、教材、教法和参考4项；中华书局出版的《新中华常识课本教授书》（蒋镜芙、吴桂仙编校）等。

以商务印书馆的《新时代常识教授书》第三册第一课《选举级长》为例，从这一课的内容可以看出，小学科学教授书有明确的教学目标、教学方法，紧扣教科书的内容，详细描述每课的教学内容和过程，条理清晰。教授书强调学生的自主探究活动，十分注重与学生的实际生活相联系，并注重将科学知识生活化。

八、新学制后教科书更重视自主探究

1922年新学制颁布后，课程标准不断修订和完善，与从前单纯作为讲授用的教材相比，科学教科书的编写发生了重要改变，在教学上更加注重学生的自主探究和实际操作。

小学自然科的教科书普遍重视观察实验和考察演练，在课文前附有观察、考察等项目，课文中有实验，课后有问题讨论等。教科书在编排时还会特地留出多余的时间，以方便各个学校依据本地的环境和需要，补充一定程度的研究性教材，要求学生开展拓展性实践和研究性学习。为了让学生更好地观察和做实验，课文中使用的文字都简明扼要，内容浅显易懂。有的教科书在课文前会专门设计小标题，让学生对本课的内容一目了然；就连课本中的图画，为更方便学生进行研究、实验或实习，会区分为事物图和工作图，且图画鲜明形象，学生可凭借文字和图画辅助研究；为使儿童自动观察、研究、做实验、实习或制作，课文后还安排了探究性作业。如《新时代自然教科书》一书明确强调要提高学生的自我动手能力。这套书的教学目标，一方面在于让儿童在观察、实验和探究中，得到利用自然的智能和了解自然的常识；另一方面重在引起儿童研究自然的兴趣和欣赏自然的美感。总之，在1922年新学制颁布后，小学科学教科书都普遍强调学生自主探究的设计，通过观察实验、自主研究等，引起学生的学习兴趣，培养学生的研究能力。

　　概言之，民国时期的小学科学教科书在总体上具有以下几点特征：一是小学科学教科书全面依据三民主义的要求编写和出版，有一定的政治色彩；二是科学课程标准不断更新完善，构建了完整的科学课程体系，科学教科书编写也更具规范性，单元化、模式化进一步加重；三是在编排设计上，教科书内容注重与生活实际相联系，以学生为中心，注重趣味性和问题性，便于引起学生学习的兴趣，培养学生自主探究的能力；四是教科书内容注重与学生的生活实际相联系，强调按时令取材；五是注意提供教学拓展空间，教科书设计的认知策略比较合理，编制比较生动活泼，对课文的辅助系统进行了大量的创新；六是各大书局相互竞争，吸引了一大批学者参与到教科书的编写，出版了大量的教科书，小学科学教科书的编辑出版进入繁荣期，加速了教科书的现代化进程。

第四章

全面抗日战争和解放战争时期的小学 科学教科书（1937—1949）

　　1937年，卢沟桥事变后，抗日战争全面爆发，中国的教育事业受到重创。政界和学界对于战争时期的教育何去何从意见纷纭，在大后方展开了一场关于战时教育方针的激烈争论。

第一节
国民党统治区下的小学科学教科书

　　1937年8月，国民政府决定以"战时须作平时看"为教育工作方针，颁布了"一切仍以维持正常教育"为主旨的《总动员时督导教育工作办法纲领》，提出"适应抗战需要，固不能不有各种临时措施，但一切仍以维持正常教育为主旨"[1]，一方面采取了一些战时的教育应急措施，另一方面强调维持正常教育和管理措施[2]。

　　1938年4月，国民党召开临时全国代表大会，大会通过了《中国国民党抗战建国纲领》，确定了战时的教育方针。纲领强调"改订教育制度及教材，推行战时教程，注重于国民道德之修养，提高科学之研究与扩充其设备"[3]。时任国民政府教育部部长的陈立夫还主持拟定了《战时各级教育实施方案纲要》，其中对教材作了具体规定，"对于各级学校各科教材，应彻底加以整理，使之成为一贯之体系，而应抗战与建国之需要，尤其尽先编辑中小学公民、国文、史地等教科书及各地乡土教材，以坚定爱国爱乡之观念"[4]。

　　在国民党领导的国统区，应抗战与建国的要求，需要在教科书中增加爱国主义、民族意识的内容，而且增加一些有关战时必备的知识。为了贯彻战时教育方针的要求，国统区政府一方面加强对教科书的审查力度，另一方面又在1943年推行国定本教科书（即所谓的标准本教科书），由正中书局、商务印书馆、中华书局、世界书局、大东书局、开明书局、文通书局七家书局联合组织"国定中小学教科书七家联合供应处"（简称"七家联合供应处"或"七联处"）统一印刷发行。在烽火岁月中，教科书成为控制意识形态与宣传的重要手段之一，其发展也渐渐偏离了自身的特性和追求。

　　1940年，教育部为适应抗战需要着手修订1936年的课程标准。1941年4月，教育部召集小学教育专家商讨修订小学课程标准，并推定人员起草各科修订草案，并于1941年11月公布《修正初小常识科课程标准》。在修订后的课程标准中，初小常识科课程设置仍照旧，在编制上取消了"作业要项"，并将"各学年作业要项"改为"教材大纲及其要目"，详细规定了初小四年每一学年的学

[1] 教育部教育年鉴编纂委员会. 第二次中国教育年鉴[M]. 上海：商务印书馆，1948：101.

[2] 石鸥，吴小鸥. 简明中国教科书史[M]. 北京：知识产权出版社，2015：111-112.

[3] 田正平. 中国小学常识教学史[M]. 济南：山东教育出版社，1996：196.

[4] 同[1]9.

习内容和学习重点。为便于教材的编写，提高教材编写的质量，一方面，课程标准首次对教材内容作出如此详细规定，另一方面，在课程标准中还特别附加"教材要目单元排列顺序举例"，为各出版社编写教材提供统一范例。总体上，初小常识科课程标准最显著的变化有如下几项：①增加各学年教材要目；②规定各项要目的注意点；③附列教材要目单元排列顺序——将各学年教材要目酌加分析，或合并或归类，前后亦略加变动，组织成若干大单元，每单元包含若干目，以适应儿童的学习心理；④教材的编制，主要使用图画、表解，不用课文，与国语科教材联络编配。与《修正初小常识科课程标准》一样，1942年《小学高级自然科课程标准》也列出了"教材大纲及要目"和"教材要目单元排列顺序举例"的翔实内容，并重点提出了要"注重探求科学知识的基本方法"的课程目标。

一、国立编译馆与国定本教科书

1932年6月，国民政府教育部在南京设立国立编译馆，作为负责文化书籍及教科图书编译与审查的学术机构，其主要任务之一就是编译教育上的必要图书，审查关于学校使用的图书标本仪器及其他教育用品。1942年，教育部中小学教科用书编辑委员会及中国教育全书编纂处并入国立编译馆。为了编写国定本教科书，国立编译馆成立各科教科书编审委员会，负责编写大中小学教科书。成立后的国立编译馆邀请了许多名家，汇集了一批优秀的编撰人员，如陈伯吹、俞子夷、潘公展、吴俊升、孟宪承、梁实秋、艾伟、胡颜立、陈布雷、陈果夫、黎锦熙等参与国定本教科书的编写。

"国定本教科书是中国新式学校创建以来由中央政府主管部门第一次成功编写并出版发行的通用教科书，也称统编教科书。"国定本教科书，也即所谓"标准本"教科书在全面抗战时期开始出版和发行。但这一时期的教科书编写、出版和发行发生了一定的改变：为实现全国中小学采用统一教材，并使印刷和发行也统一供应，正中、商务、中华、世界、大东、开明、文通七大书局组成了"国定中小学教科书七家联合供应处"，以便统筹印制、普遍供应。由于当时条件艰苦，国定本的小学科学教科书印刷纸张并不统一，所见有上海白报纸本、重庆白报纸本、北平片艳纸本、成都嘉乐纸本等，其中以上海白报纸本为最多。

必须承认，所有的国定本小学科学教科书都由七家联合供应处出版和供应，在一定程度上解决了抗战期间教科书的供应问题，它在保障国统区学校教科书的供应上有重要意义，使后方课本数量紧张的局面得以缓解，也使得国定本小学科学教科书至少在印刷质量上有基本保证。只是，七联处仍然无法完全保证全国市场的需要。为使国定本教科书在某些地区能够得到推行，教育部只好特许湖南、浙江等省教育厅有就地翻印的权利。在教科书实物中，发现有印"湖南省教育厅特约"的《自然教科书》以及甘肃省筹印中小学教科书委员会印行的《常识课本》等。

[1] 石鸥，吴小鸥.中国近现代教科书史：上[M].长沙：湖南教育出版社，2012：426.

4-1-1

图4-1-1　《自然教科书》（小学高级，第二册），国立编译馆主编，湖南省教育厅特约，湖南箴言印书局印行，1943年

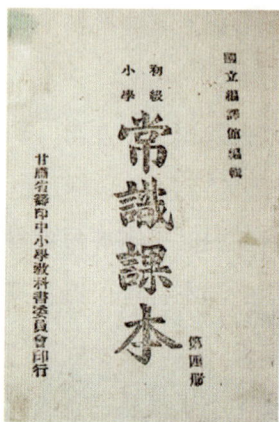

4-1-2

图4-1-2　《常识课本》（小学初级，第四册），国立编译馆编辑，甘肃省筹印中小学教科书委员会印行，1943年

抗日战争结束后，1946年到1947年之间国定本小学教科书普遍经历了一次甚至几次修订，原因是国定本教科书很多都是在抗战时期编订的，很多内容已经不能与新的时代背景相适应，更不能满足国家建设时期的需要，因此，迫切需要重新修订。小学科学教科书的第一次修订是在1946年，1947年小学科学教科书又经历了一次统一修改，由开放版权后申请承印的各家书局出版。修订稿的封面几乎一律署名为"国立编译馆编""国立编译馆主编"，且均有"教育部审定"字样。修订稿在书的封面都有"三十六年修订本""民国三十六年修订本""中华民国三十六年某月修订本""第二次修订本""第一次修订本""修订本""修订标准本"等字样。第一次修订幅度比较大，第二次修订主要是在印刷方面勘误，内容上并没有太多的改动。由于国定本小学科学教科书已经由各书局申请承印，第二次修订使得教科书的外貌发生了很大变化。据统计，国立编译馆所编小学科学教科书达7种，其中初小3种，高小4种。由于差别并不太大，下面仅以《初小常识课本》《初级小学国语常识课本》和《高级小学自然课本》为例详作介绍。

（一）《初小常识课本》

1939年12月，国立编译馆主编的《初小常识课本》，分低、中、高年级，每个年级又分上、下学期。《初小常识课本》主要介绍社会生活常识，如三年级下学期使用的《初小常识课本》（第二册）包括《我们的住》《住屋的卫生》《肺和眼的卫生》《动物的住》《木料那（哪）儿来》《砖瓦和石料》《石灰水泥和玻璃》《油漆的种类》《我们的老祖宗》《渔猎人的生活》《游牧人的生活》《农业及工商业的发达》《印刷与书本》《中华民族的开化》《汉朝的强盛》《唐朝的强盛》《中华民族的大扩张》《清朝入关》《中华民族大统一》等课文。与抗战时期编写的常识课本不同的是增加了民族统一共同抗战的内容，比如教材中有介绍"实行抗战建国"的相关内容：日本的军阀，看见中国快要强起来了，加紧侵略我国，我们全国上下，痛恨已极，无可再忍了，就在卢沟桥事变后，全国动员，共同一致的实行艰苦抗战，以求民族复兴，建成强固的国家。

4-1-3

图4-1-3 《初小常识课本》（第二册），国立编译馆编辑，江西省政府教育厅印行，1939年

（二）《初级小学国语常识课本》

国立编译馆主编的《初级小学国语常识课本》，共8册。为适应抗战需要，编者把语文和常识合编在一起，形成一套全新形式的国语、常识的合编本。为了编出更符合师生需要的常识课本，国立编译馆在前4册编完之后立即将其投入学校进行试验教学，收集试验教学后的反馈意见后再次修改课本。后4册的暂行本出版稍微晚一些。1942年秋，《初级小学国语常识课本》第一至第四册编写完成，并交由正中书局出版，成为暂行本。1943年，上海商务印书馆出版《初级小学国语常识课本》的标准本。

《初级小学国语常识课本》依照1941年11月教育部公布的小学国语常识两科课程标准编辑。本套教材将常识与国语合并编辑，以常识教材为经，以国语教材联络之。本套常识教材以图表为主，附以简要注释，国语教材以儿童文学为主。教材分量根据课程标准所定两科教学时间比例来确定。《初级小学国语常识课本》封面有与战争相关的内容的图案，为渲染抗战气氛，封面的四角上印有飞机、大炮、坦克、军舰。抗战胜利后，此封面图案修改为社会建设图，回归到全面抗战前的封面设计风格。《初级小学国语常识课本》封面一般都印有"标准课本"字样或标明第几次修订。多数教科书的封面都由国立编译馆编，各书局印行。1943年或1944年的教科书封面多署名为"教育部教科用书编辑委员会编"，封面同时出现"国定中小学教科书七家联合供应处印行"字样。1948年5月，《初级小学国语常识课本》出版了第五次修订本，这也是目前所见的唯一进行了第五次修订的国定本教科书。《初级小学国语常识课本》改编出版较复杂，出版机构也很多，因此版本很多，有标准课本、标准本、修订标准本、修订本等多种版本。

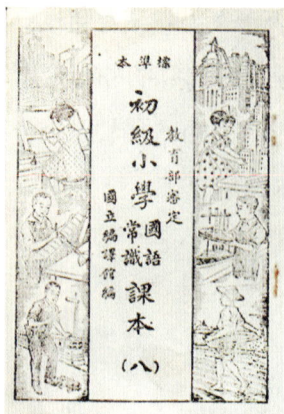

图4-1-4　教育部审定《初级小学国语常识课本（三）》（标准课本），国立编译馆编，1942年
图4-1-5　教育部审定《初级小学国语常识课本（八）》（标准本），国立编译馆编，1946年

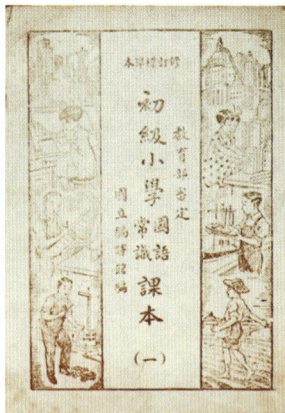

图4-1-6　教育部审定《初级小学国语常识课本（一）》（修订标准本），国立编译馆编，1948年
图4-1-7　教育部审定《初级小学国语常识课本》，国立编译馆编，大东书局印行，1947年修订本

　　本套书的特点是常识与国语合编，以常识教材为经脉，用国语教材配合，因此在目录排版中，常识在上为主，国语在下为附。教材重心在常识，如第一册的常识部分课文：《上学》《上课》《游戏》《我们的学校》《国旗》《秋花和秋虫》《天气》《中秋节》《秋果》《稻和麦》《我们吃的菜（一）》《我们吃的菜（二）》《早起》《身体好》《礼貌》《家里的人》《我家的亲戚》《帮助父母做事》《我们住的房屋》《我们饲养的动物》《我们的衣服》《衣服要整洁》《冬天的气候》《植物过冬》《动物过冬》《雪》《过新年》。常识课文后面都紧跟一篇与之联系紧密的国语课，如《植物过冬》一课后的国语课是《快快保护好》，《动物过冬》紧跟着的国语课是《小白

兔过冬》。再如第四册的课文中，常识课文《寄信的方法》对应国语课文《爸爸的来信》，常识课文《邮票》对应国语课文《集邮票》。

（三）《高级小学自然课本》

《高级小学自然课本》，共4册，1946年6月出版，由胡颜立、徐允昭、白动生等编辑，国立编译馆校订。《高级小学自然课本》版本众多，不易分辨，且由不同出版社发行的版本其封面设计图案也不尽相同，所见有"三十六年修订本""第一次修订本""修订标准本""中华民国三十六年某月修订本"等版本。但封面均有"教育部审定""国立编译馆（主）编"等字样，课本内容差异不大。

4—1—8   4—1—9

图4—1—8   教育部审定《高级小学自然课本》（第一次修订本，第二册），国立编译馆主编、印行，1946年
图4—1—9   教育部审定《高级小学自然课本（二）》（第一次修订本），国立编译馆主编，世界书局印行，1946年

4—1—10   4—1—11

图4—1—10   教育部审定《高级小学自然课本》（第一次修订本，第四册），国立编译馆主编，文通书局印行，1946年
图4—1—11   教育部审定《高级小学自然》（第一次修订本，第三册），国立编译馆主编，正中书局印行，1947年

本套课本的编辑要旨如下：

一、本书遵照教育部三十一年四月公布之小学自然科课程标准教材大纲及要目编辑。

二、本书分成四册，每册二十四课，供小学五、六年级教学之用。

三、本书内容，力求浅显明白，切合儿童生活环境，并充分采用生产性之教材。

四、本书每课之编制，除课文外，附有研究问题、观察、实验、调查、测验等项，用以训练儿童思考，并便自动学习。

五、本书各课尽量加入浅显正确之插图，以供观察研究时之参证。

六、本书教材之排列，以我国中部秋季始业的时令为标准，在南北气候不同之区域，可根据实际的情形，酌量提前或移后。

七、本书每课教学时间之多少，可视教材之繁简而为适应的支配；平均每课的教学一百分钟。

八、本书另编教学指引四册，供教师参考之用。除每册各编教学实例一课外，详载各课参考资料。其重要材料之不详教科书中者，均可于指引内检得之。[1]

全面抗战期间的国定本小学自然教科书有以下几个特点：

第一，国定本自然教科书封面在抗战时期因为印刷条件艰苦、纸张供给紧缺，大部分教科书均为单色的文字印刷，封面没有图案。

第二，版权页或标明由"国定中小学教科书七家联合供应处"印刷与发行，或其中一家印刷，七家发行；编辑者或为"国立编译馆"，或由教育部征选［由教育部教科用书编辑委员会和七家书局之一二应选（个人编写）］，国立编译馆校订；也有些课本版权页署名为"教育部教科用书编辑委员会编辑"。所有课本一定有"本书经教育部特许印行，不得翻印"字样。

第三，大部分教科书的纸质都比较差，因印刷水平低，甚至字迹与插图有些模糊。有些课本开本缩小，有些连编辑说明和版权页信息都省略了。而且版本、印刷都不规范。同一个版本，封面可能是"标准本"，也可能是"修订标准本"。这一问题在抗战结束后的新订课本中同样存在。

由于国定本教科书的来源不同，各教科书经历的编辑修改也不同，同一种课本有可能同时出现修订本和标准本，因此，有的国定本小学科学教科书版本界限和科目册数都不是很清楚，这也许是战争时期所有国定本教科书的特点，但也给当前的研究带来了困难。因此，我们只能对其中的一些课本做管中窥豹式分析。先以《高级小学自然课本》第三册（中华民国三十六年五月修订本）为例，课文涉及农林牧、化学、物理、天文等内容，共23课：《棉和麻》《丝和丝织品》《养蚕和种桑》《毛和毛织品》《皮革和橡皮》《染料和染色》《漂白和漂白粉》《肥皂》《秤和天平》《滑车和轮轴》《钟表》《斜面尖劈和螺旋》《声音和乐器》《留声机》《瓷器和陶器》《搪瓷器和玻璃》《镜和显微镜望远镜》《空中的星球》《地球》《月的盈亏》《日蚀和月蚀》《潮汐》《火山和地震》。

---

[1] 国立编译馆. 高级小学自然课本：第一次修订本：第3册[M]. 正中书局，1947：编辑要旨.

以第一课《棉和麻》为例，其课文结构首先是先提出问题，以引起学生的兴趣：①棉有哪几种？怎样栽培？②棉的功用和纺织的方法怎样？③麻有哪几种？怎样栽培？④麻的功用和纺织的方法怎样？

其次，上课前有"实验观察"：①察看各种棉麻的形态，比较它们的不同。②察看棉纱和麻线有什么不同，苎麻、大麻的织纤是否一样（最好在显微镜或放大镜下察看）。③参观附近的纺织工厂。④试将棉花搓成条、抽引成纱。⑤试种几棵棉和麻。

然后，呈现"正文"，正文主要有四大部分，分别是棉的种类和栽培、棉的功用和纺织、麻的种类和栽培、麻的功用和纺织。

最后，知识巩固，即"测验"，要学生回答下列各问题：①木棉、草棉出产在哪些地带？用途怎样？②草棉怎样种法？做衣服的棉花，是棉的哪一部分？③由棉花纺纱织布的手续大致怎样？④在什么时候收割大麻？⑤麻的哪一部分可以纺织？⑥棉花和麻为什么可以纺织？

这套教材内容既取材于儿童生活，又非常重视学科知识，结构上由"问题""实验""测验"等学习的支架系统组成，帮助学生掌握知识，用"小标题"概括知识，用精确、形象的插图帮助学生理解知识。总之，这是一套在内容选择和编排设计等方面都非常符合儿童学习心理特点的小学科学教科书。

二、正中书局的《新中国教科书·自然》

正中书局创办于1933年，是国民政府官办的出版机构。1943年，正当教育部三番五令要求各地使用国定本教科书，停止使用其他教科书的时候，正中书局遵照教育部1942年修正的课程标准，开始编辑出版"新中国教科书"系列，其中的《新中国教科书·自然》由吴大钧、叶溯中主编，共4册。本套书于1943年初版，1947年还在再版使用。本套书封面设计简洁，无图画，只有文字，从上到下文字依次为"教育部核定""遵照三十一年修正课程标准编著""新中国教科书"，然后是"高级小学""自然"，再就是册数、"编著者"的署名，"正中书局印行"放在封面下方，如图4-1-12所示。

图4-1-12　《新中国教科书·自然》（高级小学，第三册），吴大钧、叶溯中编，正中书局印行，1943年

《新中国教科书·自然》在体例上，采用混合编制法。各课的编制，分作业、课文、问题三部分，作业指导详细具体，课文说明简单明了，而问题则有训练儿童思考之功用。以第一册第二课《杂粮》为例，"作业"并不是指课后作业，而是作为课前准备，放在课文前，包括三个部分。第一部分观察：①比较玉蜀黍和高粱的果实有什么不同；②用针把玉蜀黍和高粱的果实外皮去掉，看有什么不同；③比较高粱、玉蜀黍和粟的茎、叶哪些相同，哪些不相同。把观察的结果做一比较表。第二部分实验：①把玉蜀黍、高粱和粟煮熟，比较哪一种好吃；②将碘酊滴在煮熟的玉蜀黍和高粱上面，看有什么变化。第三部分调查：调查本地出产哪些杂粮，怎样食用。这么多复杂的课前作业，的确有助于学生理解课文，但势必也会拉长课前准备时间，导致学生难以完成，而变成课前"摆设"。在"作业"之后是插图丰富、文图优美的"课文"。

课文的最后设"问题"：①高粱和玉蜀黍的花有什么不同？②高粱和玉蜀黍宜种在什么地方？③高粱、玉蜀黍、粟和稻、麦有相同的地方吗？④除了高粱、玉蜀黍和粟外，还有哪些是杂粮？

本套书"取材根据民生主义，而以孙中山的建国方略中关于物质建设方面的各项计划为基建，并注重与国防有关之资料"[1]。所以，第一册课文基本是民生内容，包括《稻和麦》《杂粮》《蔬菜》《果和果树》《益农和害农的动物》《家兽》《家禽》《水生食用植物》《水生食用动物》《土壤和肥料》《水》《自来水》《空气》《风》《云雾霜露》《雨雾雹霰》《气候的测量》《气候的变化和生物》《眼和耳》《呼吸器和循环器》《消化器》《排泄器》《食物和营养》《食物的保藏方法》。

本套书对教师教学给予了一定建议，书中写有："每册分二十四课，每课可于一百分钟内教学完毕。各课作业，均轻而易举，如因环境之限制，不能获得适宜之材料时，亦可利用插图等加以研究。本书插图丰富，配置优美，尤注重科学知识之系统描写，以引起儿童自动研究之兴趣。本书以我国中部秋季始业的时令为标准，在南北时令不同之处，可顺次提前移后，以资活用。"[2]除此之外，本套教科书另专门编有相应的《教学指引》（即教授法、教学法等），供教师使用。

三、大众书局的《常识》和《大众教科书·自然》

大众书局根据新课程标准，再次出版了一套《常识》课本，经教育部审定后，于1940年出版。这套课本的印制质量较高，封面封底用彩印，封面是一张家长带着小孩在野外观察的彩色图案。

《常识》（初级小学用，第八册）课文包括《大洲和大洋》《世界上的人类》《世界上的强国》《怎样知道国际大事》《清末的外交》《火药》《枪和炮》《鼻和喉》《气管和肺》《呼吸

[1] 吴大钧，叶溯中. 新中国教科书：自然：第4册[M]. 上海：正中书局，1946：编辑大意.

[2] 同[1].

作用》《我国的农业》《我国的工业》《我国的商业》《我国的矿产》《我国的交通（一）》《我国的交通（二）》《我国的发明》《怎样发展我国的实业》《怎样防御天灾》《太阳地球和月球》《五带的气候》《昼夜和四季》《日蚀和月蚀》《火山和地震》《鸦片的流毒》《禁烟和拒毒》《我国的失地》《西南的国防》《西北的国防》《脑髓和脊髓》《神经系的卫生》《本地的公众卫生事业》等。

与原版《常识》（初级小学用，第八册）课文内容相比有所变动，如增加了抗战时事的内容，但科学部分内容变化不大。

4-1-13

图4-1-13　《常识》（初级小学用，第八册），张诵、龚心、钱挹编，大众书局印行，1940年

大众书局1939年再次出版高翔、李悟唐、朱开谦、钱次九编写的《大众教科书·自然》。本套书遵照教育部颁布的小学自然课程标准编辑，共12册，前8册供小学校初级学生之用，后4册供小学校高级学生之用。本套书另外编写《教学法》12册，供教师教学参考之用。

4-1-14

图4-1-14　《大众教科书·自然》（初级小学用，第二册），高翔、李悟唐、朱开谦、钱次九编，上海大众书局印行，1939年

四、世界书局的"自然教材"系列

1941年开始，陈鹤琴和陈选善主编了一系列"自然教材"，种类繁多，包括第一组：《空气的压力》《火怎样会烧起来》《为什么要呼吸》《我们的呼吸器官》《日常用的水》《天气的变化》

《植物和泥土》《食物的来源》《食物与营养》。第二组：《我们的消化器官》《光的研究》《怎样学照相》《我们的眼睛》《热的研究》《我们的衣服》《我们的房屋》《机械之母》《太阳和星球》《我们的地球》。第三组：《日蚀月蚀潮汐》《我们的身体》《常见的鸟兽》《奇怪的磁石》《伟大的电》《电铃和电报》《电光和电热》《声音和乐器》《我们的耳朵》《造纸和印刷》。第四组：《电话》《无线电》《筑路造桥》《火车和汽车》《轮船和潜艇》《飞机》《怎样预防传染病》《普通的疾病》《常备的药品》《生物的进化》。这些都是简单的小册子，用浅显的文字叙述科学的事实，以引发学生的兴趣。

"自然教材"系列的编辑旨趣："（1）精选代表事物，切合课程标准；（2）丰富教材内容，提高教学效能。"[1]这套教材用普通习见之物，即一切自然现象，加以科学之解释，使读者获得科学之常识。"自然教材"系列的编辑体裁："（1）用生动的'导言'，引起学生研究的动机；（2）用'观察''实验'的方法，灌输学生科学的知识；（3）用问题式的讨论，发展学生的思考力；（4）详述'参考材料'，补充讨论的不足；（5）附'测验题'，考查学生所获得的经验；（6）附'参考书'，供给学生自修和参考之用。"[2]这套书的用法："（1）本书各单元分册装订，俾便自由选用；（2）本书以'做'为中心，指导学生在做里求真理；（3）另编指导书，详载本书的教学方法。"[3]

本套书得到了士心的称赞和推荐："陈鹤琴先生从事教育事业已经有二十余年，所专精者为中小学之教育，其学识经验之丰富，足称之此学巨擘。今其主编是书，复有各门的专家为之辅，宜其内容精美体裁完善，最适用于高小及初中的学生。此种小册，印刷装订又皆雅观爽目。青年学子，凡欲得普通科学知识者，不可不入手一编也。"[4]

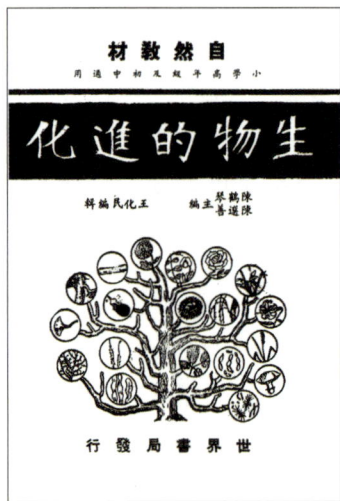

图4-1-15　《自然教材·生物的进化》，陈鹤琴、陈选善主编，王化民编辑，世界书局发行，1941年

[1] 陈鹤琴，陈选善. 自然教材：生物的进化[M]. 上海：世界书局，1941：编辑大意.

[2] 同[1].

[3] 同[1].

[4] 士心. 介绍《自然教材》[N]. 申报，1939-02-08.

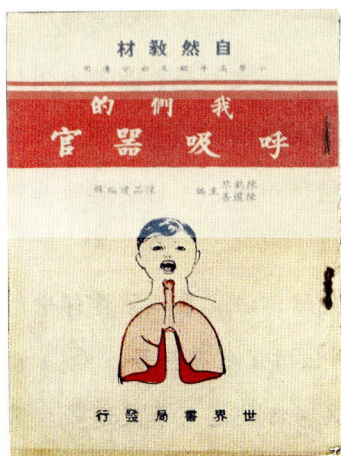

4-1-16

图4-1-16 《自然教材·我们的呼吸器官》，陈鹤琴、陈选善主编，陈品琼编辑，世界书局发行，1947年

五、为抗战服务的小学科学教科书

教育是适合社会及个人的需要而发生的，亦随社会的转变与个人不同要求而改变其方法与方向。课程作为教育的工具或载体，其应用并非只是个人需要，也是社会的需要，有时必然要变更不可。全国进入全面抗战后，人民要武装起来，大众要团结起来，因而个人思想要与社会团体思想相融合，由小团体思想而变成大团体思想。因此，凡是中国的民众，有国家信念者，都形成了相同的认识，为帮助人们更好地适应战时生活，必须要有适合此生活环境的经验与知识。要使人民在此环境中生活充实，那么教育就要有所改变，与战争环境联系起来。所以抗战全面爆发后，各种战时课本、国防课本被编写出来了。

抗战期间的自然教材的主要目的：一是教导和启示儿童，使之了解在抗战中，对个人、社会、国家需用的自然物，认明自然物在此环境中与自己的关系。二是使儿童能分辨何种自然材料将是抗战中最有用的材料，何种自然材料是国家急用者，何种自然材料能制威力大的兵器，何种自然材料价廉而易得，何种自然物对抗战有利。三是要借自然教材激发儿童爱国的情绪，加强民族的意识。四是要借自然教材，使儿童明白武器构成之简单原理，以增加其科学知识，并养成科学态度。五是使儿童知道利用自然、培植自然、开发自然。

（一）战时课本

战时自然或常识课本中与抗战直接有关的教材内容主要涉及以下几个方面：

一是关于理化方面：（1）飞机，包括它的性能、种类、构造及效用等。（2）枪炮，包括它的性能、种类、口径、威力、用法、构造等。（3）战车，包括它的种类、性能、装置、使用等。（4）运输车，包括它的种类、性质、构造、速度、用法等。（5）枪弹，包括它的性能、制造、种类、形状、效用以及弹道的简单原理等。（6）战舰和运输舰，包括二者之性能、构造及用途，并比较二者之构造与用途。（7）鱼雷及地雷，包括它的用法及用途等。（8）电网，包括其装置、安置、效用等。（9）照空灯，包括其构造、用法及电力等。（10）望远镜，包括其制法、用法及制造原料与原理等。（11）无线电收音机，包括其构造之材料、用途及用法等。（12）炸弹，包括其种类及其制作性等。（13）防空常识及避难救护知识。（14）听音机及警报之用途及制法。（15）军用通信物件。（16）电磁在军事上的特殊用途。（17）其他如照明弹、信号弹、降落伞之制法用途及其在理化上之简单原理。

二是关于生物方面：（1）病菌。第一，易在军队中传染者及其防御法。第二，炸弹中所用之病菌及其防御。（2）植物，如军机上有用之木料、军服料及军医所用之布料等。（3）动物。第一，马匹，包括其种类、产地食料、选种、何种适用于骑兵、何种适用于交通等。第二，军用通信鸽之训练及选种等。第三，军犬之选种等。

三是关于矿物方面：如金、铜、铁、锡、铅，在军事上之用途及其煅炼法，并简述各种兵器及交通用具的合金成分。

四是关于地质方面：（1）地质对于抗战用物之关系。（2）何种上土壤培何种植物及能产多用之原料。（3）现在尚未开垦，而又适宜于种植物之地质有哪些。（4）哪些地形在战争上有价值。

五是关于气象方面：（1）四季之转变于战争之影响。（2）风雾对于飞行上、运输上之影响。（3）雪、冰对攻击防御之影响。（4）晴雨对于士兵心理上之影响及与行军、运输速度之关系。（5）冬季长江水位降落对于船队驶行之影响。（6）弹炮受气象之影响。（7）其他。

六是与抗战间接有关之教材：

（1）关于生活方面

A. 食方面

（a）怎样增加粮食。（b）各种农作物之培植及除害虫之方法。（c）粮食之分配。（d）怎样避免天灾。

B. 衣方面

（a）怎样改良制衣之原料。（b）怎样增加制衣之原料。（c）怎样改良和辖制本国之布帛去代替舶来品。（d）布帛原料之选种培植。

C. 住方面

（a）怎样选择建筑材料及形状，以适抗战需要原则。（b）难民住宅问题。（c）住宅分配。（d）住所需用物之供给。（e）避难区的居住问题。（f）疏散都市人口及安置难民，离开新村等问题。

D. 行方面

（a）公路之开垦。（b）铁路之修筑。（c）交通障碍之扫除。（d）铁路材料。（e）航空路线之开辟。（f）交通工具之种类、用法等。（g）日用品集散问题。（h）运输问题等。

（2）关于抗戏读物方面

A. 新闻纸张问题

（a）本地新闻纸之改良。（b）新闻纸之原料及制造法。（c）纸厂之增设改良等。

B. 印刷

（a）印刷油墨之制造、制法、种类等。（b）印刷机之制造、购置、使用等。（c）其他种类纸张之制造、种类等。

（3）关于儿童游戏方面

以木料金属或手工纸制造飞机等兵器的玩具，领导儿童做战争的游戏。[1]

1938年，山东省教育厅小学教材编审委员会出版了一套战时教科书，其中小学科学教科书就有《战时常识课本》8册、《战时自然课本》4册。这两科课本，均就原有教科书稍加删改，并增加了一些与抗战相关的内容，以适应战时之特殊需要。"各科课本，因内地印刷困难，除初小一二年级的用插图外，中高级概行从略。"[2]《战时常识课本》和《战时自然课本》教科书由"山东省政府审定""山东省小学教材编审委员会编审"，主要由芮麟编审，这些科学教科书有的封面没有特别标志出"战时"二字。由于出版后允许翻印，发行较广，不少地方都有翻印。从收集到的科学教科书实物中所见到的包括山东省荣成县政府翻印、昌乐县政府教育科翻印、寿光县政府教育科翻印、莱阳县政府翻印，以及一些出版发行机构，如海阳县天生福书局大量翻印发行了战时教科书中的《战时常识课本》《战时自然课本》。

《战时常识课本》（初级小学校用，第二册）无课文目录，根据低龄儿童的特点来设计课文，课文主要以图案为主，辅之以文，描绘了一个个社会活动场景，如：我们吃的荤菜，还有鱼和虾，这些鱼虾，是哪里来的？三月十二日是孙中山先生逝世纪念日，我们怎么样去开会纪念呢？

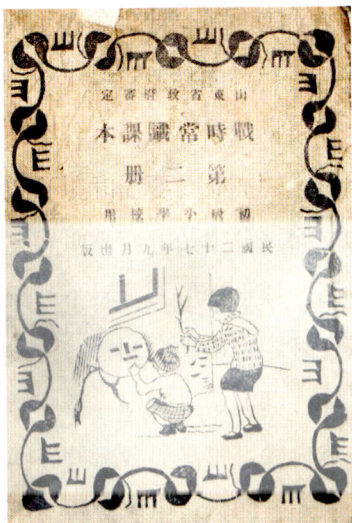

图4-1-17　《战时常识课本》（初级小学校用，第二册），芮麟编审，山东省政府审定，1938年

[1] 刘绍新. 战时小学自然教材之研究[J]. 教育半月刊, 4（10）.

[2] 芮麟. 战时常识课本：初级小学校用：第5册[M]. 山东省政府, 1938: 编审大意.

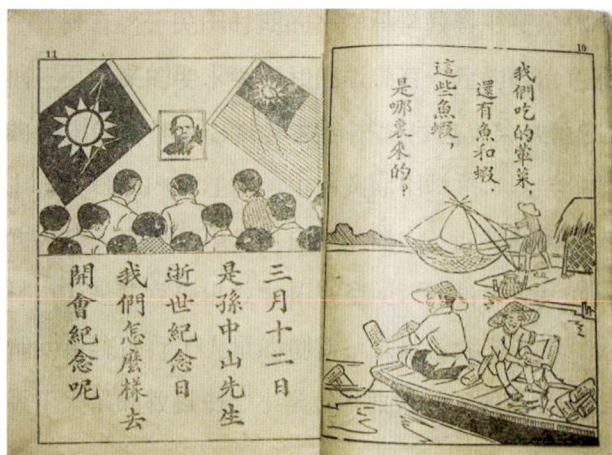

图4－1－18 《战时常识课本》（初级小学校用，第二册）课文

　　《战时常识课本》中高年级用书，基本是以文字为主，无图辅助，内容较精减，编排体例按"题目—问题—内容—作业"设计。以《战时常识课本》（初级小学校用，第五册）课文《食物是怎么样进步的》为例，这篇课本主要包括三大部分——问题、内容和作业。问题：①我们为什么喜欢吃熟的东西？②应该熟吃的东西，生吃了便怎么样？内容：在太古时代，人类吃的东西，只有野生的果实和鸟兽。后来发明饲养牲畜和耕种田地，吃的东西，种类便一天多似一天。人类吃东西的方法，起初都是生吃的。后来发明了火，才有熟的东西吃。现在，我们调制食物的方法很多，如煮、炒、煎、蒸、腌、酱、发酵、蜜饯等，都很讲究。作业：调查研究本地普通食物的烹调法。

　　《战时常识课本》（初级小学校用，第八册）的科学常识内容主要涵括天文、地理、地质、气候、交通、人种、工程、渔业、工业、动物、物理、交通工具、卫生等内容。课文内容与战时联系不紧密，应该是与编写时间过于仓促有关。所以，课本基本上保留了战前常识课本的内容，在编排体例上变化不大。如第一课《天空中的星》的编排是前设问题：①天空中星有哪几种？②太阳比月亮大吗？为什么我们望去并不这样？③太阳是自己发光的，月亮怎么样呢？正文后设作业：①看太阳系的挂图。②研究恒星和行星的区别。

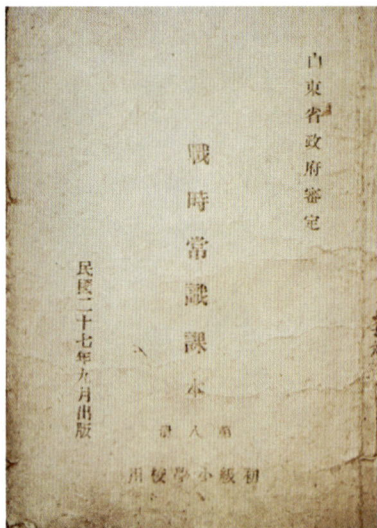

图4－1－19 《战时常识课本》（初级小学校用，第八册），芮麟编审，山东省政府审定，1938年

除政府审定的教科书之外，各地还编写了一些战时读本，供小学校和民众学校学生和大众阅读。其中影响比较大、极具代表性的有商务印书馆发行的《战时常识》（小学补充教材，低年级、中年级、高年级用，共3册，1937年初版，吕金录、谭勤余、赵景源、徐应昶等编辑）。本套教材为了烘托抗战气氛，宣传积极抗战，封面设计极富战争特色，发挥了战时宣传的作用。本套教材是作为常识课的补充教材，依低中高年级分三阶段编写，每一阶段用一册，课本内容都与战争有关。课本每册30课，除临时插加新教材外，平均每周教学2课。3册均用单元编制。各书取材虽多有相似之处，但内容并不相同。课本的编辑大意也给教师提出教学建议："（一）随时提出问题，共同讨论；（二）多方搜集材料，以资证验；（三）设法联络发表，实地应用。"[1]

图4-1-20　《战时常识》（小学补充教材，高年级用），吕金录、谭勤余编辑，商务印书馆发行，1937年

（二）国防课本

国防课本主要以各大出版社出版的教科书为蓝本修订而成，就其原有的系统和次序略加一点抗战的材料。如山东省胶东国防教材编辑委员会编辑出版的国防课本，所见有《国防常识课本》和《国防自然课本》。其中，《国防常识课本》初级和中级各6册，《国防自然课本》高级共6册，于1941年至1943年陆续出版。编写国防课本的主要目的是响应抗战教育的号召，改变旧教科书的某些不足，满足山东学校抗战教育的需要，"在此抗战期间，旧有的充分带有贵族化、消费化意味的课本，丝毫不含抗战意义，是太不适用了。各大书局或许已有适应目前需要的课本出版，但在胶东是买不到的，这便是我们编辑这课本的动机"[2]。教材最典型的特征就是为抗战服务，课文以文字为主，鲜有图案。

1.《国防常识课本》

《国防常识课本》（中级第四册）把社会、自然、政治常识混编在一起，总共36课，自然科学部分约占一半的内容，包括《脑脊髓和神经》《血液为什么循环》《呼吸器的功能》《生物的进

[1] 吕金录，谭勤余. 战时常识：小学补充教材：高年级用[M]. 商务印书馆，1937：编辑大意.

[2] 石鸥，宿责萍. 课本也抗战：《国防教科书》之研究[J]. 河北师范大学学报（教育教学版），2015（5）：19-24.

化》《不同的人种》《工具的进化》《几种游戏器具》《杠杆》《刀斧和螺旋钉》《车轮》《住的进化》《岩石是怎样形成的》《常用的木材》《人造的建筑材料》《玻璃》《中国三大发明》《印刷术和油墨》《纸》，共18课。全书用文字表述，无插图，竖排版式，课文后一般设两个问题，如《血液为什么循环》课文后有两个问题：①血液停止后，是什么现象；②割开猪的心脏，详细观察。问题②实则是观察活动。从课本采用书写体且大小不统一的情况可以判定，这套课本应是雕版印刷。从教材没有插图、采用较落后的印制技术等可以说明，抗战时期编写和出版课本确实比较艰难。

4-1-21

图4-1-21 《国防常识课本》（中级第四册），胶东国防教材编辑委员会编，东海印刷社印行，1943年

胶东国防教材编辑委员会编的《国防常识课本》（初级第五册）供小学校夏季用，由海阳县文东印刷所印行，分为16课，第一至第十二课分别讲《可怕的传染病》《预防传染病》《减除蚊蝇》《益虫和害虫》《益鸟和害鸟》《壤土》《肥料》《马铃薯》《甘薯》《杂粮》《大豆的用处》《麦》，第十三至第十六课则讲《坚持抗战》《坚持团结》《打倒汉奸和投降派》《力求进步》。

2. 《国防自然课本》

胶东国防教材编辑委员会编、东海印刷社印行的《国防自然课本》（小学校秋季用），1943年出版，共6册。本套书受战时条件限制，课本编制较简陋，全书无图，以文字叙述为主，但学科知识体系还是较完整，如高级第六册的课文：《满天星》《昼夜四季怎样来的》《月的变化和日蚀月蚀》《海水为甚（什）么起潮》《温泉火山和地震》《光的反射和镜子》《光的折射和虹的成因》《照像（相）》《眼和眼镜》《放大镜和望远镜》《幻灯和影片》《电的发生和性质》《雷闪和避电的方法》《电池和电铃》《电报和电话》《发电机和电灯》《电动机和电车》《越来越奇的电》。

4-1-22

图4-1-22 《国防自然课本》（高级第六册），胶东国防教材编辑委员会编，东海印刷社印行，1943年

《国防自然课本》（高级第三册）共18课，分别是《空气的存在和成份（分）》《空气的压力》《风是怎样来的》《关于水的几个试验》《压力油灯的原理》《云雨露的来源》《风车和水轮》《火车和轮船》《汽车和飞机》《脚踏车》《秤和天平》《几种不同的杠杆》《水车和轳辘》《斜面刀斧和螺旋》《钟和表》《指南针》《乐器》《留声机》。

六、为华侨编写的侨民教科书

国民政府十分关注海外华侨尤其是南洋华侨的教育，为此制定了与华侨教育相关法规，成立了相关管理机构和协会组织，并通过提高教师水平、统一教材与课程编排、统一授课语言、推行华侨教育视导制度、狠抓华侨教育管理、扩大宣传、奖励先进等政策措施来促进南洋华侨教育事业的发展与壮大，取得了积极成效，形成了比较完整的华侨教育系统，学校和学生数量也呈逐年上升趋势。

（一）《南侨常识教科书》

1941年，南洋书局遵照1941年版《修正初小常识课程标准》出版印行了一套《南侨常识教科书》，共8册，供初级小学用，由秉志、胡先啸、黄素封、林洁娇编校。本套书封面印有"遵照修正课程标准编辑""南洋书局印行"字样，印刷比较精美，封面图富有童趣。教科书的版权页署名主编兼发行者为南洋编译馆，南洋编译馆是南洋书局下设的专门负责编书的机构。封二印有南侨小学教科书编审委员会名单。

4-1-23

图4-1-23 《南侨常识教科书》（初小第三册），秉志、胡先啸、黄素封、林洁娇编校，南洋书局印行，1941年

（二）《热带自然课本》

供南洋华侨学校使用的《热带自然课本》，共4册，供南洋高级小学教学用，张国基编，上海中华书局印行，1934年初版。编撰本套书是因为"热带的自然界，应该让住居在热带的儿童知道研究、了解，然而现在还没有一本这样的课本。侨童虽处在热带的环境中，而对于自然界，仅由教科

书中知道一点在温带里的祖国的情形；而于日常所见、所闻、所吃喝、所使用的东西，反而一点也不明了"[1]。《热带自然课本》为了弥补这样的缺憾，提出其编写目的："一、使南洋侨童明了热带的自然界，引起其欣赏和研究的兴趣；二、培植侨童利用热带自然界的基础；三、补充一般的自然教材。"[2]所以，本套书取材偏重南洋各处的普通事物，范围包括热带自然界的普遍现象、热带自然界的生活等。以第一册为例，内容包括《南洋群岛的气候》《南洋群岛的土质》《热带植物的特征》《两种会运动的植物》《甘蕉》《椰树的栽培方法》《椰果的解剖和效用》《为甚（什）么要嚼槟榔》《橪（芒）果和番瓜》《海鲢和秋波鱼》《有自卫器具的乌贼》《玳玥和龟鳖》《雨后的飞蚁》《可怕的毒蝎》《壁虎和哈（蛤）蚧》《巨大的蛇》《会说话的鹦鹉》《成群结队的猴子》《陆上最大的动物》《用处最多的煤油》，共20课。本套书延续中华书局教科书编制完整的特点，课前提出问题供学生思考，文中有精美配图，课后有知识巩固。

4-1-24

图4-1-24 《热带自然课本》（第一册），张国基编，上海中华书局印行，1934年

抗战期间，除了正中书局编写的教科书，以及为战时需要编写的战时教科书外，各大书局几乎都没有再专门新编系统的教科书。抗战结束后国民党忙于内战，国统区的科学教科书主要沿用原国定本教科书，以及各书局在战前编辑出版，又经适当修订后出版发行的科学教科书。因此，抗战结束后的小学科学教科书大多只是不断被翻印或对原教科书进行微调、修正再出版，其发展和建树都不大。

---

[1] 张国基. 热带自然课本：第1册[M]. 中华书局，1934：编辑大意.
[2] 同[1].

第二节
汪伪沦陷区的新编高小自然教科书

　　自"七七事变"后，全国政局变动。汪伪政府成立之后就对过去的教育宗旨进行审查，要将整个教育纳入汪伪政府轨道，因此汪伪政府首先改变了教育宗旨，厘定教育目标，把根据教育目标编订教科书作为当务之急。于是，汪伪政府设立编审局，进行编审教科书事宜。后又将编审局改归教育部直辖，更名为编审会，并聘日本人担任编纂，根据新的教育目标审查教科书。到1940年，小学教科书全部完成。国定小学教科书《高小自然》共4册，由教育部编审委员会编纂，华中印书局于1940年出版。

4-2-1

图4-2-1　　《高小自然》（第三册），教育部编审委员会，华中印书局，1940年

　　李今生对这套教科书的教育目标以及教材选择、组织、排列等事项进行详细说明，以下就是他对这套书的详细介绍。

　　一、新编高小自然教科书所根据的教育目标

　　新编高小自然教科书所要达到的教育目标，有下列三项：

　　（一）指导儿童理解自然界的现象，并养成其科学研究和试验的精神

　　科学的研究和试验，是人类所不可缺之的工作，世界上的新发明，都是这种工作的结果。小学生自然谈不到发明，可是探求事理和试验的精神，是应该养成的。

　　（二）指导儿童利用自然以解决人类生活问题的智能

　　物质文明进步，是在人类征服自然、利用自然，以造成各种有用的事物，供大家享受的。

小学生的能力有限，固然谈不到高深的研究，去利用自然，但也必须使其具备自然现象的根本知识，作将来去利用自然基础。

（三）培养儿童欣赏自然、爱护自然的兴趣和道德

大自然的环境，包罗万象，是多么美丽。如果对她发生了兴趣，就得到许多快乐和安慰；儿童时期，就应该养成欣赏自然的兴趣和态度。

二、新编高小自然教科书的取材范围

自然科的教材范围，极其广泛。凡自然界的一切现象及人类的一切生活需要，都包括在内。新编高小自然教科书即取用"自然现象"和"生活需要"两方面的材料。

（一）自然现象

指儿童在环境中所接触的气候、天象、地质、声光、生物特性等。自然现象，占自然科教材的大部分。兹分述于下：

1. 关于气候的

这种教材，是讲四季气候的变迁及其变化的因果等。儿童学习的目的，不仅使其明了气候变迁的原因，并且知道怎样适应以保持身体的健康。这项教材，新编教科书内，列有：天气变化的原因，天气变化的预测，四季变化的研究（第二册）。

2. 关于天象的

天象的研究，不是叫儿童学天文学，而使儿童对于天象有相当的了解。可以研究的问题，如日蚀、月蚀以及月球的盈亏，星球的种类和成因等。这种教材，新编教科书内，列有：恒星和行星的研究，地球的卫星（月），日蚀和月蚀（第四册）。

3. 关于地质的

这种教材，是研究地球的成因、变化，以及因地质关系所生的种种现象，如火山、地震等，新编教科书内，列有：地球的研究，火山和地震（第四册）。

4. 关于声和光的

这种教材，是研究声和光的成因和现象，使儿童得理化方面的简单知识。新编教科书内，列有：声音的研究，光和色的研究（第三册）。

5. 关于生物的

这种教材，包括动、植物的研究，范围很广。如动、植物的生活、繁殖及适应环境方法，其他有毒动物，合群动物的研究，亦应注意。在乡村小学，更应注意于家禽、家畜以及农作物之害虫、害鸟、益虫、益鸟等。新编教科书内，列有：植物的生活，植物的繁殖，植物的适应环境（第一册）；动物的变态，动物的生殖，动物的自卫，家兽，家禽，合群的动物，有毒的动物，害虫和益虫，害鸟和益鸟（第二册）；生物的进化、育种和优生（第四册）。

（二）生活需要

指儿童日常生活所属的衣、食、住、行等，这种教材，是研究各种需要品的原料和制造。

兹分述于下：

1. 关于食的

这种教材，是研究普通食物之原料、营养和保藏等。可分为食物用品、食物营养、调味品、嗜好品等项。新编教科书内，列有：谷类和豆类，蔬菜，果树，水生食用植物，水生食用动物，调味品，嗜好品，食物与营养，食物的保藏（第一册）。

2. 关于衣的

衣服是生活的必需品。这项教材，包括衣服的原料和衣服的洗濯、织染、漂白等的研究。新编教科书内，列有：棉布和麻布，蚕丝和人造丝，呢绒毛皮和革，织染和漂白，衣服的洗濯，衣服和气候关系（第二册）。

3. 关于住的

这项教材，是研究住宅的建筑材料，和住的方面的日常必需品。建筑材料和砖瓦、木材、岩石、玻璃等，日常用品如燃料火灯、金属家具、陶瓷器等。新编教科书内，列有：木材，石料，油漆，砖瓦，玻璃，金属器具，陶瓷器，天平和秤，时计，火柴，煤气灯，电灯，火炉，电炉，电铃（第二册）。

4. 关于行的

这项教材，是研究道路建筑材料，和交通运输、传递消息的方法和工具。新编教科书内，列有：石材和岩石，石灰和水泥（第三册）；道路，电车，汽车，火车和汽船，飞机和飞艇，电报和电话，无线电报和无线电话（第四册）。

5. 关于印刷的

印刷对于人类文化有莫大的关系，所以小学自然科应包含这种教材。凡印刷器具，造纸原料，以及书籍的印刷等，都是研究的材料。新编教科书内，列有：印刷术，书籍的印刷，造纸（第四册）。

6. 关于其他的

关于衣食住行以外的生活需要事物，有娱乐器具和卫生智能等，也应和儿童研究，做（作）为自然科的教材。新编教科书内，列有：疾病的种类，传染病的预防，常备的药品，火伤和出血的急救法，骨折脱臼的急救和绷带的用法，溺死晕倒的急救（第一册）；乐器和留声机，照相和电影（第三册）。

三、新编高小自然教科书的选科标准

从上面看来，自然科的教材，真是随时随地都有，采之不尽，用之不竭；但是儿童年龄幼小，经验缺乏，所有自然科的教材，不一定都适合他们的兴趣。同是一种教材，在成人研究分析起来，觉得非常有趣，但在儿童研究起来，他们所得的印象，未必和成人相同。例如"生物"的研究，在成人一定要把"生物的起源、进化、分类"等，详细研究一番，然后知道生物发生的原因和现在分布的状况，可是在儿童却不必如此详细。因此自然科的教材，虽然很多，但是采用起来，应该经过一番选择。选择教材的标准，最重要的，有下面所举的各条：

（一）教材要以直观的

谁都承认自然科学的教学，应该注意观察。如果所用教材，不便直观的，那末（么），儿童既不能得到亲切的经验，教师教学时也感受许多困难。根据这项标准，新编自然科的教材，多以乡土教材为出发点，华北各地所无的材料，多略而不用。

（二）教材要适合儿童生活需要的

研究生物的来历，动植物的分布，在成人做来，很觉有趣。但这些高深玄渺（妙）的工作，在儿童做来，觉得索然乏味，这是因为对于他们现实生活的需要，并不直接发生关系的缘故。因此我们选择教材要注意儿童现实生活的需要。如儿童最感兴味的衣食住行等的材料。

（三）教材要适合时令节气的

这一项标准和第一项标准，有相当关系。因为自然教学应注重直观，而不是书本学习，所以教材应合乎时令节气，否则和儿童的生活相隔离，研究不会引起他们注意的。

（四）教材要有代表价值的

自然科教材，无论是关于自然现象或是生活需要，都非常繁多，势不能完全采用。选择教材应根据教育目标和儿童程度，选取重要而有代表价值的事物和儿童研究，使儿童从这种事物的研究，可以推知其余的。譬如农作物的研究，应以稻、麦、大豆为代表。

四、新编高小自然教科书的教材组织及排列

（一）教材组织

前面已经指出选择教材的几个重要标准。教材不但要妥为选择，还须加以组织，以便于儿童学习。新编自然科教材组织的原则，约有下列二点：

1. 教材的组织，应分成若干单元（中心），每一单元有关系的材料，都应收集起来，加以组织，以便教学，譬如以"交通"为单元，无论是道路、汽车、火车、汽船、飞机等，只要关于交通的材料和工具，都应收集起来，归于一单元内研究。

2. 教材的组织，应便于和其他各科联络，成为一个大单元的设计教材，如在自然科内取"蚕丝"为教材时，则应顾及到和劳作科的"丝线的制法""刺绣法"，美术科的"蚕的写生""绸缎的花样图案"等联（连）在一起研究。

（二）教材排列

教材的组织，是要儿童便于学习的。教材组织以后，若不加以适当的排列，也难达到儿童学习的目的。所以教材的排列，也是编辑教科书重要的问题。其排列原则如下：

1. 从旧到新。开始所用的教材，应是儿童环境内所能接触的事物，就儿童固有的经验，引到他获得新经验。

2. 由简易而繁难。排列教材，应顾及教材的难易、繁简。简易的在前，繁难的在后。假如难易倒置，那末（么），徒费精力和时间，而不会有什么结果的。

3. 由主要而次要。排列教材，应注意教材的比较价值。能够实现教育目标的教材，是有价值的，不过在有价值的教材中，还要分出主要的和次要的，教材的排列，是主要的在前，次要的在后。

根据上面三个原则，将"自然现象"和"生活需要"两类教材，排列于新编教科书中。兹将各册教材排列表，列之于下：

表 4-2-1　高小自然教科书第一册教材排列

类别	教材要目	课数
自然现象	1. 植物的生活	一
	2. 植物的繁殖	二
	3. 植物的适应环境	三
生活需要	1. 谷类和豆类　蔬菜　果树	四～六
	2. 水生食用植物　水生食用动物	七～八
	3. 调味品　嗜好品	九～十
	4. 食物和营养　食物的腐败保藏	十一～十二
	5. 疾病的种类　传染病的预防　常备的药品	十三～十五
	6. 大伤和出血的急救法　骨折脱臼的急救和绷带的用法　溺死晕倒的急救	十六～十八

表 4-2-2　高小自然教科书第二册教材排列

类别	教材要目	课数
自然现象	1. 动物的变态　动物的生殖　动物的自卫	七～九
	2. 家兽　家禽	十～十一
	3. 合群的动物　有毒的动物	十二～十三
	4. 天气变化的原因　天气变化的预测　四季变化的研究	十六～十八
生活需要	1. 棉布和麻布　蚕丝和人造丝　呢绒毛皮和草	一～三
	2. 织染和漂白　衣服的洗濯　衣服和气候的关系	四～六
	3. 害虫　益虫和农作物	十四
	4. 害鸟　益鸟和农作物	十五

表 4-2-3　高小自然教科书第三册教材排列

类别	教材要目	课数
自然现象	1. 声音的研究	一
	2. 光和色的研究	三
生活需要	1. 乐器和留声机　显微镜和望远镜　照相和电影	二、四、五
	2. 建筑用的木材　石材和岩石　石灰和水泥　砖瓦和玻璃	六～九
	3. 油漆　陶瓷器	十～十一
	4. 家用的金属器具　天平和秤　时计	十二～十四
	5. 火柴　煤气灯和电灯　火炉和电炉	十五～十七
	6. 电铃	十八

表 4-2-4　高小自然教科书第四册教材排列

类别	教材要目	课数
自然现象	1. 恒星和行星	一
	2. 地球的运行　火山和地震	二、四
	3. 地球的卫星（月）　日蚀和月蚀	三、五
	4. 时和历	六
	5. 生物的进化　育种和优生	十七～十八
生活需要	1. 印刷术　书籍的印刷　造纸	七～九
	2. 道路	十
	3. 电车　汽车　火车和汽船	十一～十三
	4. 飞机和飞艇	十四
	5. 电报和电话　无线电报和无线电话	十五～十六

五、新编高小自然教科书的特点

新编高小自然教科书的特点，举其重要的，约有下列数端：

（一）选材

该书为供给华北各省小学校之用，故所收集的材料，是适合于华北各地方的特殊需要者。

（二）编制

该书教材编制，采取大单元组织法，并充分与其他各科联络，使儿童学习后，生整个的系统观念。

（三）课数

该书的课数，依照高小自然科的教学时间支配，各册都是十八课，似乎不足教学，特地留出多的时间，以便各校随本地的环境和需要，插入相当的补充教材。

（四）标题

该书每课每个段落上，列有醒目的标题，这种标题，不但要表示该段的主要意思并能引起儿童学习的注意力。

（五）问题和作业

该书的课文前，附列问题，以便儿童自动的研究。课文后列入作业，使儿童自动的观察、实验、实习和制作等。

（六）插图和表解

该书的插图和表解，力求明了正确，以便适合于儿童的观察和想象，并增加其阅读兴味。

（七）封面

教科书的封面，要有刺激儿童研究兴趣的图画。显微镜是自然科学实验的利器，该书的封面，画有显微镜一具，借以唤起儿童重视实验的心理。[1]

---

[1] 李今生. 高小自然教科书的编辑[J]. 教育时报，1942（6）：41-46.

第三节
抗日根据地的小学科学教科书

1937年抗日战争全面爆发后，中国共产党领导并建立的抗日根据地陕甘宁、晋察冀、晋冀鲁豫、晋绥、冀鲁豫、山东、苏南、皖东等，为了使教育发挥更好的抗战作用，根据地政府大力发展学校教育，特别是在一些战乱较少、社会相对稳定的地区，学校的学制、课程设置以及教科书建设都有明显的发展。以陕甘宁、晋察冀、晋冀鲁豫边区和山东根据地等为代表的根据地都在编写具有根据地特色的常识和自然课本，以其独特形式帮助根据地儿童认识自然、改造自然，掌握生产劳动知识，培养其劳动观念。

一、陕甘宁边区的自然和常识课本

在全面抗战之前，陕甘宁边区政府就开始编写教科书，1938年2月，陕甘宁边区政府教育厅编审科陆续出版发行了第一套系统的小学课本，其中并没有小学自然科课本。1941年2月，陕甘宁边区政府修订并公布《陕甘宁边区小学教育实施纲要》和《陕甘宁边区小学规程》，其中规定小学年限为5年，并开设自然课，初小将政治、自然、历史、地理、美术、音乐、卫生等课程合并为常识课。1941年，陕甘宁边区政府开始组织人员对1938年版小学教科书进行改编，并且新编《初级新课本——国语常识合编》《高小自然》等，后来又再次修改了这些课本。

由陕甘宁边区政府教育厅审定的小学科学教科书，目前所见有《初级新课本·国语常识合编》（董纯才编著，新华书店发行）、《初小常识》（刘御编著，西北新华书店出版发行）、《高小自然》（田雨编，辛安亭校，西北新华书店发行）、《自然课本》（高级小学适用，温济泽编著，发行者李文，华北书店发行）等。

（一）《初级新课本·国语常识合编》

战时边区急需恢复生产发展，在陕甘宁边区的教科书中，其内容多与农村的生产生活相联系，注重教授学生基本的生产劳动知识，加强劳动教育，强化劳动意识，展现本地的社会发展情形，根据社会发展的整体规律来科学地发展生产。从一定意义上说，科学教科书促进了陕甘宁根据地的生产发展。如1945年出版的《初级新课本·国语常识合编》，其中第四册共42课，只有几篇课文涉及革命战争内容，其他大都与农村生活相关。如其目录页提到的课文有《大扫除》《爱护公物》《帮助放牛娃学习》《工人和农民》《车房小学的儿童团》《大家动手》《风和火》《火灶和风箱》《磷火》《火柴》《边区的盐》《石油和烧炭》等。有的课文从抗战大局入手引导学生从事劳动，如课文《春耕》中提到要大家努力耕种，保证军民有饭吃。有的课文引导学生协助家长做家务，如课文《拾粪竞赛》中描述了各校学生自行组织拾粪比赛，帮助家里的生产。本套教科书注重根据本地的实际生活情况来编写教材，重视边区的发展生产，培养学生树立正确的劳动观念和团结一致的精神。还有的教科书积极配合党的教育政策，及时跟进，如《初小常识》第二册第18课《共产党就是革命的领导者》突出了共产党在抗战中的领导地位。

4-3-1

图4-3-1　《初级新课本·国语常识合编》（第四册），董纯才编著，新华书店发行，1945年

（二）《高小自然》

田雨编的《高小自然》由自然与卫生合编而成，全书共4册，供给高小2年使用。每册24或25课，每周应教学3节到4节（以45分钟为一节）。本套书的编写目的主要在于指导儿童学得实用的自然、生产与卫生知识。因此，教材内容都来源于现实生活，但同时也进行了一些升华。教材内容的排列主要根据由近及远、由浅入深的原则，由动物和植物到生理、理化、天体、气象，前两册着重讲有关自然的生活常识，后两册渐进入浅易的自然科学道理、生产方面的知识，是由具体事物的讲解渐及于抽象概括的说明。卫生知识是由生活中的卫生习惯渐及于生理卫生知识。

"本套课文的写法，是根据儿童生活的经验与需要，找出一定的重点。对生疏事物着重讲其形状与用途，对习见事物着重讲其原理、构造与改进、发展。本书每课后边列有问题与作业，是为了让儿童更多的（地）动脑、动手，使其所学得的知识不停留在书本的词句上，而能变成更具体、更实际的经验、知识与思想。"[1]《高小自然》"打破历来以城市生活为背景的取材，而代之以农村生活，于是风雨雷电等自然现象的说明，实用的生理卫生知识，边区正在提倡的农业与畜牧的改良

[1] 田雨. 高小自然：第1册[M]. 延安：新华书店，1942：编者的话.

方法，都成了主要内容；而单纯讲道理的电学、机械等科学知识与边区不实用的水产物等，分量就相应地减少了"[1]。总之，这套教科书的取材跟以前的课本相比差异较大，以农村生活为背景，注重传授边区人民所需要的农业知识，并减少与边区实际生活不相符合的内容，尤其重视农村生产生活技能的培养。

图4-3-2　《高小自然》（第一册），田雨编，辛安亭校，西北新华书店发行，1942年

（三）《自然课本》

温济泽的《自然课本》是为边区高小学生而编的。适用于边区学制，共4册，每册20课，一册供一学期用。课本的内容，以边区实用的知识为主体，其次介绍高小学生必须获得的一般的自然科学常识。在选择边区实用的知识方面，以农业为主，工业次之，其内容以边区三年建设计划为主要依据。课本由单元组成，包括以下单元：

第一册：《几种作物》《果子和果树》《消灭害虫》《作物病害》。

第二册：《改良农作》《牧畜》《农家副业》《野菜和野花》。

第三册：《天空的现象》《无生物界》《生物界》。

第四册：《几种工业》《交通与建筑》《武器》《机器及电的应用》。

图4-3-3　《自然课本》（高级第三册），温济泽编著，华北书店发行，1942年

---

[1] 辛安亭. 教材编写琐忆[M]. 西安：陕西人民出版社，1981：11.

1946年，温济泽又提出新的自然课本编写计划，他认为编写自然课本应遵循以下几个原则：

（一）这部自然课本，是为边区高小学生编的。按边区学制，共编四册，每册二十课，一册够一学期用，四本用两年。

（二）课本的内容，以边区实用的知识为主体，其次，介绍高小学生必须懂得的一般的自然科学常识。

（三）边区实用的知识方面，以农业为主，工业次之；其内容以边区三年建设计划为依据。在介绍实用知识时，附带讲一般知识，例如在讲小米、麦、玉米时，简单讲一下禾本科作物一般的特征，讲油汗、斑蝥（螯）等害虫时，简单讲一下昆虫的特征等。

（四）一般的自然科学常识中，包括天空自然现象，生物进化，近代交通、武器、机器及电的应用等。

（五）内容的配备，第一年以农业及农村副业（包括畜牧）为主；第二年以边区工业及一般常识为主；第一年着重讲植物、动物知识，第二年着重讲天文、地球及理化知识。

（六）课文长短，第一年每课五百字左右，第二年每课七百字左右；每课后附有问题，作为复习用；附有作业题，进行实验用；每册分为若干单元，每单元后附提要或总复习题。

内容配备：

（一）第一册

第一单元　几种作物

一　小米（附带讲狼尾谷及稻等）

二　麦（大麦、小麦、荞麦等）

三　玉米（附带讲马齿玉米）

四　豆（边区的几种豆子）

五　南瓜（或其他果菜类作物）

六　洋芋（或其他根菜类作物）

七　菠菜（或其他叶菜类作物）

八　棉花

第二单元　果子和果树

九　果子（浆果及硬壳果）

一〇　果树（梨、桃等培植法）

第三单元　消灭害虫

一一　蛀谷虫

一二　油汗

一三　斑蝥（螯）

一四　路虎

一五　蝗虫

一六　吃蔬菜的毛毛虫等

一七　有益的动物（益鸟及益虫）

第四单元　作物病害

一八　谷子的病

一九　麦子的病

二〇　玉米的病

（二）第二册

第一单元　改良农作

一　深耕（包括秋翻地）

二　变瘠土成良田

三　施肥

四　锄草

五　调槎

六　选种

第二单元　牧畜

七　牛

八　羊

九　猪

一〇　鸡（附带讲鸭）

一一　驴

第三单元　农家副业

一二　养蜂

一三　养蚕

一四　腌酸菜

一五　豆腐乳

一六　酱和醋的酿造（及其他调味料）

一七　酿酒（附带讲烟酒的害处）

一八　糖（葡萄糖的制造及糖与营养的关系）

第四单元　野菜和野花

一九　几种野菜

二〇　野玫瑰［讲一讲维他命（维生素）］

（三）第三册

第一单元　天空现象

一　地球

二　太阳和太阳系

三　日月蚀

四　昼夜与四季

五　风和云

六　雨和雪（着重讲陕北少雨的原因和防旱）

七　露和霜（防霜害）

八　雹（防雹灾）

九　闪和雷

一〇　虹和晕

第二单元　无生物界

一一　地壳和地震

一二　岩石与土壤

一三　空气

一四　水

第三单元　生物界

一五　植物的生长

一六　水中的动物

一七　生物的进化（一）

一八　生物的进化（二）

一九　人是那（哪）里来的

二〇　细菌

（四）第四册

第一单元　几种工业

一　纺织（棉、毛）

二　染色（植物染色）

三　制革

四　陶瓷器

五　肥皂

二、晋察冀边区的自然和常识课本

晋察冀边区政府成立后不久，1938年2月边委会颁布《晋察冀边区小学校教学科目及每周教学时间表》，对课程设置和教学时间进行了规定。1939年，晋察冀边区教育处与教育研究会编辑了一套服务于抗战的教科书《初小常识课本》。"这套课本，形式较完整，遵循了由浅入深，由简而繁，循序渐进的原则，知识面较广，但也存在与现实联系不够，以及部分课文政治化的倾向。"[2]1940年后，边区政府又重新修订这套课本，把《初小常识课本》从4册重新修订为8册，由陈辛人等编，边区点滴社发行。抗战后期，该套教科书又被重修出版。

由晋察冀边区政府教育厅审定的小学科学教科书，常见有《常识课本》《初小常识》《初中常识》《自然课本》，主要发行印刷机构有华北新华书店、冀中大众书局、太行群众书店等，亦有多家合作社、出版社翻印的教材。由于抗战时期环境艰苦，这些教科书的印刷、纸张都较粗糙，部分

---

[1] 温济泽. "自然课本"编写计划[J]. 边区教育通讯，1946（3）：13-16.

[2] 石鸥，吴小鸥. 简明中国教科书史[M]. 北京：知识产权出版社，2015：154-155.

文字辨识度和清晰度都不高，插图也过于简单，颜色单一，基本上没有彩图。

（一）《常识课本》

冀中大众书局发行印刷的《常识课本》，1945年初版，后又有再版，初级小学适用（春季始业），全书共4册，供初小三四年级教学之用。初小一二年级将常识和国语合编。《常识课本》在教学注意事项中提到，"内容方面：在国语课本（晋察冀边区行政委员会教育处三十四年十二月审定的）已经编入，而且又不止一次出现的，常识就不再重复，因此有些内容单从常识方面看，不免阙如，教学时，务须和国语科取得很好联系才行。每课后面附的问题，有的需要讨论，有的需要实践，希望教者能领导学生认真做到，因为常识和国语科的具体目的不同，应该多用眼观察，多动手实验，多和实际联系，才能收到本科预期的效果。当然，写出的办法，可能不完全适合于每个学校的实际情况，但可以灵活变动，此外还可以想出更多的办法来"[1]。

4—3—4

图4—3—4　《常识课本》（初级小学适用，第一册），晋察冀边区政府行政委员会教育处审定，华北新华书店发行，1945年

编者在编写此套书的时候，虽然花过一些时间、费过一番思索，但由于经验、能力、时间、材料及其他困难条件限制，还有许多不妥之处，所以需要集思广益。编者希望教师在教学时，对于发现的问题可以记录下来，寄到边府教育处编审科，以便再次修正，意见重要的当给予物质报酬。这些教学建议在一定程度上反映了在抗战时期小学科学教科书的编撰质量和系统性方面存在很多不足，需要不断修正。

（二）《初小常识》

晋察冀边区冀东区行署编审委员会所编、星火印刷厂出版的《初小常识》共6册，这套教科书并不是国语与常识的合编，而是自然常识与社会常识的合编，如第六册用五大单元组成了教材的内容：单元一《几种自然现象的研究》，课文包括《雷电》《声和光的速度》《虹》；单元二《农作物的三种需要》，课文包括《日光和农作物的关系》《肥料和农作物的关系》《土壤和农作物的关

---

[1] 晋察冀边区行政委员会教育处. 常识课本：初级小学适用：第4册[M]. 冀中大众书局，1947: 2.

系》；单元三《农业研究》，课文包括《我国的农业》《冀东的农产》；单元四《公民常识》，课文包括《缴纳公粮》《注意防特》《保卫和平民主》《开会时应该怎样》；单元五《纺织和漂染》，课文包括《怎样织棉布和麻布》《怎样织呢绒》《怎样漂白》。

4-3-5

图4-3-5 《初小常识》（第六册），晋察冀边区冀东区行署编审委员会编，星火印刷厂，约1945年

　　晋察冀边区行政委员会教育处审定的《初小常识》（八专署机关合作社印刷部翻印），虽然未标明具体出版时间，但从内容上基本可以判断是在抗战胜利后国共和谈时出版印制的课本。第一册内容包括：《传染病》《预防传染病》《植物需要日光》《水给庄稼的好处》《你说什么土壤好》《肥料》《晋察冀边区是怎样来的》《边区的形势与物产》《边区是个怎样的地方》《陕甘宁边区》《火》《灭火的方法》《传热的东西》《热胀冷缩》《井里的水》《穿棉衣为什么觉得温暖》《我们的国家》《我国的民族》《我国的省区》《我国的地势和河流》《我国的交通》《我国的气候和物产》《广州》《鸦片战争》《太平天国革命》《第一次中日战争》《武汉》《辛亥革命》《民主权利》《拥护民主政府》《反对一党专政》。第一课《传染病》后设计的思考题是"想"：哪些病是传染病？传染病是怎样传给别人？

（三）《初中常识》

　　1946年，冀中行署编写、晋察冀边区行政委员会教育处审定的《初中常识》，是根据边区政府教育处小学课程标准及边区教研会编写的战时《初小常识课本》（4册）增编修改而成，全套书共8册，供初小4学年用（春季始业）。《初中常识》相较于《初小常识课本》有几点不同：一是在内容方面，增加自然常识、生产劳动知识及边区各方面建设的常识分量，并力求适合儿童的生活经验，以及解放区形势的新发展；二是在文字方面，力求简短浅明，并加入了图画，以便儿童易于了解。课本仍采用单元排列法，第一、第二册内容以儿童日常生活及生产知识为主，且多用图表示；第二至第五册自然常识占百分之五六十；第六至第八册自然常识占百分之六十，以图辅文。

　　本套课本在编辑大意中提出的教学建议是根据地时期所编教科书中较罕见的，如："关于纪念日及季节性的材料，教学时务使适合时机，如教学时发现排列不适合时，教者可斟酌移动。教学时应多引导儿童观察实验，多启发儿童思考及从事各种必要的实际活动，以达到增加儿童各方面生活的具体常识及实践能力。"[1]

（四）《自然课本》

因为根据地地处边远山区，民众的科学知识和卫生常识非常匮乏，教科书担当起重要的知识启蒙作用。像晋察冀边区行政委员会审定的《自然课本》（冀晋第二专署印刷所翻印），这套自然课本的教学目的，"一面在使学生认识自然和卫生的普遍常识；一面使学生知道如何利用自然、征服自然，和培养学生的良好卫生习惯，而着重于和实际应用密切联系"[2]。课本内容主要是自然知识与卫生知识合编，如第四册课文：《生物的进化（一）》《生物的进化（二）》《人类是从那（哪）里来的》《声音的发生传播和接收》《光的几种简单现象》《电和雷》《电池和电磁铁》《电报和电话》《电灯和电石灯》《蒸汽机》《火车和轮船》《飞机》《毒气和防毒法》《假死和人工呼吸法》《外伤和止血法》《怎样看护病人》《妇女卫生》《学校环境卫生》《工厂卫生》《乡村卫生》。

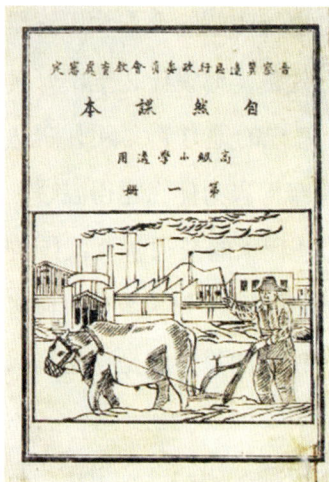

4-3-6

图4-3-6　《自然课本》（高级小学适用，第一册），晋察冀边区政府行政委员会教育处审定，冀晋第二专署印刷所翻印，1944年

本套书共4册，供高小一二年级自然科教学，每册均为20课，每周教一课，一学期授完一册。课本采用单元制，每一单元分作数课，各课前后连络一贯。为适应环境，本套书的教授法中写有允许教师教学时可以自由调动课文教学的前后顺序，说明内容组织形式较灵活。课本全部采用文字叙述，浅显通俗，但没有插图，因而知识不直观，知识形象易混沌不清。但每课末根据内容所附的试验、问题、作业、观察等，在一定程度上弥补了知识不直观的缺陷，有利于帮助学生了解、思考和应用知识。

三、晋冀鲁豫边区的自然和常识课本

晋冀鲁豫边区政府非常重视教育，即使在战争年代，也对学校教育高度关注，并进行了详细的

---

[1] 晋察冀边区行政委员会审定. 初中常识：第1册[M]. 东鹿大众出版社翻印，1946：编辑大意.

[2] 晋察冀边区行政委员会审定. 自然课本：高级小学适用：第4册[M]. 冀晋第二专署印刷所翻印，1944：编辑大意.

规定。边区的学制亦是四二学制，初小4年，高小2年，课程设置也很齐全。1943年至1944年期间，边区政府教育处编审委员会审定并出版了一套《战时新课本》，初小共8册，高小共4册。后因课本与实际不符，又多次修订与重编。

由晋冀鲁豫边区政府教育厅审定的小学科学教科书，目前所见主要有《战时新课本·国语常识合编》（董纯才编辑，边区政府印刷局发行）、《初级新课本·国语常识合编》《初小临时课本·国语常识合编》（太岳新华书店印行）、《初级·国语常识课本》《初级小学·常识课本》《高级·自然课本》《高小·自然课本》等。主要编写者有曾颏、彭庆昭、温济泽、董纯才、皇甫束玉、贾林放、郝定等。主要出版发行机构有太行群众书店、冀南书店、华北新华书店、太行新华日报印行、韬奋书店、裕民印刷厂、边区政府印刷局、华北书店、太岳新华书店、文化书店等。因为战争之迫，这些课本允许各地翻印，所以印刷者众多。

（一）《战时新课本·国语常识合编》

1943—1944年，晋冀鲁豫边区教育厅编审委员会审定并出版了一套《战时新课本·国语常识合编》，共8册，由董纯才等编写，该教科书初版"印数无多，专供教员"，以便教师给学生讲解，而且要求教师"要仔细保存，不得损失，在移交时，必须将原课本父代清楚"[1]。1945年晋冀鲁豫边区教育厅编审委员会对《战时新课本·国语常识合编》进行了修订，修订理由是"过去编印的战时新课本取材不是从本区实际出发，不适合群众的需要，我们决定停止教学，先编临时课本供今年秋季需用"[2]。初版和修订版的外在区别是，初版封面图案是战争，修订版封面图案是生产、生活场景。整体上，1944年前的教科书封面多为战争图案，1945年后的就不是了。[3]

（二）《初级新课本·国语常识合编》

1946年，晋冀鲁豫边区政府教育厅着手编写小学新教材。他们在很短的时间内编了《初级新课本·国语常识合编》和《高小·自然课本》各一套。皇甫束玉和曾颏编撰、赫定绘图的《初级新课本·国语常识合编》共8册，由晋冀鲁豫边区政府教育厅审定，1946年出版，各大书局或学校都可对其自行翻印，因此，各种版本的封面较多。后又编辑出版相应的高级小学适用的课本。这套课本内容由国语和常识两部分组成，两部分内容在各册中的课时比例不同。每册课本的目录前都有编辑大意说明该册课本的内容编撰和教学应用。到中华人民共和国成立之前，这套课本至少又改编出版了2次，分别被命名为《初级临时课本》和《新编初级临时课本》，其中第二次改编出版在1948年前后，其版权页已将中华民国纪年改为公元纪年。目前存世最多的是晋冀鲁豫边区的课本，特别是

[1] 董纯才. 战时新课本：国语常识合编：第5册[M]. 边区政府印刷局发行，1944：封三.

[2] 董纯才. 战时新课本：国语常识合编：第6册[M]. 振华印刷厂，1945：1.

[3] 石鸥，吴小鸥. 简明中国教科书史[M]. 北京：知识产权出版社，2015：158.

1946年编写出版的《初级新课本》。

晋冀鲁豫边区政府教育厅审定的《初级新课本·国语常识合编》课本，是以广大农村儿童为主要对象，适当地照顾到中小城市的儿童，培养新民主主义的新国民，使他们具有一般的生产常识与文化、科学的知识。本套书的第七册，共40课，分8个单元，其中与生产有关的占8课，与史地有关的占11课，与公民有关的占10课，与自然卫生有关的占6课，应用文占5课。每单元后附习题。

4—3—7

图4—3—7　《初级新课本·国语常识合编》（第六册），皇甫束玉、曾颎编撰，赫定绘图，晋冀鲁豫边区政府教育厅审定，太行群众书店出版，1946年

（三）《初小临时课本·国语常识合编》

晋冀鲁豫边区政府教育厅审定的《初小临时课本·国语常识合编》课本共8册，未标注编者，1948年出版，由太岳新华书店印行。因改编自《初级新课本·国语常识合编》，其教学目标与《初级新课本·国语常识合编》一样，以广大农村儿童为对象，适当地照顾到中小城市的儿童，以培养新民主主义的新国民，使他们具有一般的生产常识与文化、科学的知识。以《初小临时课本·国语常识合编》第七册为例，共40课，分为8个单元，以内容来分：与生产有关的占8课，与史地有关的占11课，与公民有关的占10课，与自然卫生有关的占6课，应用文占5课，全册生字共200多个，平均每课学习生字7个。

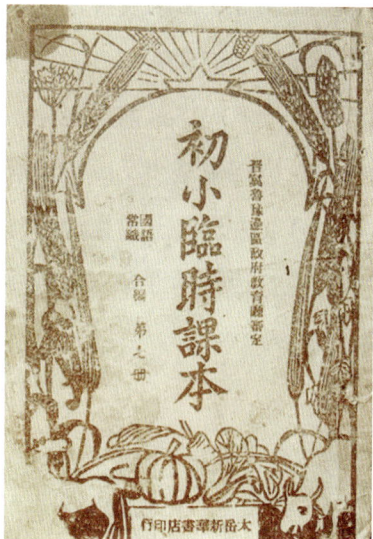

4—3—8

图4—3—8　《初小临时课本·国语常识合编》（第七册），晋冀鲁豫边区政府教育厅审定，太岳新华书店印行，1948年

（四）《高级·自然课本》

《高级·自然课本》（共4册，高级小学适用）由晋冀鲁豫边区政府教育厅审定，但未标明出版单位、出版年与编者，第一册共有20篇课文：《为什么要穿棉衣》《皮毛》《毛织品》《棉和麻》《蚕、蚕丝和人造丝》《洗衣服》《古时候的人们吃什么？》《牛和羊》《猪》《鸡和鸭》《鱼》《谷物》《大豆》《果子》《蔬菜》《调味料》《饮料水》《嗜好品》《怎样保藏食物？》《食物与营养》。本套书以文为主，以图辅助，但图绘制质量一般。课文的文字因用活字印刷排版，质量相对较高，图形用雕版印制，质量比文字要差。每篇课文后附问题与作业，一般是研究性学习，如：研究一下我们平常吃得最多的谷种食物，其中含得较多的营养素是什么？

（五）《高小·自然课本》

《高小·自然课本》共4册，由冀南书店发行，彭庆昭编，由晋冀鲁豫边区政府教育厅编审委员会审定，未标注出版时间。第二册的课文包括《衣服》《养蚕》《棉花》《小麦和禾本科植物》《蜜蜂》《鸡蛋和鸡》《孵小鸡和喂小鸡》《猪》《牛和羊》《家畜和害虫》《地球》《火山和岩石》《地震、煤和煤油》《太阳系》《月亮和圆缺》《日蚀和月蚀》《昼夜和四季》《时和历》。第三册的课文包括《石灰和水泥》《玻璃陶瓷和洋瓷》《金属》《金属（续）》《钢铁》《我们的身体》《我们的身体（续）》《心脏和血液的循环》《淋巴系》《人工免疫》《神经系统（上）》《神经系统（下）》《急救》《止血和小创伤的治疗》《疯狗和毒蛇》《植物的生理》《植物的生理（续）》《接树》。

从第二册的课文可以发现，内容已涵盖了与生产生活联系紧密的动植物、地质、天文、卫生等知识，虽然都很简略，但还是遵循了自然课本的编写章法。彭庆昭编的《高小·自然课本》后又由华北新华书店出版，内容基本没有变化。

根据《高小·自然课本》的内容，还出版过一本《小学教员·自然科学参考书》，华北新华书店发行，晋冀鲁豫边区政府教育厅审定，翻印自冀南书店。此书是根据边区教育厅审定之《高小·自然课本》编写的，合乎行署制订的关于师范中学的自然课程标准，将问题分类解答，以供一般小学教员参考之用，并为高小毕业学生报考各中等学校所必备参考书。此书内容分为植物农业、生理卫生、动物、化学、物理与天文地质六大章，每章又分为若干小节。《小学教员·自然科学参考书》是在根据地出版的自然科学课本中一本极少见的教学参考书目，一方面反映了教学中迫切需要参考书提供材料和教学支持，以便指导教师教学；另一方面也说明学校教育、课本编写开始向平时的学校教育制度回归，变得更加规范化。

图4—3—9　《小学教员·自然科学参考书》，韩轶南编，晋冀鲁豫边区政府教育厅审定，冀南新华书店出版，1948年

　　晋冀鲁豫边区的自然和常识课本内容突出了民族的、大众的、科学的，反对封建迷信和奴化教育的指导思想。课本为了培养新民主主义的新国民，以广大农村地区的儿童为主要对象，使其掌握一般的生产常识和科学文化的知识。如《初级新课本·国语常识合编》第五册，开篇就是一首反映农村生产的《春耕曲》：二月里来呀好春光，家家户户春耕忙，七十二行庄稼为上，一籽入土万籽归仓。通过这些生动有趣的歌曲，突出春耕在根据地的重要性。韬奋书店发行的《高小·自然课本》第一册课文包括《烧火》《防火和灭火》《水的卫生》《合理的吃法》《微生物》《消毒和防腐》《肥料》《上蚕（施肥）》《锄地》《轮作》《庄稼的害虫》《益农动物》《庄稼病虫的防治（上）》《庄稼病虫的防治（下）》《空气和生物》《风云雨露》《雪花和雹》《二十四个节气》，直接为根据地的生产和生活服务。

（六）《卫生课本》

　　1946年，晋绥边区行政公署民教处审定的一套《卫生课本》（小学校高级用），分上下两册，供高小两年教学之用，由晋绥新华书店发行。本套书参考陕甘宁边区卫生课本，依照晋绥边区群众需要修订而成。第一册包括人、家庭、学校三方面的卫生常识，目的偏重在培养学生良好的卫生习惯。第二册包括人体的构造与卫生、疾病的预防与急救两个部分，目的偏重在进一步给学生提供卫生的科学知识与技能。两册内容的排列注重由浅入深、由近及远，使学生易于接受。本套书取材及写法都力求地方化，希望学生学过之后不仅能够彻底理解，而且能够实际应用，使书本知识与社会生活联系起来。这一点充分反映在选文上，这套书的选文十分生活化，如上册的课文包括《卫生的重要》《皮肤的卫生》《眼睛的卫生》《牙齿的卫生》《衣服的卫生》《饮食的卫生》《住室的卫生》《厨房的卫生》《水源的卫生》《厕所的卫生》《怎样处理垃圾和污水》《微生物与传染病》《苍蝇和蚊虫》《臭虫和蚤虱》《怎样看护病人》《怎样养娃娃》《学校环境卫生》《适当的运动和休息》《便尿和吐痰》《行路时的卫生》。因印制条件受限，书中没有插图，不能用图片更好地帮助学生理解课本内容，此乃一不足之处。

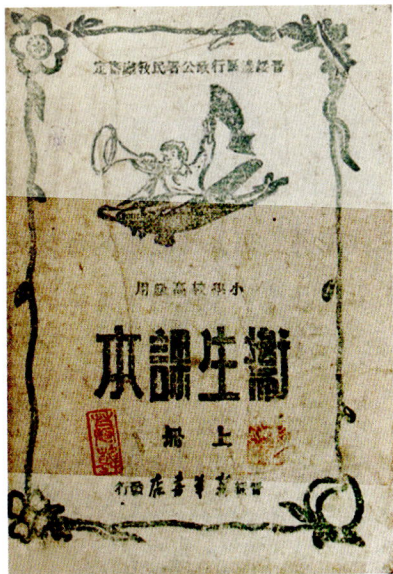

4—3—10

图4-3-10　《卫生课本》（小学校高级用，上册），晋绥边区行政公署民教处审定，晋绥新华书店发行，1946年

四、山东根据地的自然和常识课本

1940年12月，山东抗日根据地的山东省战时工作推行委员会成立山东文化教育委员会，下设有编审组，专门负责编审各类学校的教学大纲和教材。

山东省在抗战时期的学校课本基本是由山东省战时工作推行委员会编辑出版，各区也设有教材编审委员会，供应各地区的课本。负责印刷出版课本的机构主要有山东文化出版社、大众印书馆以及各区印书馆。这时期的课本根据战时国民教育的原则编撰，因而课本一般被冠名为"国防"教科书。"1941年3月，战时工作委员会改为国防教材编辑委员会，继续负责教材编辑工作，编有小学初级国语、常识，高级国语、常识、自然、民众、妇女课本等。"[1]

除了国防教科书外，山东根据地教科书发展好、影响大的主要是胶东根据地编写出版的教科书。从抗日战争到解放战争，其教科书建设都做得比较好，普及面广。"胶东地处山东半岛，教育比较发达，出版发行了大量中小学教科书。"[2]其中出版的小学科学教科书有《常识课本》（共8册）和《自然课本》（共4册），由山东省胶东区行政公署教育处编，胶东新华书店和胶东印刷社出版，也有海阳印刷社等机构印刷发行，时间在1946年前后。还有1948年由山东省政府教育厅编审的小学课本《常识》。这些课本的特点：一是多数课本没有留下编写者的姓名，二是教科书分初级（一、二年级）、中级（三、四年级）和高级（五、六年级）三类，三是教科书封面设计多样，且不少课本没有版权页。

[1] 石鸥，吴小鸥. 简明中国教科书史[M]. 北京：知识产权出版社，2015：161.
[2] 同[1].

（一）《常识课本》

《常识课本》主要介绍与学生生活以及抗战区密切的事物和活动等，从中级第一册《常识课本》部分课文可以看出：《怎样开会》《生活检讨会》《解放军》《爱护胶东解放区》《怎样使牙齿不痛》《消化器》《怎样保护消化器》《到了春天要种牛痘》《我们的胶东》《胶东的行政区划》《山东省（一）》《山东省（二）》《小蚂蚁旅行（华北五省）》《开荒》《选种》《棉的种植》《植树》《养鸡》《养牛》《保护益鸟》。

中级第四册《常识课本》是分单元编排，单元主要内容如下：第一单元《民主》，第二单元《植物的研究》，第三单元《历史常识》，第四单元《地理常识》，第五单元《卫生常识》，第六单元《工业的研究》，第七单元《生产方法的研究》，第八单元《物理的研究》。其中第二单元《植物的研究》包括《豆》《麦》《植物的器官》《植物的应用》《土壤和肥料》等课文。第四册的内容相较第一册，更有一些学科特性，既介绍了一些科学原理常识，也更偏重科学知识在生产生活实践中的应用。由于受根据地印制条件的限制，全书基本用文字表述，对于儿童来说，在理解课文内容上存在一定的困难。

4-3-11

图4-3-11　《常识课本》（中级第四册，四年级下学期用），山东省胶东区行政公署教育处编，海阳印刷社印，1946年

（二）《常识》

山东省政府教育厅编审的小学课本《常识》，共8册，由华东新华书店于1948年发行。此套课本的印制质量明显高于海阳印刷社版本。课本封面印制了各种与生产生活有关的图案，且图案绘制精准。相较其他解放区的课本，此套课本应是当时最好的课本封面设计之一，中华人民共和国成立后仍有自然常识课本仿此封面设计。此套课本的内容与其他常识课本并无很大差异，都是一些生产生活中的常识，如《常识》（二年级用，下册）第一课《怎样捕杀害庄稼的野兽》：田鼠、野兔、刺猬、貔子……都是害庄稼的野兽，我们要捕杀他们。看到就打；还要找他们的洞，捣毁他们的家，打死他们的小兽。"研究和做"栏目提出了两个问题：①本地有哪些害庄稼的野兽？他们怎样生活

的？②怎样捕杀他们？

"研究和做"栏目是此套课本之特色，说明编者更加重视培养学生的研究和实践能力。虽然之前有课本设计过"研究和做"栏目的知识体系，但在战争年代因为条件限制，很少使用此设计。"研究和做"栏目的回归，也预示着和平年代的教育就要开始了。

4-3-12

图4-3-12 《常识》（二年级用，下册），山东省政府教育厅编审，华东新华书店发行，1948年

（三）《自然课本》

《自然课本》也是根据本地情况来编排内容，既有学科知识，也有与战争有关的知识，如《自然课本》（高级第二册，五年级下学期用）包括卫生研究、空气研究、水的研究、蒸汽机的研究、战斗工具的研究、杠杆原理及使用、日常用品等研究内容。《自然课本》（高级第四册，六年级下学期用）也是按单元设计，更加偏重学科知识及应用，如课文有《电的发生和性质》《空中的雷电》《电铃和电极》《电话》《发电机和电灯》。

4-3-13

图4-3-13 《自然课本》（高级第四册，六年级下学期用），山东省胶东区行政公署教育处编，胶东新华书店出版，1946年

总之，《常识课本》和《自然课本》的编排、设计与印刷明显要好于其他抗日根据地的课本，课文前有"问题""做"，为学生学习课文做好课前准备；文中和课后都配有大量配图，以帮助学生理解知识。

总体来说，抗日根据地的小学科学教科书受战争的影响很大。首先，印刷纸张较粗糙，尤其在内文页上，部分文字辨识度和清晰度都不高，插图过于简单，颜色单一，基本上没有彩图。其次，出版信息不全。各地翻印和印刷的较多，名称和版本信息较多，存在版权页信息不全、出版质量不高等问题。再次，为配合抗战的需要，关于战争教育和爱国主义教育的内容比重较大。最后，在初小把国语和常识合编，第一、第二年使用的是国语和常识合编的课本，高小阶段使用自然课本，这种编排设计就是根据当时的战争环境而定的，对课本、课时和课程做了简化与合并处理，不易形成系统性。

第四节
解放区的小学科学教科书

抗日战争胜利后，中国共产党领导的人民武装在原有的各根据地的基础上，建立了华北、东北、西北、华东等解放区。这一时期教科书的编写开始朝着正规化蓬勃发展，其编辑出版工作主要是在党的领导下，密切结合实际，联系群众，为解放战争服务和为边区工农兵的生产生活服务。虽然解放区条件比较艰苦，但各解放区在原有抗日根据地教科书的基础上编辑修改，取得了一定的发展和成就。由于文献不足等缘故，仅重点介绍华北、东北、华东解放区的小学科学教科书。

一、华北解放区的自然与常识课本

1948年5月，晋冀鲁豫边区与晋察冀边区合并为华北解放区。1949年4月成立的华北人民政府教育部教材编审委员会，是作为中央政府的教科书编审机构的基础而成立的，代理中央政府教育部的教科书编审机构行使职权。华北地区中小学的课本需要统一，于是在原晋察冀边区课本的基础上，重新编写了一套小学科学教科书，并先后于1948年到1949年之间出版，包括常识和自然课本，均由惠频、刘松涛、黄雁星、项若愚编辑，由新华书店、太行新华书店、华北新华书店、华北联合出版社等出版发行。

初小《常识课本》封面以一群孩子在室外学习与劳作为基本图案，印有"华北人民政府教育部审定"字样。该套课本是依据单命形势新发展及华北解放区具体情况编写的全区统一的新课本，春季始业，共8册。教材内容涉及面较广，主要包括华北地区的政治、社会、经济生产等活动的常识内容，如《常识课本》（第三册）共25课：《怎样开会》《反对早婚》《三八妇女节》《怎样防止传染病》《天花和牛豆》《麻疹》《卫生模范家庭》《一个卫生模范村》《北平和天津》《南京和上海》《五一劳动节》《洪秀全》《武汉三镇》《辛亥革命》《五四运动》《大革命》《十年苏维埃运动》《土地法大纲是什么》《保护工商业》《合作社》《怎样治果树的虫子》《植物和阳光》《植物和土壤》《为什么要调查》《压绿肥》。这套课本的编排形式与原课本没有大的变化，一般都在课文后附1~3个问题。

《自然课本》（共4册，高级小学适用）其封面上下端是简单的花边，"自然课本"四字竖排。奇怪的是，《自然课本》的封面和版权页除了出版发行部门稍有不同（有的由华北新华书店出版，有的由新华书店出版）外，编撰者也发生了变化，一种版本仍然由惠颎、刘松涛、黄雁星、项若愚编撰（如高小《自然课本》第三册，1949年1月华北新华书店出版），另一种版本"项若愚"则成了"项愚"（如高级《自然课本》第二册，1949年4月华北新华书店出版）。该套课本逐步由中华民国纪年改为公元纪年，但版权页仍然比较混乱，甚至有1950年1月出版的课本。《自然课本》教材内容延续了与实际生活相联系，为大众的生产生活服务的编撰风格，如《自然课本》第一册第十一课《家畜的传染病》、第十二课《家畜的害虫》、第十三课《庄稼的传染病》、第十七课《微生物的产生》和第十八课《巫神》；又如第四册第三课《天气变化的预兆》、第十五课《接产的卫生》、第十六课《产妇和婴儿的卫生》和第十七课《小孩的传染病》。并且这套课本开始重视科学知识的系统学习，例如第三册共有课文二十课，分别是《太阳系》《月亮的圆缺》《日蚀和月蚀》《昼夜和四季》《时和历》《雷电》《磁和电》《电的应用》《机器》《工业》《电汽（气）化》《将来的农业》《全身的管理机关》《全身的管理机关（续）》《内分泌》《心理和疾病》《姑息与锻炼》《急救》《止血和小创伤的治疗》《疯狗和毒蛇》。课文涉及天文、气候、物理、农业、生理卫生和治疗等多学科的科学启蒙知识，还首次增加了与心理和疾病有关的内容，这是难得一见的进步。这也说明自然课本已正式回归到和平建设环境中的科学启蒙教育。

4—4—1

图4—4—1　《自然课本》（高级小学适用，第四册），惠颎、刘松涛、黄雁星、项若愚编撰，华北新华书店印行，1949年

二、东北解放区的自然与常识课本

1946年8月东北成立东北行政委员会，9月，东北行政委员会第五次会议规定自然常识为初等教育暂时课程之一，会议同时决定在委员会中成立教材编审委员会，董纯才任主任委员。教材编审委员会决定由董纯才组织编写小学教材。在此后一年时间，教材编审委员会共编写了小学教材14种。其中初小常识只编了4册，供三、四年级使用，五、六年级是政治常识合编，一、二年级是国语和

常识合并教学。1948年后，东北行政委员会又组织编写了一套教科书《初小常识》，由东北行政委员会教育部编审和编写，东北新华书店出版发行。这套书的封面发生了较大变化，留白少、图案丰富饱满、色彩鲜艳，显示出一片热气腾腾的工业景象，显示出东北解放区的快速发展和工业化前景。[1]这一特点在东北教科书中皆有体现。如1949年出版的《初小常识》，其封面如同前述，图案丰富、留白很少、色彩鲜艳、绚丽夺目。《初小常识》为春季始业用书，共4册，供初小三、四年级用，一、二年级是由常识与国语课合并教学。本套书的编辑大意中对课本的编写作了间接简要的描述："本书内容，系与国语课本配合编写，教学时务须和国语取得联系。本书系根据时令编排而成。教学时须配合当时当地生产活动，社会活动等具体情况进行。因此不必拘泥于原来的顺序，而应灵活变动。每课后面所附问题，有的需要讨论，有的需要实践。常识教学，应多观察，多实验，联系实际，才能收到预期的效果。"[2]从这些教学建议中可知，本套书的编写理念还是比较先进的。

图4-4-2 《初小常识》（第二册），东北行政委员会教育部编审，东北新华书店印行，1949年

《初小常识》在教材内容上多体现了人民民主和无产阶级的先进性，注重塑造重要人物的形象，宣传马克思主义思想，对学生的意识和行为起到了规范作用。如第二册的第一课《师生敬爱》一文："我们的老师对我们真好，他教学非常认真，课前仔细的（地）准备，上课时细心讲解，反复说明，他还像母亲似的，留心我们的冷暖和身体健康，他白天忙着上课，指导我们活动，夜里批改练习本，有时到半夜才睡觉。……"[3]还有像第二册第二课《学校里的民主生活》和第十二课《永远不忘"九一八"》，第四册的《七七事变》《国民党消极抗战》《八一五抗战胜利》《人民解放战争》《新民主主义共和国》《中国共产党》《十月革命的伟大成就》等课文。

其中自然和卫生常识的内容也占据了一半的内容，如第一册课文：《大家来办学校》《成立儿童团》《服从多数人的意见》《执行儿童团的决议》《做个小先生》《怎样保护牙齿》《食物为什么要嚼碎》《被褥衣服要常晒常洗》《井里的水》《怎样防止传染病》《东北解放区（一）》《东北解放区（二）》《东北的山河和气候》《东北的物产》《建设新东北》《植物和土壤》《植物和

[1] 石鸥，吴小鸥.简明中国教科书史[M].北京：知识产权出版社，2015：168.
[2] 东北行政委员会教育部.初小常识：第4册[M].东北新华书店，1949：教学注意事项.
[3] 东北行政委员会教育部.初小常识：第2册[M].东北新华书店，1949：1.

第四节 解放区的小学科学教科书

阳光》《害虫和益虫》《响雷和打闪》《虹》《实行土地改革》《严防地主翻把》《冻伤》《为什么要洗澡》《不要喝生水》《中国的省区》《中国的地势和气候》《我国的河流和物产》《汉族的故事》《中国的民族》。

　　在东北解放区，主流的小学科学教科书是东北行政委员会教材编审委员会和教育部编写的课本，但由于交通不便，以及教材不能很好地适应开学需要和地方实际等原因，东北地区各省各地只能自编一些教科书，但这些自编教材基本只是对旧有教材或东北统一编写的教材给以适当改动。[1] 比较常见的课本是关东公署教育厅编审和旅大行政公署教育厅编审的初级小学用《常识》和高级小学用《自然》，分别由大众书局和大连新华书店出版发行。

图4-4-3　《常识》（初级小学用，第六册），关东公署教育厅编审，大众书局，约1949年

图4-4-4　《自然》（高级小学用，第四册），旅大行政公署教育厅编审，大连新华书店，约1949年

三、华东解放区的自然和常识课本

　　华东解放区是以山东省民主政府为基础发展起来的，因为山东省是华东解放区最早解放的省份，所以教育文化事业也一直走在前列，其中一个重要的表现就是教科书主要是由山东编写的。

　　解放战争时期，山东省还编辑出版了几套重要的小学科学教科书，包括1947年7月初版的《自然课本》（高级小学）、《常识课本》（中级小学）、《常识课本》（初级小学）和1948年初版的

[1] 杨建国. 新中国成立前后小学语文教科书概述[J]. 语文建设，2014（16）：62-65.

《常识》（小学课本）、《自然》（小学课本）。1947年版的《自然课本》（高级小学）、《常识课本》（中级小学）、《常识课本》（初级小学）由山东省政府教育厅审定，每套都是4册，胶东新华书店出版，胶东行政公署教育处负责了部分课本的审定和出版，这些课本很多是在胶东行政公署所出版的课本基础上编撰而成。1948年，山东省政府编辑审定新的《常识》（小学课本，共8册）和《自然》（小学课本，共4册），由山东省政府教育厅编审，华东新华书店发行。这些课本突出强调了学习学科基础知识的重要性。在内容的编选上，将抗战时期国防教育课本中的抗战常识删除，以相对系统的科学知识取而代之。这些课本一直修订沿用到中华人民共和国成立后，有的直到1950年还在出版使用。

4-4-5

图4-4-5 《自然课本》（高级小学，第三册），山东省政府教育厅审定，胶东新华书店出版，1947年

　　《常识》针对儿童在生活生产中所见的现象，大致分成社会常识、生产常识、自然常识等，包涵历史、人文地理、社会组织、生产知识、动物、植物、空气、卫生等方面内容，课本内容按单元排列，与自然科学相关的内容占三分之一，例如三年级上册教材中与自然科学相关的内容有《骨骼》《皮肤》《消化》《心》《脑子》《公花和母花》《虫媒花、风媒花和水媒花》《植物怎样散播种子》《空气》《空气的压力》《空气的流动》《人和风》等。

4-4-6

图4-4-6 《常识》（小学课本，二年级用，下册），山东省政府教育厅编审，华东新华书店发行，1948年

在解放区，小学自然课本中很少有与战争相关的内容，基本上是儿童生活、生产中的基础和实用知识，如《自然》（小学课本，五年级用，下册）中的课文包括：《养猪》《役用的牲口》《养牲口的研究》《骨骼的功用》《我们的消化器》《输送养料的机构》《怎样会有感觉的》《植物的生理（一）》《植物的生理（二）》《提倡造林》《接树》《为什么要穿衣服》《昆虫给我们的衣服原料》《植物给我们的衣服原料》《动物给我们的衣服原料》《我们的染料》。

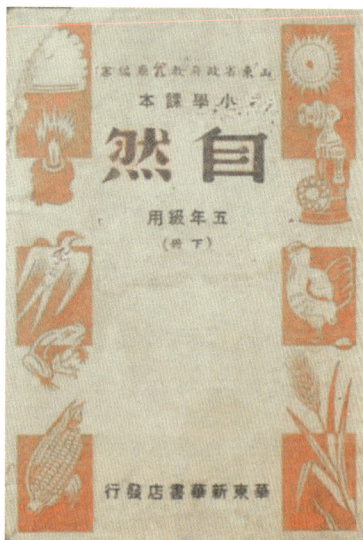

4—4—7

图4—4—7　《自然》（小学课本，五年级用，下册），山东省教育厅编审，华东新华书店发行，1949年

本套教材还十分重视实践，在每篇课文之后都附有"研究和做"。例如，《自然》（小学课本，五年级用，下册）《输送养料的机构》一课后附的"研究和做"：①观察猪羊的气管和肺；②按自己的脉搏，看每分钟跳多少次；③摸摸自己身上，看哪些地方可以摸到动脉。

这套小学《自然》课本不仅内容上完整、实用，而且印制质量在当时是比较高的，字体规范清晰，图案清楚，所以一直被山东解放区的学校沿用，直到20世纪50年代初出现了全国性的统编课本才被取代。

以上各解放区的小学科学教科书，其教材编写都有共同之处：一是初级小学用常识，一、二年级没有专门的常识课本，一般是和国语课合并教学，高级小学用自然课本，延续了抗战时期的编写特点；二是在编撰和选材上开始出现固定模式，反映新民主主义革命的内容，具有一定的民族性、建设性，为中华人民共和国成立后小学科学教科书的编写奠定了基础，提供了参照和范例。

本章小结

在抗日战争和解放战争时期，小学科学教科书主要分成三种政治形态：一是国统区；二是汪伪区；三是根据地和解放区。

国统区的小学科学教科书有统一版本，即国定本。国定本《自然》教科书因印刷条件受限、纸张紧缺，使得印制单一、纸质低劣、印刷水平低，甚至字迹与插图模糊。有些课本开本缩小，有些连编辑说明和版权页信息都省略了，而且版本、印刷都不规范。这套教科书与全面抗战前出版的《自然》在内容上并无大的差别，既取材于儿童生活，又非常重视学科知识，结构上用"问题""实验""测验"等支架系统帮助学生掌握知识，用"小标题"概括知识，用精确、形象的插图帮助学生理解知识。总之，这是一套在内容选择和编排设计等方面都非常符合儿童学习心理特点的小学科学教科书。这套书的目的是指导儿童理解自然的基本知识，启发儿童对于自然的研究兴趣和试验精神，增进儿童利用自然以解决人类生活问题的智能，养成儿童欣赏自然的态度和爱护自然的习惯。科学教育已涉及科学的知识、能力、兴趣、态度和精神等。教材内容包括自然现象及生活需要，即与儿童生活相关的衣、食、住、行等，以及天象、地文和气候、生物特性等。这些材料依据儿童年龄的大小来排列，使程度深浅与年龄相符合。总之，国统区的小学科学教科书只是对之前教科书进行了改进，并延续其编写风格，但与当时的抗战环境并无多少关系。

在国统区真正与抗战联系起来的是地方编写的战时课本与国防课本。编写这些与抗战相关的自然教科书的目的是教导和启示儿童，使之了解在抗战中对个人、社会、国家需用的自然物，认明自然物在此环境中与自己的关系；使儿童能分辨何种自然材料将是抗战中最有用的材料，何种自然材料是国家急用者，何种自然材料能制何种兵器，其威力如何，何种自然材料价廉而易得，何种自然物对抗战有利；要借自然教材激发儿童爱国的情感，加强民族的意识；要借自然教材使儿童明白武器构成的简单原理，以增加其科学知识并养成科学态度；使儿童知道利用自然、培植自然、开发自然。但是，编者因编写战时课本时时间紧张，且无经验，不知道如何紧密联系时局，所以课本并没有与战争有关的内容，基本上保留了战前常识课本的内容，在编排体例上变化也不大。如《国防自然课本》受战时条件限制，课本编制较简陋，全书无图，以文字叙述为主，但学科知识体系还是比较完整，如《国防自然课本》高级第六册的课文：《满天星》《昼夜四季怎样来的》《月的变化和日蚀月蚀》《海水为甚（什）么起潮》《温泉火山和地震》《光的反射和镜子》《光的折射和虹的成因》《照像（相）》《眼和眼镜》《放大镜和望远镜》《幻灯和影片》《电的发生和性质》《雷闪和避电的方法》《电池和电铃》《电报和电话》《发电机和电灯》《电动机和电车》《越来越奇的电》。

此后，大多数地方都以补充教材的形式增加与战争相关的内容，如《战时常识》（中年级用）小学补充教材的课文：《我们必须爱国》《侵略我国的日本》《日本怎样侵略我国》《抵抗日本的侵略》《枪炮和炸弹（一）》《枪炮和炸弹（二）》《战车和装甲车》《陆军》《海军》《空军》《陆战》《海战》《空战》《陆海空军联合作战》《怎样防空（一）》《怎样防空（二）》《防空演习》《几种毒气》《怎样防毒》《怎样救护》《怎样消防》《怎样救济难民》《战时卫生》《支付存款的限制》《买卖粮食的限制》《民众的组织和训练》《我们的战时工作》《壮烈的牺牲》《尊重爱国的军人》《抗战胜利》。

根据地的小学科学教科书从零星分散到逐步统一，从综合编写到学科体系初步形成，基本上是以国统区的小学科学教科书为参照进行了深度改编。教科书的编写目的主要在于指导儿童学得实用的自然、生产与卫生知识。取材是从群众的现实生活出发，但同时也进行了适度升华。材料的排列遵循由近及远、由浅入深的原则。因此，知识体系一般包括三个部分：有关自然的生活常识、生产方面的知识、卫生知识。

在中国共产党的高度重视下，小学科学教科书获得了蓬勃发展，它们为宣传和巩固共产党的合法领导地位，为发动根据地民众做出了重要贡献，为科学事业的发展和科学教科书的改进打下了良好的基础。

解放区的小学科学教科书在教学上注意理论联系实际，重在关注地方实际，紧密联系生产和生活，重点反映农村生产生活的需要和民众的诉求，而对城市生活关注较少。高小《自然》打破历来以城市生活为背景的取材，而代之以农村生活，风雨雷电等自然现象的说明、实用的生理卫生知识、边区正在提倡的农业与畜牧的改良方法都成了主要内容，它的取材跟以前的课本相比差异较大，以农村生活为背景，注重传授边区人民所需要的农业知识，并减少与边区实际生活不相符合的内容，尤其重视农村生产生活技能的培养。解放区延续了抗战时期的编写特点，在编撰和选材上开始有反映新民主主义革命的内容，具有一定的民族性、建设性，对中华人民共和国成立后小学科学教科书的编写奠定了基础，提供了参照和范例。

中国共产党领导编写的小学科学教科书注重塑造领袖人物形象，从思想意识和政治体制等层面，为抗日战争和解放战争时期的儿童提供科学启蒙，为当时的革命和政治提供服务，为凝结大众、规范思想、统一行为发挥了不可替代的作用。当然，由于根据地、解放区教科书肩负着太厚重的民族性、阶级性与政治性的担子，因此也必然存在一些不足之处，比如：教科书对学生个性关注不足，特别是与儿童的接受水平不完全符合，很多教材内容与儿童的认知水平相差甚远；教科书中的内容更多的是为了满足社会现实的需要，而非重点关注儿童的发展和诉求。

第五章

清末至民国小学科学教科书发展的历史省思

　　从清末至民国时期数量众多、特点殊异的小学科学教科书，为我国小学科学启蒙教育的蓬勃发展发挥了重要作用，为当前我国小学科学教科书的编写奠定了坚实的基础。21世纪以后，科学技术的发展日新月异，科学与人类的联系越来越密切，人们更加关注科学和科学教育，越来越重视科学启蒙，越来越看重科学教科书。

第一节
清末至民国小学科学教科书的发展特征

从清末至民国时期的小学科学教科书中，我们不仅要找到小学科学教科书的发展特征，也要确认科学教科书未来发展的方向。在此基础上，如何更好地编排小学科学教科书，选择适合儿童长远发展的教材内容，落实《义务教育小学科学课程标准》中提出的教学目标，就成了当前小学科学教科书编写者、管理者、研究者亟须解决的社会问题。清末小学科学教科书经过近半个世纪的发展，人们真正认识到科学文化之形而下与形而上相互融合形成的"大"科学的重要性，并找到实践它的方式，从而实现了四种超越的发展特征。

一、超越知识目标，实现"以生为本"

传统科学教育观（科学知识教育观），以获取知识为目标；而科学文化教育观却将科学视为人类的一种文化活动，更关注探究知识的人，强调围绕"人"开展科学教育。小学科学教科书的教育理念由前者"蜕变"为后者，实现了"以生为本"对"知识目标"的超越。

受传统科学教育观每一门科学都是一个知识体系的影响，清末民初的《格致》《理科》《博物》等教科书都是以学习基础的科学知识体系为唯一目标。对学生来说，科学只是科学家发现的知识，它们是唯一的真理。因此，科学知识只能被授受，科学学习只能是学知识。虽然在这些教科书中也出现过启发式的内容编排，但它意在引起学生学习知识的兴趣，启发思维，其实质还是为了掌握知识这个教学目标。

以科学启蒙教育为主要目标的《自然》课本，培养学生学会科学研究，在《新法自然研究法》的编辑和使用概要中，首次详细说明了什么叫自然研究："本书就依据这个主旨编辑，使小学生研究自然界事物的大概；略知事物的生死进退和人类的关系，所以叫做自然研究。"[1]此书，除了关注学生获得科学知识和能力外，还特别提出科学态度和科学伦理等观念的养成，追求自然物和自然现象的基本知识。《自然》教科书强调学生的动手能力与参与兴趣，其教学目标一方面在使儿童由

---

[1] 瞿志远，张熙礽，潘蛰虹，等. 新法自然研究法：第1册[M]. 上海：商务印书馆，1923：3.

观察实验和探究，得到利用自然的智能和了解自然的常识；另一方面在引起儿童研究自然的兴趣和欣赏自然的美感，最后达成"养成儿童爱护自然的习惯"的最终目标。本书在目标定位上非常全面，已经涉及知识、能力、习惯、情感态度等科学教育目标。

《自然》的"科学启蒙"显然把学生从"知识目标"泥淖中解救出来了，既让学生感到科学课变得更加有趣，也把学生的探索性、主动性凸显出来了。《自然》的培养目标视角发生重要转变，从唯科学、唯知识转变为如何培养未来社会的"普通人"，也即主要考虑未来的"普通人"在科学方面应当知道些什么、重视些什么和做些什么。它是以普通教育而非专业教育角度理解科学本质、科学与人类问题的关系、科学思维与其他思维的差别，注重科学精神与人文精神的结合、现代科学与日常生活的结合等。因此，《自然》所培养的是"普通人"应具备的科学知识、能力、情感、态度等，更准确地说是一个未来公民必需具备的科学文化素养，相比于格致、理科课本，更具有普遍、普通的"人"的文化色彩。

二、超越知能中心，关注科学观念和精神

如前所述，以"知识中心"为代表的格致与理科课本，关注科学知识与技能，以及它的功利价值。20世纪20年代后的自然教科书虽然加强了教育性，重视引起学生的兴趣，提出党义教育，但显然更重视用革命的、进步的思想，以造就实用的、科学的技能，以养成平民化、问题化的性格，而非重点培养科学精神。真正突破科学知识、思想教育局限的是30年代的自然教科书。如大众书局版《大众教科书　自然》的编写目的："（1）指导儿童理解自然的基本知识；（2）启发儿童对于自然的研究兴趣和实验精神；（3）增进儿童利用自然以解决人类生活问题的智能；（4）养成儿童欣赏自然的态度和爱护自然的习惯。"[1]这一教学目标把科学扩展到科学观念层面，包括科学精神、价值观，以回归科学的本质。一方面，突出体现科学之实验精神，培养学生不受传统观念束缚的科学精神，培养学生质疑的态度和独立思考的习惯；培养学生正确认识科学技术的力量；另一方面，形成了自然、科学与人类和谐的价值观：以人类的生存及发展与生物息息相关为由，强调我们应当保护各个生物种类以及它们生存的环境。如青光书局1933年出版的《高小自然课本》："本书着意指导儿童用同情的眼光观察生物，最能培养其欣赏自然爱护自然之兴趣和道德。"[2]这种科学教育观，在21世纪的科学教科书中体现为善待生物，也就是善待我们自己的思想。

完善的科学文化应当包括科学的价值观、制度、行为和成果（理论的、技术的和物化的东西）这四个层面，其中科学的价值观是科学文化之"魂"，属于科学文化的形而上层面，而技术的、实

---

[1] 高翔，李悟唐，朱开谦，等. 大众教科书：自然：高级小学用：第1册[M]. 上海：大众书局，1935：编辑大意.

[2] 赵庸耕. 高小自然课本：第1册[M]. 上海：青光书局，1932：编辑大意.

证的、数学的或逻辑的东西是科学文化之"体",属于科学文化的形而下层面。[1]清末至民国时期小学科学教科书早期过多地关注后者,把实证、逻辑、能力、应用等形而下内容作为教科书的全部重心,而忽略了前者。在对科学和科学教育的理解进一步加深后,在30年代的自然教科书中,科学文化才逐渐超越"形而下"而发展至"形而上"层面。换言之,科学教育才真正在这些自然教科书中实现了较全面的科学文化教育。

三、超越知识接受,提倡学生"做中学"

持科学"符合论"立场的小学科学课本,对学生来说,只有一条认识和学习科学的路径——接受性的观察、验证与实验。所以在小学科学课本中已经被科学家发现与证实的事实、结论的知识,只能在课本中用逻辑证明、实验、观察、练习等接受性的认识方式再次来验证。

20世纪30年代后的自然教科书一改过去被动接受知识的设计思路,更关注科学过程,要学生"在做中学"、发现知识,重视模拟性的科学实践。受"做中学"等进步主义思潮的影响,自然教科书让学生更进一步地参与科学研究。它整合了科学实践的各个方面,用"科学活动论"观点说,"我们不应唯一着眼于科学活动的最终成果,而应更加重视科学活动本身,即应当将科学看成人类的一种创造性活动"[2]。这种提倡学生参与科学活动(创造性活动)的"科学活动论",将科学研究看成一个包含有科学的问题、方法、理论、情感、过程等多种成分的复合探究过程。如顾均正、贾祖璋合编的1934年版《开明自然课本》,由单元组成,每篇课文前都设"问题"或"学习纲要"两栏。"问题"栏中简要列举儿童在日常生活中容易遇到的各种问题,作为儿童学习本课教材的准备;"学习纲要"栏为具体地指导儿童自动学习课文而设计,设计了各种作业,引导儿童从"做"中去"学"。从问题出发、从做中学的设计特点,说明本套书的编纂受实用主义的影响很大。再如,30年代的商务版、世界版、中华版小学自然课本,都设有作业要项,能使儿童自己去做。如在《蒸气(汽)力量》一节,在课文后面的实验中,举出一个简易的试验,叫儿童自己去做,以消除儿童心中的疑义。《动物须呼吸》一课,除课文中述及动物与空气的关系外,在课文后面,又要学生去做了两个试验:一个是试验一只麻雀在无氧气的玻璃瓶中的情形;一个是试验一条鲫鱼在沸过的冷开水中生活的情形,以切实证明动物与空气之密切关系。

四、超越课堂学习,走向社会实践

把科学当作知识、真理的小学科学教科书,要求师生在课堂上严格遵守知识规范或实验步骤,

[1] 孟建伟. 论科学文化[J]. 中国科学基金,2009(2):89-92.
[2] 郑毓信. 科学教育哲学[M]. 成都:四川教育出版社,2006:41.

不可越雷池一步。把科学启蒙当主要教育目标的自然教科书，希望学生能在课堂与实验室的探索中掌握科学的概念、理论与方法。这些自然课本显然把学习科学当成学习科学家创造的科学知识，通过课堂、实验室让学生掌握科学知识，以成为科学家（科技精英）为目的。因此，通过课堂学习、实验掌握浅显的科学知识，培养学生的科学态度、兴趣、精神等，成为科学启蒙教育最主要的方式。但这种方式过于重视在课堂、实验室的知识学习或探索，把学习科学当成是学习科学理论，忽视了科学的实践。战时的自然课本反对这种只发生在课堂的科学教育，它强调面向社会的科学教育，不仅要求每个学生在课堂上学习科学理论知识，更要求全体学生介入社会性的科学实践中，运用科学方法，对客观世界、人类社会作出说明，并在科学研究的基础上，通过科学决策参与社会改造的科学实践中。如田雨编的《高小自然》，"每课后边列有问题与作业，是为了让儿童更多的动脑、动手，使其所学得的知识不停留在书本的词句上，而是能变成更具体、更实际的经验、知识与思想"[1]。让学生参与、介入科学的社会性实践，将诞生一个有责任担当、肩负社会使命的未来建设者。

---

[1] 田雨. 高小自然: 第1册[M]. 延安: 新华书店, 1942: 编者的话.

第二节
小学科学教科书的改革方向

　　从清末至民国，小学科学教科书的发展，经历过只重知识、能力到重科学兴趣、态度、精神的发展过程，即一个由"小"自然向"大"科学扩展的过程，是用"学科学文化"超越"学科学（知识）"的历史。以史为鉴，我国科学教育的发展也需要转向更"大"的科学文化教育。缘此，从科学文化与伦理的角度，不仅更能理解小学科学教科书的历史、结构与意义，而且能为当前科学教科书指明核心素养教育变革的道路。

一、融合科学文化传承与创新的两个方向

　　科学观念的现代演变，最易被简单理解为用一个观点取代原先观点，用证伪去替代证实，用科学发展的间断性取代连续性等。教科书中科学文化的发展也出现过进步主义与要素主义相互对立、非此即彼的两极或取代思维。进步主义以"做中学"探寻未知的世界，强调探索、科学过程与方法，而忽视科学知识的系统性和严密的逻辑性，因而进步主义更像是科学的"探究文化"，以致在民国时期形成了废除自然教科书的呼声和舆论。而要素主义（与中国传统教育相似）作为进步主义的反对者出现，把科学教育当成一种科学文化的传承行为，认为"实在是由一些不变的、永恒的、先定的规律、过程、原则以及全真、全善、全美的原理所控制的"[1]。因而要素主义更像是"符合"文化，突出强调个人对科学知识、真理、社会的遵从；其明确的不足之处是对科学文化继承的过分强调乃至对学生个性发展的压制，忽视科学教科书中科学文化的产生过程与探究。当前的建构主义与科学知识社会学重新审视科学研究过程，深化探究文化的认识，使科学教育又一次获得科学文化的创新，但过度的探究和忽视知识学习也使教科书缺乏系统性。

　　虽然清末至民国也经历过科学教育观念的冲突，在教科书中形成差别较大的科学文化，或意在科学实践，或意在科学认识，但它们都是属于科学文化的某一个方面，相互间的孤立和对立，极易造成科学文化的分离和肢解。如何避免这种单极化科学文化的片面发展，关键是融合不同的科学文

[1] 郑毓信. 科学教育哲学[M]. 成都：四川教育出版社，2006：279-280.

化。换言之，就是需要在教科书中实现科学文化的传承与创新，相互吸取思想养分，融合与超越彼此，把主体与客体、过程与结果、认知与情感、结构与意识、控制与自发等整合起来，达到一个动态的平衡。这既是小学科学教科书更加趋向一个"大"的科学文化的教育，也是小学科学教科书的改革必由之路。21世纪的小学科学教科书中呈现的以整合性、探究性为核心特征的科学素养文化变革，就是这样的一条探索之路。

二、协调科学教育与科学文化的基本矛盾

科学文化与科学教育的对立统一，是科学教科书的一个基本矛盾。对于任何一方面的过分强调都会导致科学教科书改革的失败。清末至民国历次的教科书改革证明，无论在科学文化的知识、观念、伦理层面做出任何变革，都有可能由于内容过于艰深，大多数新教材都停留于教室门外，而那些进入课堂的教材也是"短命"的。所以小学科学教科书中的科学文化，只有建立在学生的认知心理基础上，与"教育"结缘，才能发挥其启蒙价值。反之亦然，若科学教科书只注重教授科学原理，而缺乏对科学文化的创新理解，同样不可能实现科学文化的传承与创新。

清末至民国小学科学教科书的发展历史已经证明，只有科学文化传承与创新相融合，科学教育与科学文化相协调，科学的教育才能扩大为科学文化的教育，才能使当前的小学科学教科书的变革继续走在更"大"的科学文化传承与创新的道路上。

三、促进科学伦理与科学教育伦理的相互实现

小学科学教科书在教育内容上主要涉及科学伦理，而在内容的呈现与设计等方面表现出科学教育伦理。两者相互依存，科学伦理是科学教育伦理的基础和内容，属于内容伦理，即有关科学的伦理，关注科学的"善""恶"；它决定了科学教育伦理即方式伦理，如何传播内容伦理，并受到内容伦理的规范。如征服伦理，掌握"冰冷"的知识内容来征服自然，很难点燃"温暖"的科学教育伦理，反易催生出自居为权威的、目中无"生"的"填鸭式"授受教学，把学生当作"容器"，当成"科学之奴""学习之奴"，既得不到科学教育的生命关照，也感受不到科学教育的使命感、责任感。概言之，在小学科学教科书无"人"的内容伦理中，永远感受不到"人"性的方式伦理。

反之，科学教育伦理（方式伦理），又使科学伦理（内容伦理）应用化和实践化。内容伦理如何实现，恰与"道德教育必须以道德的方式"一样，科学的内容伦理也须以科学的伦理方式。生命伦理实现，依靠的正是科学课程改革提倡的平等、对话、个性化的"人性"教学伦理实践，依此伦理实践，看似摒弃了无"人"的教学伦理，实则否定无"人"的内容伦理，践行内容伦理中的生命伦理、责任伦理。因此，小学科学教科书的发展应集中表现为用合作探究的学习方式，把生命伦理与责任伦理从认识转化为实践，从行动上实现伦理的意义。

第三节
小学科学教科书的内容选择

清末至民国小学科学教科书的历史经验告诉我们，小学科学教科书应以学科知识为基础，根据教学实际、学生特点、社会的需要来选择教材，以培养学生的科学素养。

一、以学生发展为中心，注重科学研究兴趣的培养

清末至民国小学科学教科书在历史进程中不断地发生变化，但教材始终以发展学生智能的常识性和经验性的知识为基础。虽然科学内容选取与组织还不科学，但内容还是较贴近生产生活实际；虽然教材设计简单，但还是依据学生兴趣设计了观察、实验、探究、思考等辅学环节。概言之，清末至民国小学科学教科书总体上突出了以"学生为中心"的编写理念，使教材内容符合学生的认知发展水平，满足学生学习的真正需求，促进了学生的发展。

教科书编写的首要原则应是为了学生的发展。小学科学教科书内容的选择需要充分考虑学生的身心发展特点，以学生的发展为中心，与社会实际生活相联系，来培养学生的科学素养。具言之，科学教科书的编写，首先要尊重儿童的身心发展规律，使教材内容与组织适合儿童特点；其次要培养学生研究科学的兴趣，适当增加教材中的观察、实验、探究内容，引导学生进行自主探究和学习；最后要从学生生活实际出发，安排教材内容，既要按地域、时令特点选择和组织教材，也要尽可能设计活动任务，来引导学生从社会实践、生活观察中得出结论。总之，"以学生发展为中心"的科学教科书，有助于提高学生学习科学的兴趣，培养学生的科学探究能力，促进学生科学素养的发展。

二、适合教师教学的需要，让教师方便教、善于教

清末至民国时期的小学科学教科书在内容的选取上很少考虑教师的教学需要，一些教材内容过于专业化，综合性很高，涉及农、林、牧、副、渔等行业，涵盖经济、政治、历史、地理等领域。

虽然有设计相应的教授书，但是要么是国外的教授书翻译本，要么是由没有教学经验的编者编写，与我国教师的教学实际不符，不能很好地为当时的教师教学提供便利和支撑。

小学科学教科书的编写不仅要考虑学生的特点，还要考虑教师的教学。例如内容选材是否能就近取得、教学资源是否丰富、地域差异是否明显等因素，会影响教师的有效教学。民国时期的小学科学教育正是考虑到这些因素，于是就有人提出要废止小学科学教科书，要地方政府和教师自编自然教材，以至于当时的地方期刊根据地方特点在刊物上大量登载教师的自编教材，以满足本地的科学教育需要，可见，教科书的设计就应当方便教师的教学。针对教师的实际教学情况，既要在教科书中设计辅教环节满足绝大多数教师的教学需要，也要为教科书配套教授书、教学法等，为教师提供丰富的教学资源和教学方法，指导教师理解教科书及其教学理念，提高其教学能力。丰富的辅助教学系统虽然有可能制约教师的创新实践，但在连基本师资都得不到保证的农村学校，满足教师教学需要的教科书及其教学辅助体系，至少可以保证学校科学教育的基本质量。因此，好的小学科学教科书不仅要以学生为中心来选择内容、组织教材，还表现在让教师更方便教、更善于教。

三、与社会实际相联系，考虑生产生活的需要

清末至民国时期的小学科学教科书，都努力贴近社会，满足大众需要。如新学制下的科学教科书、新课程标准下的科学教科书和抗日战争时期的科学教科书，在内容上都反映了时代的鲜明诉求，并根据当时社会生活的需求不断地进行调整和修订，使之既符合学制的规定，又满足了人们生产生活的现实要求。

小学科学教科书不可能独立于社会体系之外，内容的选择应该与社会实际相联系，考虑生产生活的需要基本上是小学科学教科书编写的基本原则。在遵循学科内在逻辑体系的前提下，科学教科书的编写应尽可能满足社会发展的需求，为社会的生产和发展提供服务，体现科学的实用性。但应当注意的是，不能因为要与社会联系，而过度关注社会的需要、忽视学生本身的发展。应当充分吸收抗日战争和解放战争时期的教科书编写经验，根据学生实际生活的需要，适当选取学生应当掌握的日常生产、生活知识和自然科学常识，并根据农村与城市社会环境的不同，提供适宜的教学内容。总言之，科学教科书应能引导学生将课内的学习与课外实践结合起来，引导学生通过各种途径拓展知识、开展更多的探究活动，并能运用知识解决力所能及的社会生活问题。

总之，科学教科书的编写要兼顾社会生活与学生发展，防止钟摆效应，杜绝两种极端：为了联系生产而不顾儿童的知识水平，为了适应儿童的身心发展而远离社会。

第四节
小学科学教科书的编排

小学科学教科书的编排设计在历史长河中尽管不断发生变化，但依然遵循了清末至民国时期小学科学教科书的编排逻辑，具体表现在：插图比例随年级而变化；减少纯文字的描述和专业术语的使用；使用简单、通俗易懂的语言；完善课文的辅助系统。

一、根据年级调整插图比例

从清末到民国，小学科学教科书的插图是从无到有、从少到多、从黑白到彩色的过程。在特殊阶段，甚至还编出了特殊的图画本教材。插图在课文中起着重要的作用，图文并茂的课文，有利于吸引学生的注意力，激发学生的学习兴趣，较好地帮助学生进行科学的观察和研究，使科学学习简明、生动、活泼、正确而富有意义，也便于探究教材中的实验和作业。因此，教科书在配置插图时需遵循一定的设计原则，应具有明确性和直观性，力求选取能生动地、形象地反映事物的图片，使课文内容和插图真正融合在一起，从而增进学生学习的兴趣，启发诱导学生学习，帮助学生探究教材内容。此外，课文中的图文设计也应遵照学生心理的发展规律，根据年级调整图文比例，既使课文直观、易懂，也要逐渐发展学生的科学抽象能力。

二、使用通俗语言，减少专业术语和概念的使用

小学科学教科书是传递科学知识的重要载体，其文字使用应做到通俗易懂，便于学生领会，帮助学生理解。清末时期的小学科学教科书多翻译自国外的著作，多用文体文，语言晦涩难懂，对科学术语和概念的把握不到位，没有统一的标准，给学生学习造成了困扰。

小学科学教科书编写不是把大学的科学术语直接移植到教材中，需要经过创新式的转化，即应将晦涩难懂的专业术语转化为小学生能接受和理解的文字，使课文内容简单、生动，以适合儿童的年龄特点。换言之，科学术语在小学科学教科书中要换种"说法"，用儿童能理解、明白的语言进

行表述。这种"说法"需要编者对科学概念进行二次创造，既要使"说法"符合科学的逻辑，又要使"说法"顺应儿童的特性，贴近其生活。

三、重视和完善课文辅助系统

课文辅助系统是教科书的重要支撑结构。建立和完善科学教科书的课文辅助系统，合理设计课文结构，配备教师用书和学生学习材料，不仅有利于学生对知识的巩固和复习，提升学生的探究发现能力，更有利于指导教师的教和学生的学，培养学生的科学素养。

清末至民国小学科学教科书的课文辅助系统从粗略到完善，教师用书、学生自习书等逐渐配备完全，书中设有目录、提纲、导入、巩固练习、复习总结等辅助项目，中华书局的《新编中华理科教科书》甚至增加了辅助教材——挂图。这些辅学系统可以帮助学生领悟和理解课文内容，极大地提高教学效果。

根据历史经验可以判断，一本完整的小学科学教科书首先表现在其课文辅助系统上，教科书要重视和完善课文辅助系统，合理设计和安排课文结构，适当增加科学教科书的辅助结构和材料，配置提纲、目录、插图、挂图、自习用书、教师用书等辅助系统。在编写科学教科书时，要充分发挥课文辅助系统的功能，以提高科学课的教学质量，更好地调动学生学习和探索的积极性。

第五节
落实小学科学素养的培养

从清末到民国，小学科学教科书的教学目标是一个科学教育理念不断丰富的发展过程，从培养儿童的科学知识，到关注学生的自我动手能力，再到注重培养学生的科学探讨意识和学习兴趣，科学启蒙意识不断加强。随着教科书的编写者对科学的理解不断丰富，最后形成一个较完整的培养目标共识。鉴往知来，我们应借鉴小学科学教科书的历史发展经验，紧紧围绕"培养学生科学素养"的科学教育宗旨编写和发展教科书。

当前，我国《义务教育小学科学课程标准》已将科学素养定义为"了解必要的科学技术知识及其对社会与个人的影响，知道基本的科学方法，认识科学本质，树立科学思想，崇尚科学精神，并具备一定的运用它们处理实际问题、参与公共事务的能力"[1]。课标根据对科学教育的理解，提出要培养学生的科学素养，要将科学探究作为主要的学习方式，注重激发学生学习科学的兴趣，培养学生的探究思维和问题解决能力。课标对"科学素养"的定义已经说明，我国科学启蒙教育吸收和发展了历史经验，也指明了培养科学素养的路径。

一、坚持以科学探究为主的学习

民国时期的科学教科书在其编辑大意中就屡屡强调，教学目标要重视学生的观察、实验和探究能力，使学生获得利用自然的智能和了解自然的常识；注重培养学生研究自然的兴趣和欣赏自然的美感，养成儿童爱护自然的习惯。这一时期的科学教科书多以问题为中心进行编排设计，培养学生的观察、实验和探究能力。在课文设计上，课前会设有"设想""观察""实验""调查"等项，以帮助学生进行课前的思考，课后附有"探究""复习"等项，使学生对于每册的教材内容明确了解，不至于遗忘。虽然这些课文设计并非完全以探究为中心，但编者已经意识到了培养研究能力是科学教育的重要目标，以至在大多数的教材中都增加或突出培养研究能力的辅学系统。中华人民共和国成立初期的科学教育，并没有完全吸收清末至民国小学科学教科书的编写经验，而是走向一条

---

[1] 中华人民共和国教育部. 义务教育小学科学课程标准[M]. 北京：北京师范大学出版社，2017：1.

以"知识为中心"的科学教育道路。这段坎坷的科学教育历史，正好印证了清末至民国小学科学教科书的镜鉴价值。一直到20世纪80年代后，我国才重新开始以科学探究为科学教育重要内容的新实践、新探索。

到21世纪初，《全日制义务教育科学（3—6年级）课程标准（实验稿）》明确指出科学学习应该以探究为核心。探究不仅是科学学习的目标，更是科学学习的方式。以探究学习为主的个人体验活动是学生学习科学的主要活动。科学探究不仅包括提问、猜测结果、制订计划、观察、实验、制作、收集证据、解释、表达和交流，还包括对科学探究的认识和理解。小学科学教科书的编排应该为学生提供充分的科学探究机会，让他们在探究思考的过程中体验学习科学的乐趣，引导学生自己得出学习结论，提高他们的科学探究能力，增强科学研究的兴趣，从而培养学生的科学素养。新世纪的科学教育和教科书实践告诉我们，科学教科书的创新需要历史的镜鉴。

二、充分发挥科学课程标准的指导性

科学课程标准是编写科学教科书的直接依据，是深入了解和研究科学教科书的重要参考资料。众所周知，课程标准的实施始于课程标准文本，经由课本的编写、教师的教学，终止于学业评价，是一个整体的、动态的过程。

民国时期颁布的科学课程标准，像1929年颁行的《小学自然课程暂行标准》、1936年颁行的《小学常识科课程标准》和《小学高年级自然课程标准》，对当时科学教材的编写和出版起到了重要的指导作用。各家出版社根据不断修订完善的课程标准，在其指引下迅速修改和创新，推出了各类相关的科学教科书，既在编写体例、教材内容上发生相应的变化，也在科学教育理念上实现了转换和进步。历史经验不仅告诉了我们科学课程标准对小学科学教科书发挥了规范和指导作用，也启示我们如何去发挥和落实科学课程标准的指导作用。首先，要坚持课程标准的权威性、标准性，使各版本的教科书严格按照标准编写，以达到保证教科书质量的目的；其次，要保持课程标准的灵活性，使课程标准满足不同地区学生的需要，使教科书在达到标准的基础上适应不同地区和学生的需要；最后，课程标准的制定和改革不只是改变教材内容，而应传递一种课程理念，指导和推动教科书的改编。学生科学素养的培养是一个不断变化和发展的过程，既要小学科学教科书的编写遵守科学课程标准的规范要求，也需要教科书编写者从学生实际、本地情况出发，在实践中反思，在反思中探索，以至反哺课程标准的制定和科学教育的改革，为科学教育的进步提供教科书的实践经验。

总之，清末至民国时期的小学科学教科书不断适应社会发展的需要，满足了民众诉求，不仅形成了教科书繁荣与兴盛的局面，也促进了科学教科书的创新和进步。清末至民国时期的小学科学教科书充分体现了教科书的近代学科意识和编写理念，为现代小学科学教科书的编纂出版提供了有效的参照。

本章小结

　　清末小学科学教科书经过近半个世纪的发展，科学文化之"形而下"与"形而上"相互融合，形成了一个"大"的科学教育。清末至民国小学科学教科书的发展史表现出四种超越性的特征：一是超越知识目标，实现"以生为本"。自然教科书培养的是"普通人"应具备的科学知识、能力、情感、态度等，更准确地说是一个未来公民必需的科学文化素养，相较于格致、理科课本，更具有"普通人"的文化色彩。二是超越知能中心，关注科学观念和精神。在对科学和科学教育的理解进一步加深后，在20世纪30年代的自然教科书中，科学文化才从形而下发展到形而上层面，科学教育开始关注培养学生科学的精神、理念和价值观，在自然教科书中发展为较全面的科学文化教育。三是超越知识接受，提倡学生"做中学"。20世纪30年代后的自然教科书的知识组织，突破了被动接受知识的传统教学思维，根据西方教育理念，开始关注科学过程，要学生在"做中学"，学会发现知识，重视模拟性的科学实践。四是超越课堂学习，走向社会实践。战时自然课本从只发生在课堂的科学教育中走出来，形成了走向社会的科学教育，不仅要求每个学生在课堂上学习科学理论知识，更要求全体学生介入社会性的科学实践中，运用科学方法，对客观世界、人类社会作出说明，并在科学研究的基础上，通过科学决策参与社会改造的科学实践。

　　清末至民国小学科学教科书的发展，从只重知识传授、能力训练发展到重视科学兴趣、态度、精神的培养，是一个由"小"自然向"大"科学扩展的过程，更是用"学科学文化"超越"学科学知识"的历史。这段历史经验证明，我国科学教育需要转向一个更"大"的科学文化教育。因此，从科学文化的角度，不仅更能理解小学科学教科书的历史、结构与意义，而且能为当前科学教科书指明核心素养教育变革的道路：一是融合科学文化传承与创新的两个方向。小学科学教育避免科学教育片面化的关键是融合不同的科学文化，即需要在教科书中实现科学文化的传承与创新，通过相互吸取思想养分，融合与超越彼此，把主体与客体、过程与结果、认知与情感、结构与意识、控制与自发等整合成一个动态的平衡。总之，科学文化传承与创新的融合道路既使小学科学教科书趋向一个"大"的科学文化的教育，也使小学科学教科书的发展逐渐向育人目标靠拢。二是协调科学教育与科学文化的基本矛盾。小学科学教科书中的科学文化还要是可教的，才能发挥其育人价值。因此，科学文化只有建立在学生的认识心理基础上，与"教育"结缘，发挥其启蒙价值，才会发生真正的科学文化的传承与创新。反之亦是如此，只是对小学科学教科书进行教育性改进，而缺少对科学文化的创新理解，同样不可能实现科学文化的传承与创新。清末至民国小学科学教科书的发展历史已经证明或预示，只有通过融合科学文化的传承与创新，协调科学教育与科学文化，才能使科学教育扩大为科学文化的教育，才能使当前小学科学教科书的变革继续走在更"大"的科学文化传承与创新的道路上。三是促进科学伦理与科学教育伦理的相互实现。在小学科学教科书中有"人"的内容伦理，才会让学生感受"人"性的方式伦理；只有实现了科学教育伦理（方式伦理），才能使科学伦理（内容伦理）得到应用和实践。

清末至民国小学科学教科书的历史经验告诉我们，小学科学教科书应以学科知识为基础，根据教学实际、学生特点、社会需要选择教材，以培养学生的科学素养。首先，以学生发展为中心，注重科学研究兴趣的培养；其次，适合教师教学的需要，让教师方便教、善于教；最后，与社会实际相联系，考虑生产生活的需要。小学科学教科书的编排设计在历史长河中尽管不断发生变化，但依然遵循了清末至民国小学科学教科书的编排逻辑，具体表现在插图比例随年级变化，减少对文本的描述和专业术语的使用，使用简单、通俗易懂的语言，完善课文辅助系统。当前，我国《义务教育小学科学课程标准》关于"科学素养"的定义已经说明，我国科学启蒙教育吸收和发展了清末至民国小学科学教科书编写的历史经验，也指明了科学素养培养的路径：坚持以科学探究为主的学习，充分发挥科学课程标准的指导性。

总之，清末至民国小学科学教科书充分体现了教科书的近代学科意识和编写理念，为现代小学科学教科书的编纂与出版提供了借鉴和参照。

后　记

　　本书对清末至民国小学科学教科书进行了全方位的考古性研究，并按时间顺序对不同历史时期各家书局出版的小学科学教科书文本进行了史料的梳理与分析。一方面，较全面地汇总了清末时期小学科学教科书的出版情况，补充和完善了清末各个出版机构发行的西方科学启蒙教材，梳理了清末小学科学教科书的发展历史，增加了对版本信息和教材内容的介绍与分析；另一方面，全面分类整理、归纳分析了民国时期不同时段各大书局出版的多套小学科学教科书，以小学科学教科书的原始文本支撑全文的论述和分析，翔实介绍了民国时期小学科学教科书的发展脉络。

　　本书在介绍教科书时，主要包括教材的编辑者、出版时间、出版册数、插图、语言、目录等信息，其在形式、体例、内容选取及编排上都存在不同的特点。在此基础上，本书详细论证了小学科学教科书在知识、方法和观念上的变化，并在科学教科书教学目的的转变、教学内容及编排、教学方法的变化等方面发现清末至民国小学科学教科书科学启蒙的脉络。

　　由于清末至民国时期社会动荡、时间较久、跨度较大，导致一些小学科学教科书难以收录，因此部分资料的收集和整理不齐全，也缺少佐证的材料，这是本书无法避免的一个缺陷。正因为如此，本书在介绍清末至民国小学科学教科书时，主要针对几家书局最具代表性的教科书，对小书坊出版的一些小学科学教科书，只能轻描淡写，对一些未找到实物的教科书多从宏观和统计的角度进行描述和分析。此外，由于清末至民国时期政局动荡、战争频发，对教材的发行和使用产生了负面影响，部分小学科学教科书在重新出版后存在出版信息不全、质量不高的现象，因编者时间精力和研究能力有限，对此没有进一步地深入考据。因此，此书仍有许多不尽完善和有待改进之处。

　　本书从收集资料、构思、拟定框架到写作、修改定稿，历经五年时间。其间，刘俊做了大量的基础性工作，并参与了内容初拟的过程；石鸥教授不仅提供了大量私人教科书藏书供我们研究，而且一直在督促和指导本书的完成，在此一并表示衷心感谢！同时，也感谢广东教育出版社王婷女士对本书出版付出的辛勤劳动！

2024年6月于长沙

（段发明，湖南师范大学期刊社编审、硕士生导师）